INTELIGENCIA ARTIFICIAL

INTELIGENCIA ARTIFICIAL

INVESTIGACIONES, APLICACIONES Y AVANCES

JOSÉ MANUEL ORTEGA CANDEL

Títulos Especiales

Diseño de cubierta: Celia Antón Santos
Revisión: Silvia Díaz García
Maquetación: Claudia Valdés-Miranda Cros
Responsable editorial: Eugenio Tuya Feijoó

Edición española:
© EDICIONES ANAYA MULTIMEDIA (GRUPO ANAYA), 2025
Valentín Beato, 21
28037. Madrid
www.anayamultimedia.es

PAPEL DE FIBRA
CERTIFICADA

Depósito legal: M-21324-2024
ISBN: 978-84-415-5097-1
Printed in Spain

Dedicado a los lectores,
cuya curiosidad y pasión por el conocimiento
hacen que la escritura cobre vida.

Agradecimientos

En primer lugar, quiero expresar mi más sincero agradecimiento a mi familia, cuyo apoyo incondicional ha sido una fuente constante de inspiración y fuerza en cada etapa de este proyecto. Su paciencia y comprensión me han permitido dedicarme con total compromiso a esta obra, y sin ellos, este logro no habría sido posible.

Agradezco también al equipo de trabajo editorial, cuyo profesionalismo, dedicación y esfuerzo han dado forma y claridad a las ideas que aquí se presentan. Su colaboración y paciencia han sido esenciales para plasmar este libro de manera accesible y rigurosa, y han contribuido a mejorar cada detalle de esta publicación.

A todos, gracias por formar parte de este recorrido en la creación de «Inteligencia Artificial. Investigaciones, aplicaciones y avances». Su apoyo y dedicación han sido fundamentales, y este logro es tanto vuestro como mío.

Sobre el autor

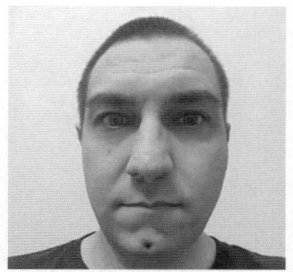 **José Manuel Ortega** es ingeniero de software y se centra en las nuevas tecnologías, el código abierto, la seguridad y las pruebas de software. Desde el principio, su objetivo profesional ha sido especializarse en Python y en proyectos de testing de seguridad. En los últimos años ha profundizado en el desarrollo de seguridad, especialmente en pentesting con Python. En la actualidad, trabaja como ingeniero probador de seguridad de aplicaciones en entornos web y móviles. Ha impartido clases a nivel universitario y ha colaborado con el Colegio Profesional de Ingenieros en Informática. También ha sido ponente en diversas conferencias. Le entusiasma aprender sobre nuevas tecnologías y le encanta compartir sus conocimientos con la comunidad.

Índice de contenidos

Prólogo

La inteligencia artificial (IA) se ha convertido en una de las áreas de investigación más apasionantes y transformadoras de los últimos años. Desde sus primeras concepciones hasta los avances actuales, la IA ha evolucionado de ser un conjunto de teorías y algoritmos experimentales a una fuerza impulsora en múltiples disciplinas. En este libro, exploramos la IA desde distintas perspectivas: las investigaciones teóricas, las aplicaciones prácticas y los avances que están definiendo el futuro de esta tecnología.

El principal objetivo del libro es ofrecer al lector una visión completa y accesible, que le permita comprender no sólo los principios técnicos y científicos que hay detrás de la IA, sino también las implicaciones y desafíos que plantea en diversos ámbitos.

Cada capítulo de esta obra profundiza en un aspecto particular de la IA, abordando los logros y dificultades que los investigadores y profesionales enfrentan en su desarrollo e implementación. Analizamos casos concretos en los que la IA ha revolucionado procesos, y mostramos tanto sus fortalezas como sus limitaciones. Asimismo, exploramos los avances más recientes y los horizontes que se vislumbran, como el aprendizaje profundo, el procesamiento del lenguaje natural, y la inteligencia artificial generativa.

Este libro es una invitación a sumergirse en el fascinante mundo de la inteligencia artificial, donde la ciencia y la imaginación se encuentran, para construir un futuro casi infinito de posibilidades y desafíos.

Capítulo 1

Introducción a la inteligencia artificial (IA)

L a inteligencia artificial (IA) es una rama de la informática que se centra en construir máquinas ingeniosas capaces de realizar tareas que requieren inteligencia humana. A partir de los años cuarenta, cuando se inició el desarrollo del ordenador digital, se pudo probar que estos podían realizar tareas muy complejas tras programarlos adecuadamente. Por ejemplo, pueden descubrir pruebas de teoremas matemáticos o jugar al ajedrez. Aun así, todavía no hay ordenadores capaces de actuar como un ser humano. Por lo tanto, el objetivo final de la inteligencia artificial es crear programas que permitan a los ordenadores aprender y solucionar problemas con la misma flexibilidad que los humanos.

Dentro del campo de la inteligencia artificial se encuentran el machine learning, y, dentro de este, el deep learning. Gracias a estos dos subconjuntos, los sistemas de IA están empezando a cumplir sus propósitos y han conseguido cambiar, paradójicamente, muchos sectores de la industria tecnológica.

La gran evolución que está teniendo la IA, y que se estima que seguirá teniendo, hace que siempre sea interesante explorar estas técnicas como solución a todo tipo de problemas físicos y matemáticos. Además, la IA ha demostrado ser la mejor alternativa para la resolución de problemas que implican el procesamiento de señales, tales como el reconocimiento de imágenes y el procesamiento del lenguaje natural.

Aprendizaje automático (machine learning)

El aprendizaje automático (machine learning) es la ciencia que logra que un ordenador actúe sin que esté explícitamente programado. En los últimos años, las técnicas de machine learning se han implementado en los motores de búsqueda de Internet, en los filtros de correo electrónico para clasificar el spam, en los sitios web para hacer recomendaciones personalizadas, en el software bancario para detectar transacciones inusuales y en muchas otras aplicaciones en nuestros teléfonos, como el reconocimiento de voz. Ha propiciado una búsqueda más efectiva de páginas web y ha mejorado la comprensión del genoma humano.

Básicamente, el machine learning emplea algoritmos para analizar datos, aprender de ellos y, finalmente, poder realizar una predicción o sugerencia sobre algo. El proceso de aprendizaje empieza con observaciones, datos, experiencias y/o instrucciones que se analizan para encontrar patrones y, así, poder tomar mejores decisiones sobre el futuro basadas en los ejemplos que se ofrecen. La finalidad es permitir que los ordenadores aprendan automáticamente sin la ayuda del ser humano ni ninguna asistencia y que se ajusten con las acciones pertinentes.

El machine learning también se puede definir como un proceso en el que, a partir de un conjunto de datos (dataset) formado por unos datos entrenados y teniendo una respuesta clara, a partir de un algoritmo, es posible obtener un modelo estadístico basado en ese conjunto de datos.

Etapas del machine learning (ML)

Aunque no seas experto en este tipo de tecnologías, es importante entender a rasgos generales cómo funciona el proceso general del aprendizaje automático, que se divide en las siguientes etapas:

- **Obtención de datos:** cualquiera que sea el algoritmo de ML que se vaya a utilizar, es necesario disponer de un gran número de datos para entrenar a nuestro modelo. La mayoría de los datos provienen de diversas fuentes.

- **Preprocesamiento:** muchos de los datos recolectados son categóricos, por lo que es necesario realizar un preprocesamiento y transformar esos datos en numéricos, ya que los algoritmos de ML trabajan solo con datos numéricos.

- **Extracción de características:** se identifican los elementos que deben extraerse y someterse a análisis.

- **Selección de características:** se identifican los atributos necesarios para entrenar el modelo de ML.

- **Entrenamiento:** se entrena el modelo en base al algoritmo seleccionado de ML. En esta etapa se utiliza una parte de los datos para entrenar el modelo y otra parte para evaluar su funcionamiento.

- **Testing:** es considerada por muchos expertos la etapa más importante, ya que, teniendo el modelo entrenado, se debe validarlo. Para ello, los datos separados en la etapa anterior, datos de validación, son utilizados para ejecutar el modelo de ML y evaluar si el modelo ofrece los resultados esperados.

- **Análisis de resultados:** en esta etapa se analizan los resultados y las métricas obtenidas y se ajustan los parámetros para obtener mejores resultados en caso de ser necesario.

Tipos de machine learning

Un sistema informático de aprendizaje automático se basa en experiencias y evidencias en forma de datos, para comprender por sí mismo patrones o comportamientos. De este modo, puede elaborar predicciones de escenarios o iniciar operaciones que son la solución para una tarea específica.

A partir de un gran número de ejemplos de una situación, se puede elaborar un modelo para deducir y generalizar un comportamiento ya observado, y a partir de este, realizar predicciones para casos totalmente nuevos. Por ejemplo, se puede considerar la predicción del valor de unas acciones en el futuro, según su comportamiento en periodos previos. A grandes rasgos, existen tres tipos principales de aprendizaje automático:

- **Aprendizaje supervisado:** este tipo de aprendizaje se basa en lo que se conoce como información de entrenamiento. Se entrena al sistema proporcionándole una cantidad determinada de datos que se definen con detalle mediante etiquetas. Por ejemplo, se le proporcionan a la computadora fotos de perros y gatos con etiquetas que los definen como tales. Una vez que se le ha proporcionado la cantidad suficiente de estos datos, se pueden introducir otros nuevos sin necesidad de etiquetas, basados en patrones distintos que se han ido registrando durante el entrenamiento. Este sistema se conoce como clasificación. Existen otros métodos como el de regresión que consiste en predecir un valor continuo, utilizando parámetros distintos que, combinados al introducir nuevos datos, permite predecir un resultado determinado.

- **Aprendizaje no supervisado:** en este tipo de aprendizaje no se usan valores verdaderos o etiquetas. Estos sistemas tienen como finalidad la comprensión y la abstracción de patrones de información de manera directa. Uno de los algoritmos más conocidos es el de clustering, que permite realizar agrupaciones por similaridad en los datos. Es un método de entrenamiento más parecido al modo en que los humanos procesan la información.

- **Aprendizaje por refuerzo:** en la técnica de aprendizaje mediante refuerzo, los sistemas aprenden a partir de la experiencia. El enfoque impulsado por el entorno se puede utilizar cuando el comportamiento debe reaccionar de alguna manera ante un entorno cambiante. Por ejemplo, se puede observar el comportamiento de un coche autónomo. Cuando el vehículo toma una decisión errónea, es penalizado, dentro de un sistema de registro de valores. Mediante dicho sistema de premios y castigos, el vehículo desarrolla una forma más efectiva de realizar sus tareas. Esta técnica se basa en el método heurístico de prueba y error, y en el uso de funciones de premio que optimizan el comportamiento del sistema. Es uno de los métodos más interesantes de aprendizaje para los sistemas de inteligencia artificial, ya que no requiere de la introducción de gran cantidad de información.

En el nivel más general, los métodos de aprendizaje automático supervisados adoptan un enfoque bayesiano para el descubrimiento del conocimiento, utilizando probabilidades de eventos observados previamente para inferir las probabilidades de nuevos eventos. Los métodos no supervisados dibujan abstracciones de conjuntos de datos no etiquetados y los aplican a datos nuevos. Ambas familias de métodos se pueden aplicar a problemas de clasificación (asignación de observaciones a categorías) o regresión (predicción de propiedades numéricas de una observación).

Aprendizaje Supervisado

En el aprendizaje supervisado, los algoritmos trabajan con datos «etiquetados» (labeled data), intentando encontrar una función que, dadas las variables de entrada (input data), les asigne la etiqueta de salida adecuada. El algoritmo se entrena con un «histórico» de datos y así «aprende» a asignar la etiqueta de salida adecuada a un nuevo valor, es decir, predice el valor de salida.

Por ejemplo, un detector de spam, analiza el histórico de mensajes, y ve qué función se puede representar, según los parámetros de entrada que se definan (el remitente, si el destinatario es individual o parte de una lista, si el asunto contiene determinados términos, etc.), la asignación de la etiqueta «spam» o «no es spam». Una vez definida esta función, al introducir un nuevo mensaje no etiquetado, el algoritmo es capaz de asignarle la etiqueta correcta.

El aprendizaje supervisado suele utilizarse para problemas de clasificación, como la identificación de dígitos, diagnósticos, o la detección de fraude de identidad. También se usa en problemas de regresión, como predicciones meteorológicas, de expectativa de vida, de crecimiento, etc. Estos dos tipos principales de aprendizaje supervisado, clasificación y regresión, se distinguen por el tipo de variable objetivo. En los casos de clasificación, esta es de tipo categórico, mientras que, en los casos de regresión, la variable objetivo es de tipo numérico. Algunos de los algoritmos más frecuentes en aprendizaje supervisado son:

- ► Árboles de decisión.
- ► Clasificación de Naïve Bayes.
- ► Regresión por mínimos cuadrados.
- ► Regresión Logística.
- ► Support Vector Machines (SVM).
- ► Métodos "Ensemble" (Conjuntos de clasificadores).

Aprendizaje No Supervisado

El aprendizaje no supervisado permite el entrenamiento de la IA con datos no etiquetados mediante el uso de algoritmos especiales que permiten que la IA aprenda por sí misma en lugar de ser alimentada por los datos de un humano.

Los métodos de aprendizaje no supervisado están diseñados para resumir las características clave de los datos y formar grupos naturales de patrones de entrada dada una función de costo particular.

Este tipo de aprendizaje suele usarse en problemas de agrupación (clustering), clasificación y perfilado (profiling).

Los algoritmos más habituales en aprendizaje no supervisado son:

- ► Algoritmos de clustering.
- ► Análisis de componentes principales (Principal Component Analysis).
- ► Descomposición en valores singulares (Singular Value Decomposition).
- ► Análisis de componentes independientes (Independent Component Analysis).

Aprendizaje profundo (deep learning)

El aprendizaje profundo es un subcampo del aprendizaje automático que se centra en los algoritmos basados en la estructura y la función del cerebro, conocidos como redes neuronales artificiales. En esta práctica, se emplean configuraciones lógicas que se asemejan en gran medida a la estructura de un sistema nervioso central. A partir de unos objetivos específicos, se tienen unas capas de unidades de proceso, neuronas artificiales, que se dedican a detectar determinadas características.

El deep learning, aunque es un campo conocido desde hace bastantes años, no ha comenzado a adquirir una enorme relevancia hasta esta última década, donde ha logrado resultados importantes en problemas de percepción como el reconocimiento de voz o la clasificación de imágenes, que hasta ahora habían sido muy complicados de resolver por las máquinas. Existen varios factores que han impulsado claramente el desarrollo reciente de este campo, entre los que destacan los avances en el hardware, en los conjuntos de datos y en los propios algoritmos.

El hardware y los datos eran el principal cuello de botella para los investigadores hace un par de décadas. Al ser un campo de gran carga práctica, orientado a la ingeniería, las demostraciones a menudo se realizan empíricamente más que teóricamente, por lo que solo es posible avanzar cuando se dispone de los recursos apropiados para poder probar las ideas.

En la actualidad, gracias al incremento de la potencia de los ordenadores y a la existencia de una cantidad abismal de datos derivada del mundo de Internet, es posible entrenar redes neuronales mucho mayores en menos tiempo y probar nuevas ideas o recuperar otras que no habían podido llevarse a la práctica.

Paralelamente, también se han realizado grandes mejoras en los algoritmos de entrenamiento, lo que ha convertido al deep learning, en particular, y al machine learning, en general, en los campos más populares y exitosos dentro de la inteligencia artificial.

Concebidas originalmente en la década de 1950, las redes neuronales recibieron mucha atención en la década de 1980 gracias a su potencial para producir «máquinas inteligentes» que podían «pensar» y resolver problemas como los humanos. A finales de esa década, sin embargo, el entusiasmo por esta tecnología emergente comenzó a disminuir.

Las computadoras de la época simplemente no eran lo suficientemente potentes como para manejar las cargas de procesamiento requeridas para resolver los problemas más complejos e interesantes. Los investigadores también tuvieron dificultades para obtener los conjuntos de datos masivos necesarios para entrenar adecuadamente los modelos de redes neuronales. En consecuencia, muchos investigadores centraron su atención en los enfoques de aprendizaje automático que eran más económicos desde las perspectivas del conjunto de los datos y del procesamiento.

El renovado interés por las redes neuronales surgió en 2005 y 2006 gracias a los esfuerzos de los investigadores de inteligencia artificial Geoff Hinton, Yoshua Bengio, Yann Lecun y Jurgen Schmidhuber, entre otros, quienes demostraron que las redes neuronales no solo eran prácticas, sino también capaces de resolver problemas complejos, como el reconocimiento de voz y la categorización de imágenes, con una precisión mucho mayor que los métodos existentes. Las unidades de procesamiento de gráficos (GPU), como las incorporadas en las consolas de juegos, ahora podrían proporcionar la potencia de cómputo necesaria para ejecutar algoritmos de redes neuronales de manera eficiente y asequible.

Con el uso del deep learning apareció un tipo de aprendizaje representativo de los datos en el que se prioriza el aprendizaje por capas (layers) sucesivas de representaciones cada vez más significativas. La palabra «profundo» (deep) tiene una importancia semántica que se refiere a esta imagen de capas sucesivas, de forma que cuantas más capas haya más profundo es el aprendizaje y, por lo tanto, el modelo. También es importante resaltar que, a diferencia de otros algoritmos de aprendizaje, el deep learning mejora sus resultados cuanto mayor es la red neuronal y más datos tiene.

En estos algoritmos se crean sistemas en los que la salida de las neuronas está unida a otras neuronas, dando lugar a una red neuronal estructurada en capas. La primera de estas capas es la capa de entrada y corresponde al conjunto de neuronas que reciben los datos por primera vez. A continuación, se encuentran las capas ocultas que pueden ser una o más capas, sin existir un máximo de capas ocultas que pueda haber en la red, y por último, la capa de salida, que está formada por las neuronas que dan el resultado de la red.

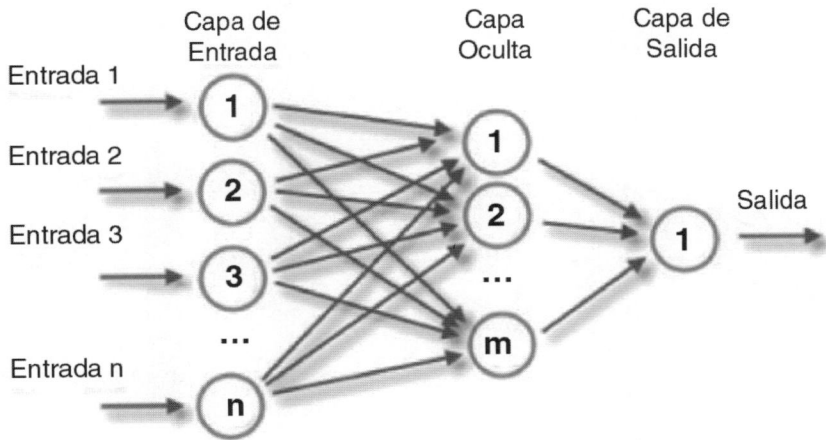

Figura 1.1. Modelo de aprendizaje profundo.

El número de capas presentes en un determinado modelo es lo que se conoce como profundidad del mismo. Actualmente, un modelo de deep learning puede contar con decenas o incluso centenas de capas de representaciones, todas ellas aprendidas de forma automática a partir de los datos de entrenamiento que se le proporcionan al modelo.

Esto marca las diferencias con otros enfoques del machine learning, donde habitualmente solo existen una o dos capas de representación de los datos. Las representaciones por capas en el deep learning se aprenden normalmente a través de las famosas redes neuronales artificiales (ANN). Se trata de estructuras que cuentan con una serie de capas apiladas unas sobre otras, cuya inspiración proviene del campo de la neurociencia y el estudio del cerebro. No obstante, cabe destacar que, aunque algunos de los conceptos de dichos campos hayan tenido cierta influencia en el desarrollo del deep learning, no existen evidencias de que el cerebro lleve a cabo su aprendizaje de la misma forma que estos modelos desarrollados hoy en día.

En la siguiente figura se puede observar la apariencia típica de un modelo de deep learning. Se trata de un modelo de red neuronal con varias capas que transforma una imagen de un dígito con el objetivo de reconocer de qué dígito se trata.

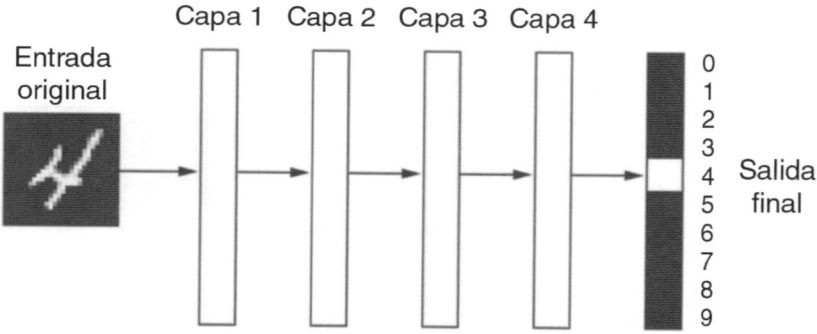

Figura 1.2. Red neuronal profunda para clasificación de dígitos.

Esta red, transforma internamente la imagen del dígito en diferentes representaciones, cada una más diferente de la original y más significativa para llevar a cabo la tarea en cuestión. Una red de este tipo puede verse como un proceso de múltiples etapas en el que la información pasa por diferentes filtros que la van haciendo cada vez más útil para conseguir el resultado esperado.

Cómo trabaja el deep learning

Una vez que conozcamos los conceptos básicos de este campo, podremos profundizar en cómo un modelo de deep learning aprende estas representaciones sucesivas de los datos.

La transformación que lleva a cabo una capa sobre sus datos de entrada queda parametrizada por los pesos de la capa, que son básicamente un conjunto de números configurados en matrices o vectores. Por tanto, el proceso de aprendizaje consiste en encontrar el conjunto de valores para los pesos de las diferentes capas de la red, de tal forma que los datos de entrenamiento sean correctamente mapeados a la salida correspondiente.

Para ello, es necesario medir las diferencias entre la salida actual y la salida esperada, de lo cual se encarga la función de pérdida (también llamada función objetivo) de la red. Esta función compara las dos salidas y calcula un índice, llamado score, que ofrece un indicador de cómo de bien ha actuado la red ante una muestra específica.

El score obtenido se usa como señal de realimentación para ajustar los pesos adecuadamente, en una dirección en la que se produzca una disminución del mismo para la muestra en cuestión (matemáticamente, esta dirección se corresponde con el gradiente de la función de pérdida con respecto a los parámetros de la red). Esta es la labor del optimizador, la cual se lleva a cabo implementando el algoritmo de backpropagation, que es fundamental en el deep learning.

Básicamente, el funcionamiento del algoritmo de backpropagation es el siguiente. En primer lugar, los pesos de las diferentes capas de la red se inicializan aleatoriamente, por lo que las transformaciones que implementa cada una también lo son. Para una muestra de entrenamiento determinada, el algoritmo realiza la predicción paso hacia delante (forward pass) y calcula el score mediante la función de pérdida.

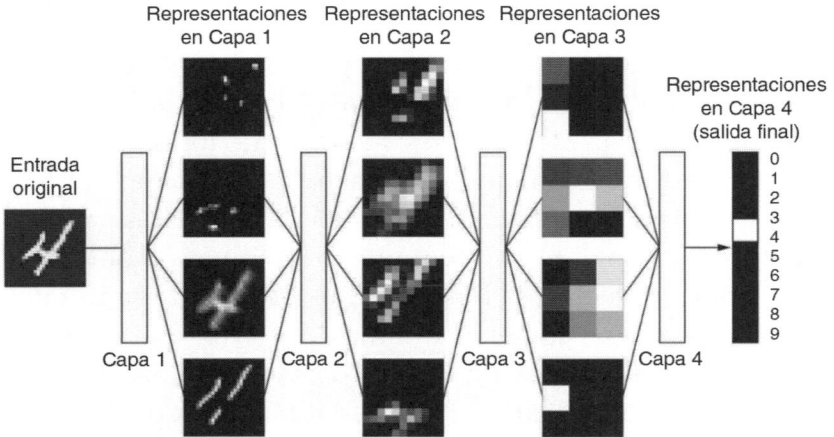

Figura 1.3. Representaciones profundas aprendidas por un modelo de clasificación de dígitos.

Evidentemente, para esta primera fase, el score obtenido es alto, ya que al haber sido los pesos inicializados aleatoriamente la salida actual está lejos de la que debería ser obtenida. Una vez hecho esto, el algoritmo recorre las capas en orden inverso, calcula la influencia que cada uno de los pesos ha tenido en el error final (recorrido inverso o reverse pass) y los ajusta proporcionalmente en la dirección adecuada (gradiente descendente o gradient descent step). Este bucle se repite para cada muestra de entrenamiento y, tras un número suficiente de repeticiones, da como resultado valores de pesos que minimizan el score. Cuando este proceso finaliza, se dice que la red está entrenada.

A diferencia de otros algoritmos, por ejemplo, las redes neuronales pueden tener desde miles hasta millones de parámetros para definir un modelo. Por ejemplo, las redes neuronales totalmente conectadas, también conocidas como redes neuronales densas o perceptrones multicapa, son un tipo de arquitectura de red neuronal artificial en la que cada neurona de una capa está conectada a todas las neuronas de la capa siguiente.

Como hemos comentado, el componente básico de los modelos de deep learning son las neuronas o perceptrones que reciben unos datos de entrada (a0, a1, ..., an), unos pesos o importancias (w0, w1, ..., wn) para cada entrada de la propia neurona y un sesgo o bias (b) que indica la cantidad que deben aumentar los pesos para que la salida de la neurona sea útil y se obtenga una salida. A grandes rasgos, una red neuronal se compone de las siguientes capas:

- ▸ **Capa de entrada:** la primera capa de la red es la capa de entrada, que contiene nodos que representan las características de entrada.
- ▸ **Capas ocultas:** entre la capa de entrada y la capa de salida, puede haber una o más capas ocultas. Estas capas contienen nodos (neuronas) que realizan operaciones de transformación mediante funciones de activación.
- ▸ **Capa de salida:** la última capa de la red es la capa de salida, que produce los resultados finales de la red. El número de nodos en esta capa depende del tipo de problema a resolver.

En una red totalmente conectada, la salida de cada nodo de una capa dada está conectada a las entradas de cada nodo de la siguiente capa. Este también es un ejemplo de una red neuronal en el que la información pasa directamente de una capa a la siguiente sin retroceder, hasta que llega a la capa de salida, donde se asigna una decisión de clasificación.

Las redes neuronales totalmente conectadas han sentado las bases de muchos avances en el campo del aprendizaje profundo, pero también pueden sufrir de sobreajuste en conjuntos de datos pequeños o tener problemas de generalización en ciertos escenarios. Por ello, se han desarrollado arquitecturas más complejas, como las redes neuronales convolucionales (CNN) y las redes neuronales recurrentes (RNN), para abordar desafíos específicos en diferentes tipos de datos.

Capa de entrada (input layer)

Los nodos de la capa de entrada son pasivos, lo que significa que reciben valores de atributos para una muestra particular y posteriormente se pasan a todos los nodos de la primera capa oculta para su procesamiento. En consecuencia, la capa de entrada debe contener un nodo para cada entidad en el conjunto de muestras. Si categorizamos imágenes con una resolución de 64 píxeles x 64 píxeles, por ejemplo, podríamos configurar una capa de entrada con 4096 nodos de entrada, uno para cada píxel. Al resolver un problema de procesamiento del lenguaje, las características relevantes suelen incluir el número de palabras únicas en la muestra que estamos analizando y la frecuencia con la que aparece cada palabra.

Capa oculta (hidden layer)

Las capas ocultas están compuestas de nodos como el de la siguiente imagen, que realizan el trabajo pesado del procesamiento de aprendizaje profundo.

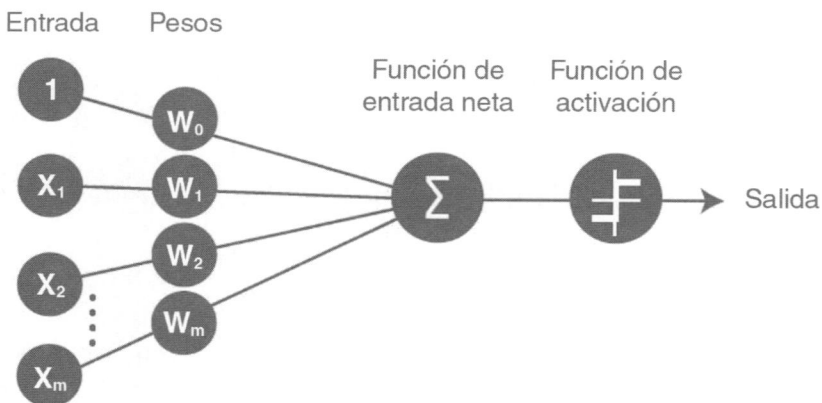

Figura 1.4. Modelo de red neuronal con capa oculta.

Cada entrada en cada nodo de las capas ocultas se inicializa con diferentes valores de peso, que se optimizan gradualmente hasta alcanzar el nivel deseado de precisión. Los analistas pueden establecer estos pesos iniciales al azar, usar funciones para aumentar los valores iniciales apropiados o establecerlos en función de su experiencia previa con problemas y conjuntos de datos similares.

El procesamiento se realiza de la siguiente manera: todos los valores de atributo de la primera muestra se reciben en las entradas de los nodos x1-xm. Cada valor de atributo se multiplica por un valor de peso correspondiente. Por ejemplo, el atributo de la entrada x1 se multiplica por el peso w1, el atributo de la entrada x2 se multiplica por el peso w2, etc. Si la magnitud del valor del peso es mayor que uno, entonces la contribución de esa característica a la eventual decisión de clasificación aumentará gradualmente. Si la magnitud es menor que uno, su contribución se reducirá en consecuencia. Este proceso es similar a la forma en que se utilizan los pesos de regresión en la regresión logística. Sin embargo, en el caso de las redes neuronales, es el procesamiento agregado en todas las capas ocultas lo que finalmente determina la decisión de clasificación, no el procesamiento dentro de una sola capa oculta.

Funciones de activación

La función de activación realiza el cálculo particular especificado para esa capa. Los analistas pueden elegir entre un amplio conjunto de funciones de activación basadas en la naturaleza del escenario del problema y en la secuencia de cálculos necesarios para producir una solución.

El resultado de esta función de activación es un valor numérico que refleja los efectos agregados del procesamiento de ese nodo. Cada uno de estos valores representa una proporción diferente de pesos y combinaciones de atributos de características. Al procesar todas estas combinaciones y pasar los resultados a capas ocultas adicionales, las redes neuronales pueden determinar, paso a paso, qué combinación de características y pesos predecirá con mayor precisión la asignación de clase de una muestra.

Cada nodo de la capa oculta #2 recibe los valores de salida de todos los nodos de la capa oculta #1. Una vez más, cada uno de estos valores se multiplica por un valor de peso particular, los productos se suman y luego los resultados se someten a una función de activación para producir una nueva salida para la siguiente capa, donde se repite el proceso el cual continúa hasta que se hayan procesado todas las capas ocultas y los resultados de esos cálculos lleguen a la capa de salida.

Capa de salida (output layer)

La capa de salida es la capa final en la red neuronal. Si estamos ante un problema de clasificación, la capa de salida incorporará un nodo para cada asignación de clase posible. Al igual que los nodos de las capas ocultas, los nodos de la capa de salida también pueden incorporar funciones de activación. Por ejemplo, se puede aplicar una función de activación logit o softmax para convertir la decisión de clasificación en una puntuación de probabilidad.

El nodo con el puntaje más alto determinará qué etiqueta de clase asignar. Después de cada ciclo de entrenamiento, una función de pérdida compara la decisión de clasificación con las etiquetas de clase para determinar cómo se deben modificar los pesos en todas las capas ocultas para producir un resultado más preciso. Este proceso se repite tantas veces como sea necesario antes de que un conjunto de modelos candidatos pueda pasar a las fases de validación y prueba.

Niveles crecientes de abstracción

Como se comentó anteriormente, los valores de las características de una muestra solo son visibles para los nodos en la capa de entrada y la primera capa oculta. Todas las capas posteriores solo pueden «ver» los valores de salida combinados de los nodos de la capa anterior y, por lo tanto, «observar» las muestras en conjunto a niveles crecientes de abstracción. Esto es similar en concepto a cómo nuestros cerebros perciben e interpretan la información sensorial.

En el caso de la visión, por ejemplo, el papel de la capa de entrada lo desempeña la retina, que envía señales eléctricas a la corteza visual en función de la intensidad de la energía luminosa que recibe de una «muestra» de fotones. Allí, varias «capas ocultas» aplican diferentes tipos de «funciones de activación» visuales. Por ejemplo, una capa puede realizar el procesamiento de bordes, otra puede consolidar los bordes en formas y una tercera puede asociar esa forma con una categoría, como «cara».

Las redes neuronales permiten realizar este tipo de procesamiento de una manera extremadamente granular, pasando de señales de bajo nivel a decisiones complejas a través de una secuencia ordenada de cálculos jerárquicos de varias capas.

Diferencias entre inteligencia artificial, deep learning y machine learning

En el ámbito de la inteligencia artificial, surgió hace unos años la ciencia del machine learning, en la que los ordenadores aprenden y mejoran automáticamente a partir de la experiencia. El interés ha ido aumentando con la aparición del deep learning que es un tipo de aprendizaje que trabaja a partir de redes neuronales artificiales.

Las diferencias principales entre la inteligencia artificial, el machine learning y el deep learning radican en su alcance y enfoque. Mientras que la inteligencia artificial abarca un mayor número de campos dentro de la ciencia computacional, como el cloud computing y el internet de las cosas, el machine learning y deep learning se encargan más de los modelos que permiten que las máquinas aprendan, como indican sus nombres.

De todas formas, diferenciar cada una de las ramas de la IA puede llegar a ser bastante difícil. Es por eso que aquí explicaremos de forma sencilla qué es y en qué se especializan estas tres tecnologías:

▶ **Inteligencia artificial:** es el campo que estudia cómo crear programas informáticos con la habilidad de razonar como los humanos para resolver problemas de forma creativa e inteligente. La IA permite que los sistemas tecnológicos perciban su entorno, se relacionen con él, resuelvan problemas y actúen con un fin específico.

▶ **Machine learning:** es la aplicación de la IA dedicada a la creación de algoritmos que le permiten a los sistemas aprender sin necesidad de ser programados. El flujo de trabajo de esta herramienta empieza con la extracción manual de las características relevantes para crear un modelo que pueda categorizar o procesar esa información.

▶ **Deep learning:** es un subconjunto del machine learning enfocado a la creación de redes neuronales artificiales, que son sistemas que imitan al cerebro humano, se adaptan y aprenden a partir de grandes cantidades de datos. A diferencia del machine learning, esta herramienta extrae las características directamente de las bases de datos sin recibirlas manualmente.

Supongamos que se quiere resolver un problema de clasificación entre coches y no coches. Si se aborda este problema mediante el machine learning clásico, el científico de datos debería determinar primero las características o features que permiten diferenciar un coche de lo que no es un coche (por ejemplo, si tiene ruedas, el tamaño, si tiene o no ventanas, etc.).

Cuando se emplea aprendizaje profundo, no será necesario pasar por el paso de determinar las características por las cuales se clasificará el coche. En este caso, lo que se debe encontrar es una forma de codificar las muestras de forma completa para que puedan ser admitidas por una red neuronal. Para la clasificación de coches, por ejemplo, se podría codificar una imagen de un coche como un vector de píxeles, y pasar esa representación del coche a una red neuronal con múltiples capas, de forma que la red descubra internamente en qué detalles del coche debe fijarse a la hora de clasificarlo.

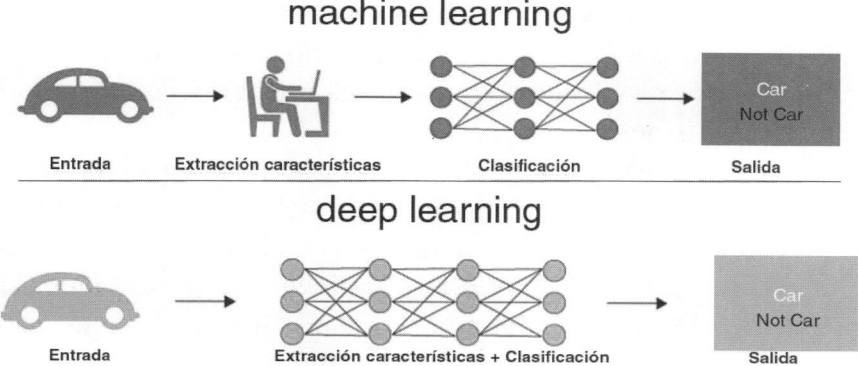

Figura 1.5. Diferencias entre machine learning clásico y deep learning.

El adjetivo «profundo» viene dado por el uso de numerosas capas en la red. La necesidad de realizar una tarea extra con respecto al machine learning clásico implica que los modelos necesiten un mayor tamaño (más capas en el caso de las redes) y un mayor número de ejemplos para poder obtener buenos resultados.

Sin embargo, la práctica ha demostrado que este tipo de modelos obtienen un mejor rendimiento aprovechando volúmenes de datos muy grandes. Este hecho, sumado al acceso a cantidades masivas de datos provenientes de Internet y de las redes sociales, ha permitido que el aprendizaje profundo haya revolucionado los estándares del estado del arte en infinidad de aplicaciones, entre las que destacan el procesamiento del lenguaje natural, la visión por ordenador y el análisis de redes sociales.

Otra de las diferencias entre el machine learning y el deep learning es que el machine learning necesita de humanos que le enseñen, mientras que el deep learning es más autónomo. El proceso de aprendizaje automático comienza con un objeto (que puede ser tan diverso como un dato financiero o las características de un coche), sobre el que un humano introduce sus características en el sistema de machine learning para que, la próxima vez que el sistema se encuentre dicho objeto, lo reconozca.

En el caso del deep learning, el sistema aprende de los datos brutos y puede aumentar su precisión si se le proporcionan más datos. Es decir, cuantos más estímulos reciba del objetivo, mejor será su predicción. Por tanto, la diferencia radica en el nivel de implicación humana.

De esta forma, para enseñar a un sistema de machine learning, hay que decirle cuáles son las características principales para reconocer el objeto. Sin embargo, en el caso del deep learning, no es necesario describir las características del objeto al sistema, sino que se le alimenta con datos (imágenes en el caso de reconocimiento de objetos) para que aprenda por sí solo. Debido a esta diferencia, los sistemas que usan deep learning normalmente necesitan hacer uso de una GPU (unidad de procesamiento gráfico) y una gran capacidad de almacenamiento.

Importancia del deep learning en la actualidad

En la actualidad, el deep learning cuenta con una gran importancia gracias a su capacidad de trabajar de forma autónoma sin necesidad de que un humano gestione las tareas. Entre los usos actuales del aprendizaje profundo destacan los siguientes:

- ▶ **Visión por ordenador:** la visión artificial se utiliza principalmente en vehículos autónomos, drones y procesos biométricos. Aprovecha el deep learning para identificar y clasificar imágenes mediante categorías y etiquetas predefinidas.
- ▶ **Procesamiento de lenguaje natural:** el deep learning se emplea en el procesamiento del lenguaje natural para interpretar las entradas de lenguaje humano en formato textual o verbal. El análisis de sentimientos, la traducción o el reconocimiento de voz, son algunas de las aplicaciones que tiene.

► **Automatización:** una gran opción para automatizar todo tipo de tareas.

► **Modelos predictivos:** el deep learning potencia los motores de recomendación. Esto lo consigue gracias a algoritmos que construyen modelos predictivos basados en los datos recopilados de los usuarios de las distintas aplicaciones.

En la actualidad, grandes empresas tecnológicas como Facebook, Apple y Google recopilan y analizan una gran cantidad de datos a diario y están mostrando un gran interés en proyectos relacionados con el aprendizaje profundo, lo que reduce el tiempo y los costes de desarrollo de esta tecnología.

Actualmente, uno de los campos de investigación en ciberseguridad, es la implementación de inteligencia artificial para la detección y respuesta a amenazas. De este modo, se podría ganar en eficiencia y rapidez, y así hacer frente al creciente número de incidentes de seguridad existentes en la actualidad. A corto plazo, las tendencias en inteligencia artificial para la ciberseguridad consisten en:

► Sistemas de predicción y prevención para aprovechar el potencial de Big Data e interpretar un alto volumen de información procedente del tráfico de una red determinada.

► Soluciones de inteligencia artificial aplicadas a la seguridad en IoT (Internet of Things), con la finalidad de evitar la propagación de ataques de malware en las distintas redes.

► Soluciones de aprendizaje automático para generar sistemas de ciberseguridad flexibles y adaptados a todo tipo de dispositivos y herramientas que sean capaces de identificar y adaptarse a los cambios del malware inteligente, etc.

Capas ocultas en aprendizaje profundo

El número de capas ocultas es uno de los hiperparámetros que se deben determinar a la hora de construir una red neuronal.

Aunque una red neuronal con una única capa oculta pueda resolver problemas muy complejos, se ha demostrado que las redes neuronales profundas son mucho más eficientes, ya que pueden modelar funciones complejas usando exponencialmente menos neuronas que las redes con un reducido número de capas, lo que las hace mucho más rápidas de entrenar.

Adicionalmente, el uso de deep learning no solo permite que la red converja más rápido a una buena solución, sino que también mejora la capacidad para generalizar frente a nuevos datasets o conjuntos de datos. Además, otra de las ventajas que tienen este tipo de arquitecturas es que permiten reutilizar partes de otras redes preentrenadas que se encuentren a la vanguardia y que desarrollen una tarea similar. De esta manera, el entrenamiento de la red será más rápido y necesitará una menor cantidad de datos.

No obstante, desarrollar este tipo de modelos entraña algunas complicaciones. En primer lugar, diseñar una red neuronal es una tarea complicada, debido a la gran variedad de valores de los hiperparámetros que hay que seleccionar. A la hora de crear la arquitectura de la red, una buena táctica puede ser comenzar con una arquitectura de tamaño reducido (con pocas capas ocultas y pocas neuronas) e ir aumentando el número de capas, produciendo mejores resultados siempre y cuando no se produzca sobreentrenamiento (overfitting). Otra forma de abordar el problema del diseño de la red consiste en crear una red de un gran tamaño y evitar que produzca sobreajuste mediante alguna técnica de regularización.

Otros problemas de las redes profundas aparecen en el entrenamiento, como el desvanecimiento del gradiente, los largos tiempos de entrenamiento, o el problema del sobreajuste, los cuales se desarrollan en los siguientes apartados.

Problema de desvanecimiento del gradiente

El algoritmo de backpropagation que se emplea para entrenar la red funciona propagando el gradiente del error de la capa de salida hacia la de entrada. Durante esta propagación, los gradientes pueden hacerse cada vez más pequeños debido al gran número de capas, lo que provoca que los pesos de las capas más bajas apenas se modifiquen y, por tanto, el entrenamiento no nos permita obtener una buena solución. A este problema se le denomina desvanecimiento del gradiente, aunque también puede ocurrir lo contrario, es decir, que los gradientes se hagan cada vez más grandes, a lo que se denomina explosión del gradiente. Por tanto, en las redes neuronales profundas se deben tratar estos gradientes inestables para evitar que las capas aprendan o modifiquen sus parámetros con velocidades distintas entre ellas.

Para evitar que el problema del desvanecimiento de los gradientes no aparezca en todo el entrenamiento, se utiliza la técnica Batch Normalization, que consiste en normalizar las entradas de cada capa y, a continuación, escalar el resultado, con el objetivo de que la entrada de las unidades de activación en todas las capas siga una distribución normal estándar. Para realizar la normalización, se calcula la media y la desviación típica de un lote (training batch). Al realizar el escalado, se añaden dos nuevos parámetros que se aprenden durante el entrenamiento de la misma manera que lo hacen los pesos. Con esta técnica se consigue mejorar la estabilidad de la red neuronal e incrementar la velocidad de entrenamiento, al poder usar tasas de aprendizaje (learning rates) mayores.

Por otro lado, para evitar el problema de que los gradientes se vayan haciendo más grandes, se suelen recortar dichos gradientes para que nunca alcancen un determinado valor. Esta técnica se denomina Gradient Clipping.

Optimización avanzada

Tal y como se mencionó, el entrenamiento de una red neuronal es prácticamente un problema de optimización, para lo cual se suele utilizar el algoritmo del gradiente descendente. A pesar de que este algoritmo funciona bien en general, en determinados casos puede dar lugar a problemas al tratar con mínimos locales. Una variante de este algoritmo para resolver dichas situaciones consiste en añadir momentum, que incorpora un vector de velocidad. Este vector trata de acelerar la convergencia de la red mediante el incremento de la velocidad en el descenso del gradiente en las direcciones correctas. Otra modificación de esta técnica es el llamado Nesterov Momentum, que mejora las propiedades de convergencia.

Uno de los métodos más utilizados es el de AdaGrad (Adaptive Gradient Algorithm), que modifica la tasa de aprendizaje de manera independiente para cada parámetro proporcionalmente a su historial de actualización. El objetivo de esta idea es que, a lo largo del entrenamiento, es decir, a medida que nos acerquemos al mínimo, los pasos que se den al actualizar los parámetros serán más pequeños para lograr una mayor precisión. No obstante, esta técnica podría reducir la velocidad del entrenamiento.

El método de optimización RMSProp (Root Mean Square Propagation) soluciona este problema al evitar que el entrenamiento se detenga en algún momento debido a una reducción excesiva de la velocidad de aprendizaje. Asimismo, el optimizador Adam (Adaptative Moment Estimation) combina las técnicas de RMSProp y Momentum, lo que permite trabajar de manera eficiente con conjuntos de datos con ruidos dispersos. En general, se tiende a utilizar el método Adam, ya que suele obtener buenos resultados.

Otro aspecto clave en la optimización del entrenamiento de la red es la selección de la tasa de aprendizaje. La dificultad de su elección estriba en que se debe tener en cuenta que consiga converger a la solución óptima y el ritmo con el que lo hace. Una técnica para establecer esta tasa de forma más eficiente consiste en usar técnicas como learning rate decay, que consiste en iniciar el entrenamiento con una tasa mayor, lo que hace que la función de coste se reduzca rápidamente, y poco a poco se va decrementando la tasa, para tener una mayor precisión en la búsqueda de la solución.

Overfitting y underfitting

Se considera que un modelo de machine learning o deep learning tiene un buen rendimiento cuando generaliza y predice modelos en pruebas independientes del entrenamiento. En estos modelos, se debe prestar especial atención a los errores de predicción, en concreto, se debe controlar la varianza y el sesgo (también conocido como bias). La varianza aparece por la dificultad de aprender todos los parámetros del modelo de manera robusta desde el punto de vista estadístico, especialmente cuando los datos son limitados o el número de parámetros es elevado. Por otro lado, el sesgo es el error causado por simplificaciones en el modelo. En el diseño de estos modelos encontramos dos problemas habituales que se deben tener en cuenta: el overfitting y el underfitting, debidos principalmente a grandes valores de varianza o sesgo.

- ▸ **Overfitting o sobreajuste:** ocurre cuando la varianza es muy elevada, por lo que el algoritmo es muy sensible a los datos de entrenamiento. Da como resultado un modelo que se adapta demasiado a los datos de entrenamiento, lo que le impide generalizar bien y, en consecuencia, no realiza predicciones correctas.

▶ **Underfitting:** se trata del caso contrario, en el cual el modelo no consigue adaptarse a los datos, ni generar un patrón, realizando así predicciones erróneas. Ocurre cuando existe un alto sesgo, ya que esto causa que el algoritmo pierda una relación importante entre las variables de entrada y las de salida.

Por tanto, al entrenar un modelo se pretende encontrar un equilibrio entre la varianza y el sesgo, para lo cual se deben establecer los valores de los hiperparámetros de una manera óptima.

Técnicas de regularización

Tal y como se ha comentado anteriormente, una ventaja y a la vez un inconveniente de las redes neuronales es su flexibilidad, debido a la gran cantidad de parámetros que se deben establecer, lo cual puede desembocar en un modelo sobreajustado al conjunto de entrenamiento y que, por tanto, no generalice bien ante nuevos datos. A continuación, se mencionan las técnicas más habituales para evitar el overfitting o sobreajuste en los datos en aprendizaje profundo.

▶ **Early Stopping:** esta técnica consiste en detener el entrenamiento en cuanto el error de validación alcance un mínimo, ya que es en ese momento cuando el modelo empieza a sobreajustarse a los datos de entrenamiento.

▶ **L1 and L2 Regularization:** otra manera de reducir los grados de libertad del modelo en el entrenamiento es limitar los pesos de las conexiones de las neuronas. Para ello, se añade un término de regularización a la función de coste. Este término de penalización se puede obtener añadiendo el cuadrado de los parámetros a la función de coste, lo que favorece que los pesos tengan valores absolutos pequeños o añadiendo el valor absoluto de los pesos, lo cual hace que los parámetros sean dispersos. El hiperparámetro α permite controlar la regularización del modelo. En el caso de las redes neuronales, la técnica que da mejores resultados es L2.

▸ **Dropout:** en cada paso del entrenamiento, las neuronas (excepto las de salida) pueden ser obviadas con una probabilidad p, es decir, no se tendrán en cuenta en dicho paso. Esta probabilidad es un hiperparámetro llamado dropout rate, que suele establecerse entre un 25 % y un 50 %. Se trata de la técnica más habitual, ya que mejora notablemente el modelo al forzar a aprender nuevas relaciones entre neuronas, impidiendo así memorizar resultados o lo que es lo mismo, sobreajustarse a los datos. Esta técnica tiene como inconveniente la reducción de la velocidad de convergencia. Es importante destacar que esta técnica sólo se puede aplicar en la fase de entrenamiento.

▸ **Max-Norm Regularization:** esta técnica limita los pesos de las conexiones a tener una norma vectorial menor a un determinado valor.

Limitaciones del deep learning

Las limitaciones que impidieron el desarrollo previo de las técnicas de deep learning, eran más prácticas que teóricas. Ni los ordenadores eran lo suficientemente potentes, ni los conjuntos de datos lo suficientemente grandes. Una vez solventadas esas dificultades prácticas, los fundamentos formales que ya se conocían y empleaban en entornos limitados desde los años 80 permitieron el despegue del deep learning.

No obstante, esto no quiere decir que el uso de redes neuronales artificiales esté completamente exento de problemas. Sus dos aspectos más problemáticos son los derivados del sobreaprendizaje y su carácter de cajas negras. Para resolver el primero, que es un problema común a otros muchos modelos de aprendizaje automático, se han propuesto multitud de técnicas que, en mayor o menor medida, permiten solucionarlo. En cuanto al segundo, es algo sobre lo que todavía queda mucho por hacer y que puede tener implicaciones con respecto a la seguridad de los sistemas que emplean redes neuronales internamente.

Problemas derivados del sobreaprendizaje

El sobreaprendizaje se produce cuando un modelo se ajusta tan bien a su conjunto de entrenamiento que deja de generalizar correctamente al utilizarlo en un conjunto de prueba diferente al conjunto de datos de entrenamiento que se utilizó para crearlo. Es un problema habitual en muchas técnicas de aprendizaje automático.

Cuando utilizamos redes neuronales, estas incluyen multitud de parámetros ajustables que representan los pesos que modelan las conexiones entre neuronas. Este elevado número de parámetros hace que las redes neuronales sean propensas a sufrir problemas de sobreaprendizaje [overfitting]. De hecho, hay quien piensa que es su principal inconveniente. El conjunto de entrenamiento contiene las regularidades que nos permiten construir un modelo de aprendizaje automático. Sin embargo, también incluye dos tipos de ruido: errores en los datos y errores de muestreo.

Los errores en los datos son inevitables y se producen en el proceso de adquisición de los datos, especialmente si este incluye algún tipo de procesamiento manual. Las etiquetas asociadas a los casos de entrenamiento pueden ser erróneas, por ejemplo, en un porcentaje nada desdeñable de estos. Por otro lado, el conjunto de datos, por grande que sea, no deja de ser una muestra de una población mayor. En él existirán regularidades accidentales que no se deben al problema en sí que deseamos modelar, sino a los casos particulares que acaban formando parte de nuestro conjunto de datos.

Cuando ajustamos un modelo a esos datos, nunca podemos saber si estamos aprovechando las regularidades «reales» de los datos o si nuestro modelo está identificando las regularidades accidentales debidas al error de muestreo. Cualquier modelo mezclará ambas. Si nuestro modelo es extremadamente flexible, como sucede con las redes neuronales, entonces será capaz de modelar todos los matices del conjunto de datos de entrenamiento, tanto esenciales como accidentales.

Cuando el modelo ajusta los rasgos accidentales, pierde capacidad de generalización y, en la práctica, esto puede resultar desastroso. En términos generales, un modelo de aprendizaje con muchos parámetros, como es el caso de las redes neuronales, será capaz de ajustarse mejor a los datos que le proporcionamos, aunque no resulte demasiado económico. En términos de la descomposición del error en sesgo y varianza, diríamos que el modelo exhibe una varianza elevada (si tuviese muy pocos parámetros hablaríamos de sesgo). Por tanto, no debería sorprendernos, que un modelo con muchos parámetros se ajuste demasiado bien a los datos de entrenamiento, hasta el punto de producirse sobreaprendizaje.

Afortunadamente, además de las estrategias generales que podemos utilizar para cualquier modelo de aprendizaje automático, se han propuesto multitud de técnicas específicas que se pueden emplear para prevenir y atenuar los efectos del sobreaprendizaje en redes neuronales artificiales. Estas técnicas incluyen sencillas heurísticas, como el decaimiento de pesos (weight decay), que penaliza la presencia de pesos elevados en la red, o el uso de pesos compartidos (weight sharing), que reduce el número de parámetros de una red neuronal y, por tanto, se reduce su capacidad y la posibilidad de sufrir sobreaprendizaje.

Otras técnicas de prevención del sobreaprendizaje se incorporan en el propio algoritmo de entrenamiento de la red neuronal, como la parada temprana (early stopping), que detiene el proceso iterativo de aprendizaje en el momento en el que se detecta un aumento de la tasa de error en un conjunto de validación independiente del conjunto de entrenamiento.

Otra posibilidad consiste en la combinación de múltiples modelos, ya sea de forma explícita mediante la creación de ensambles que realizan una media ponderada de un conjunto de modelos de aprendizaje automático o de forma implícita mediante la incorporación de técnicas que, desde un punto de vista formal, son equivalentes al uso de múltiples modelos. También hay quien prefiere realizar un proceso de preentrenamiento previo, realizado de forma no supervisada, para preajustar los parámetros de la red antes de someterla a un entrenamiento de tipo supervisado, lo que puede servir para prevenir el sobreaprendizaje, a la vez que resulta útil en situaciones en las que se dispone de muchos más datos no etiquetados (para el preentrenamiento no supervisado) que etiquetados (para el entrenamiento supervisado).

Como vemos, existe una amplia gama de técnicas y herramientas a nuestra disposición para prevenir el sobreaprendizaje al que son propensas las redes neuronales. Dada esa propensión, la estrategia habitual en el entrenamiento de redes neuronales artificiales es permitir que la red sobreaprenda y luego regularizar. En aprendizaje automático, se denomina regularización a cualquier proceso que incorpore información adicional para prevenir el sobreaprendizaje, ya sea un término adicional en la función de coste que se pretenda minimizar (como en weight decay), un mecanismo de control durante el proceso de entrenamiento (early stopping) o la anulación selectiva de partes de una red neuronal para prevenir su coadaptación (dropout).

Uso de la capa de Dropout

El método Dropout es una técnica de regularización que fue propuesta por Srivastava *et al.*(2014) como una forma de evitar el sobreajuste mediante la desactivación aleatoria de neuronas dentro de un modelo de deep learning, lo que reduce su número de parámetros estimados y, por tanto, su complejidad.

La capa Dropout es una técnica de regularización que se utiliza en redes neuronales para mejorar el rendimiento y la generalización del modelo. La idea principal detrás de Dropout es apagar (eliminar) aleatoriamente un porcentaje de neuronas durante el entrenamiento de la red en cada iteración. Esto impide que las neuronas se vuelvan dependientes de otras neuronas específicas y, por lo tanto, ayuda a prevenir el sobreajuste (overfitting). A continuación, se analizan algunos aspectos clave del uso de la capa Dropout:

- **Prevención del sobreajuste:** la capa Dropout es eficaz para prevenir el sobreajuste al introducir incertidumbre en la red durante el entrenamiento. Al desactivar aleatoriamente algunas unidades en cada iteración, la red no puede depender demasiado de ninguna característica particular y, por lo tanto, se generaliza mejor a datos no vistos.
- **Mejora de la robustez:** la capa Dropout hace que la red sea más robusta frente al ruido en los datos y reduce la posibilidad de que las neuronas se adapten demasiado a patrones específicos en el conjunto de entrenamiento.
- **Entrenamiento de redes más grandes:** la capa Dropout permite entrenar redes más grandes y profundas sin sufrir tanto por sobreajuste. Esto es útil, especialmente en arquitecturas de redes neuronales profundas con múltiples capas ocultas.
- **Aumento de datos virtuales:** en cierto sentido, la capa Dropout realiza un tipo de aumento de datos virtual al entrenar la red con diferentes conjuntos de neuronas desactivadas en cada iteración. Esto ayuda a la red a aprender patrones más robustos.
- **Aplicación en diferentes capas:** la capa Dropout se puede aplicar en diferentes capas de una red neuronal, incluidas las capas totalmente conectadas, las capas convolucionales y las capas recurrentes.

- ▶ **Importancia en capas densas:** la capa Dropout a menudo se utiliza con mayor frecuencia en capas densas (totalmente conectadas), donde hay más parámetros y, por lo tanto, más riesgo de sobreajuste.
- ▶ **Ajuste del parámetro de dropout:** el hiperparámetro asociado con la capa Dropout es la tasa de dropout, que representa la fracción de unidades que se apagan en cada iteración. Los valores comunes son 0.2, 0.5 o 0.8, aunque este valor puede variar en función del conjunto de datos y del problema específico.

A continuación, se comentan algunos casos de uso comunes de la capa Dropout en redes neuronales:

- ▶ **Prevención del sobreajuste:** el uso de Dropout ayuda a prevenir el sobreajuste, especialmente en modelos con una gran cantidad de parámetros. Al desactivar aleatoriamente algunas neuronas durante el entrenamiento, se evita que ciertas conexiones se vuelvan demasiado fuertes, lo que contribuye a una mayor generalización de datos no vistos anteriormente.
- ▶ **Mejora de la generalización:** al desactivar conexiones de forma aleatoria durante el entrenamiento, la red se vuelve más robusta y generaliza mejor a datos nuevos. Esto es particularmente útil cuando se tiene un conjunto de datos de entrenamiento limitado y se desea evitar la memorización de patrones específicos.
- ▶ **Reducción de la dependencia de características específicas:** el Dropout ayuda a reducir la dependencia de características específicas durante el entrenamiento. Esto significa que la red no se basa demasiado en un conjunto particular de características, lo que puede mejorar su capacidad para adaptarse a diversas entradas.

▶ **Entrenamiento de modelos ensemble:** durante el entrenamiento con Dropout, se están entrenando múltiples submodelos debido a las diferentes combinaciones de neuronas activas e inactivas. Esto puede considerarse como entrenar un conjunto de modelos de forma simultánea, lo que puede mejorar la robustez y la generalización del modelo final.

▶ **Manejo de datos con ruido:** cuando los datos de entrada contienen ruido o variabilidad, Dropout puede ayudar al modelo a manejar estas perturbaciones y a no depender en exceso de características específicas que pueden contener ruido.

▶ **Reducción de la sensibilidad a las inicializaciones de pesos:** el Dropout puede reducir la sensibilidad del modelo a las inicializaciones de pesos. Esto significa que pequeñas variaciones en los pesos iniciales tienen menos impacto en el rendimiento final del modelo.

▶ **Entrenamiento eficiente y regularización en una sola capa:** el Dropout puede proporcionar eficiencia computacional y regularización en una sola capa, lo que es beneficioso cuando se trabaja con conjuntos de datos grandes y complejos.

Es importante destacar que, aunque es una técnica efectiva para prevenir el sobreajuste, no siempre es necesaria y su aplicación debe evaluarse en función del problema específico y del comportamiento de la red durante el entrenamiento y la validación. Experimentar con diferentes tasas y evaluar el rendimiento en un conjunto de validación es clave para obtener los beneficios deseados. Una tasa de dropout demasiado baja puede no tener un efecto significativo, mientras que una tasa demasiado alta puede provocar un bajo rendimiento en la fase de entrenamiento.

Las redes neuronales como cajas negras

En determinados ámbitos de aplicación, el problema más acuciante de las redes neuronales artificiales es nuestra incapacidad para determinar cómo llegan las redes neuronales a una conclusión. En una red neuronal, podemos observar la entrada de la red y ver cuál es su salida, pero su funcionamiento interno es algo que no se puede describir de forma simbólica. Para nosotros, una red neuronal es, en gran medida, una caja negra.

En situaciones en las que no solo es importante la validez del modelo, sino también su credibilidad, el carácter opaco de una red neuronal puede jugar en nuestra contra. La validez de un modelo se evalúa de múltiples formas, por ejemplo, mediante la validación cruzada. Las pruebas que realicemos nos pueden indicar que, en efecto, una red neuronal ofrece mejores resultados que otras técnicas de aprendizaje automático. Sin embargo, su credibilidad es otra historia. Al tratarse de una faceta subjetiva, vinculada a la percepción que otros pueden tener de su fiabilidad, es algo que no podemos avalar con argumentos meramente cuantitativos. Por desgracia, dado que no podemos explicar su funcionamiento en detalle, tampoco podemos recurrir a los argumentos que utilizamos para defender un modelo simbólico, en el que su razonamiento es fácilmente interpretable. Esto puede hacer que muchos posibles usuarios se muestran reacios a adoptar el uso de redes neuronales artificiales.

Algunas de las técnicas de aprendizaje automático más versátiles funcionan de forma algo misteriosa. Las decisiones automatizadas con ayuda de redes neuronales o máquinas de vectores de soporte son, en gran parte, completamente inescrutables. Aunque funcionen realmente bien, si son incapaces de ofrecer una explicación, puede que no nos dejen usarlas. Tal vez porque alguien se sienta inseguro al no poder justificar una decisión en caso de que dicha decisión se demuestre errónea en el futuro.

Dado que los sistemas de deep learning no toman decisiones de la misma forma que nosotros, esto ocasiona la aparición de problemas de seguridad en todos aquellos ámbitos donde se recurre a ellos. Por ejemplo, las redes neuronales artificiales han demostrado ser especialmente útiles en el reconocimiento de patrones complejos, como puede ser la identificación de objetos en imágenes. Se ha demostrado que se puede engañar a una red neuronal para que perciba cosas que no están realmente en la imagen. Además, se han creado imágenes que, siendo indistinguibles de las originales para nosotros, confunden por completo a una red neuronal. Si dotamos a un vehículo autónomo de una cámara con la que interpretar señales de tráfico y semáforos, pensemos en las vulnerabilidades de seguridad de un sistema así, si la red neuronal es la encargada de determinar el significado de una señal de tráfico y el coche autónomo actúa según la predicción realizada por la red neuronal.

Relación entre la regresión logística y las redes neuronales

La regresión logística y las redes neuronales tienen una relación estrecha, ya que estas últimas pueden considerarse una generalización de la regresión logística. Para comprender esta relación, es importante examinar las similitudes y diferencias entre ambos enfoques.

Ambas técnicas utilizan una función de activación, comúnmente la sigmoide, para modelar la probabilidad de una clase en problemas de clasificación binaria. Además, las dos metodologías emplean técnicas de optimización, como el gradiente descendente, para minimizar una función de pérdida, siendo la pérdida de entropía cruzada una opción popular. En su núcleo, tanto la regresión logística como las redes neuronales implican la propagación de entradas a través de un conjunto de pesos para producir una salida, lo que refleja un proceso matemático similar en esta etapa.

Sin embargo, las diferencias entre regresión logística y redes neuronales también son notables. La regresión logística es un modelo lineal, limitado a una sola capa de pesos que conecta las entradas directamente con la salida, lo que da como resultado una decisión límite lineal. En contraste, las redes neuronales poseen una arquitectura más compleja, con múltiples capas (capas ocultas) que permiten la captura de relaciones no lineales entre las características y la salida. Esta estructura multicapa habilita a las redes neuronales a modelar patrones más complejos, aunque a costa de una mayor demanda computacional y tiempo de entrenamiento. En resumen, mientras que la regresión logística es adecuada para problemas lineales y sencillos, las redes neuronales ofrecen una mayor flexibilidad y capacidad para manejar tareas de clasificación más complejas.

Capítulo 2

Introducción a las redes neuronales

C omo hemos visto en el primer capítulo, las redes neuronales son sistemas de computación basados en las redes neuronales biológicas, que pueden describirse matemáticamente como $f: X \to Y$. Típicamente, están compuestas por una capa de entrada, una serie de capas ocultas y una capa de salida.

Para que las redes neuronales puedan funcionar, requieren un proceso de entrenamiento en el que se van conformando capas con un peso determinado en la toma de decisiones. A través de imágenes o datos, se va consiguiendo afinar el conocimiento de estos sistemas y que las neuronas artificiales puedan identificar y resolver problemas, y dar respuestas muy similares a las que daría un ser humano.

El funcionamiento de las redes neuronales busca reproducir dentro de una máquina los procesos mediante los cuales los seres humanos tomamos decisiones. En pocas palabras estos algoritmos buscan actuar como las neuronas de nuestro cerebro y se clasifican en unidades especializadas en procesar información de forma jerárquica e interconectada.

Se puede decir que las redes neuronales son un pilar de la inteligencia artificial, un modelo que se basa en el funcionamiento del cerebro humano e intenta replicarlo. Están formadas por un conjunto de nodos que simulan el funcionamiento de las neuronas de forma artificial y que están conectados entre sí para transmitir señales.

Historia y evolución de las redes neuronales

El concepto de red neuronal se remonta a la década de 1940, cuando los investigadores comenzaron a estudiar la estructura y el funcionamiento del cerebro. Sin embargo, no fue hasta la década de 1950 cuando se desarrolló la primera red neuronal artificial. Esta primera red, conocida como perceptrón, se diseñó para realizar tareas sencillas, como el reconocimiento de imágenes.

El primer trabajo reconocido en este campo corre a cargo de F. Rosenblatt (1958), *The perceptron: a probabilistic model for information storage and organization in the brain*[1].

A lo largo de los años, las redes neuronales han experimentado varias etapas de desarrollo, con la introducción de la retropropagación y otras técnicas que han incrementado sus capacidades. La retropropagación, que se introdujo por primera vez en la década de 1970, es una técnica utilizada para entrenar redes neuronales ajustando los pesos de las conexiones entre neuronas con el fin de minimizar la diferencia entre la salida de la red y la salida deseada.

En la década de 1980, las redes neuronales se hicieron muy populares y los investigadores exploraron nuevas arquitecturas y técnicas para entrenarlas. Sin embargo, este entusiasmo inicial duró poco, ya que las redes neuronales pronto se vieron eclipsadas por otros algoritmos de aprendizaje automático, como los árboles de decisión y las máquinas de vectores de soporte.

No fue hasta la década de 2000 cuando las redes neuronales empezaron a resurgir, gracias a la introducción de técnicas de aprendizaje profundo, como las redes neuronales convolucionales y las redes neuronales recurrentes. Estas técnicas permitieron a las redes neuronales realizar tareas complejas, como el reconocimiento de imágenes y del habla, con una precisión sin precedentes, y desde entonces se han convertido en la vanguardia de muchas aplicaciones de aprendizaje automático.

Contexto histórico

Los primeros artículos que sentaron las bases de lo que actualmente se conoce como redes neuronales, se publicaron en la década de 1940. Concretamente, Warren S. McCulloch y Walter Pitts publicaron en 1943 un artículo titulado *A logical calculus of the ideas immanent in nervous activity* [2], en el que se plantea un modelo de neuronas que realiza una operación de sumatoria sobre entradas binarias, y retorna un valor de 1 en caso de que la suma exceda un cierto umbral, o un 0 en caso contrario (función de activación).

Esta idea fue retomada por Frank Rosenblatt en 1958, quien desarrolló el algoritmo conocido como perceptrón [3], al que le añadió un mecanismo de aprendizaje basado en el trabajo de Donald Hebb [4], descrito de la siguiente forma:

«Let us assume then that the persistence or repetition of a reverberatory activity (or "trace") tends to induce lasting cellular changes that add to its stability. (...) When an axon of cell A is near enough to excite a cell B and repeatedly or persistently takes part in firing it, some growth process or metabolic change takes place in one or both cells such that A's efficiency, as one of the cells firing B, is increased».

«Supongamos, pues, que la persistencia o repetición de una actividad reverberante (o «traza») tiende a inducir cambios celulares duraderos que aumentan su estabilidad. (...) Cuando un axón de la célula A está lo suficientemente cerca como para excitar a una célula B y participa de forma repetida o persistente en su disparo, se produce algún proceso de crecimiento o cambio metabólico en una o ambas células tal que la eficacia de A, como una de las células que disparan a B, aumenta».

Esta regla destaca la fuerte relación de asociación que se formará y, en consecuencia, se fortalecerá, entre dos neuronas o células que tienden a activarse juntas o, en el caso contrario, la desactivación de algunas de esas relaciones cuando no formen parte del patrón.

La idea desarrollada por Rosenblatt se implementó primero en un software para una computadora IBM 704 y, posteriormente, en un hardware como en el caso del Mark I Perceptrón, que disponía de un conjunto de 20 x 20 fotocélulas que hacían las veces de entrada, a las que se añadían unos pesos, regulados por potenciómetros, y ajustados por motores eléctricos para la parte del aprendizaje.

Sobre el trabajo de Rosenblatt, Bernard Widrow planteó la supresión de la función de activación en el perceptrón, de tal forma que el proceso de aprendizaje y la obtención de los pesos óptimos, se realizaban de forma continuada estudiando la variación del error mediante el algoritmo del gradiente descendente o LMS (*Least-Mean-Square*), según estos oscilaban. A este modelo se le llamó ADALINE (*ADAptive LINear Element*) [5].

Todos los avances realizados hasta el momento se toparon con una serie de artículos, que mostraban cierto escepticismo ante las limitaciones de los perceptrones [6], y que concluían que ese acercamiento a la inteligencia artificial llevaba a un punto muerto. La repercusión de estos trabajos provocó una reducción en la financiación y, en consecuencia, en las publicaciones durante la década de 1970, lo cual se conoce como el primer invierno de la IA.

La situación originada por el invierno de la IA hizo que no fuera un período tan productivo en cuanto a publicaciones se refiere. Sin embargo, fue en ese período cuando se hizo uno de los principales descubrimientos que marcarían un punto de inflexión en la historia: la utilización de la propagación hacia atrás (*backpropagation*) en las redes neuronales.

Esta investigación fue propuesta por primera vez por Paul Werbos en 1974 [7], pero, debido al poco interés que existía en la materia, no se publicaría hasta 1982. Esta técnica suponía una generalización del gradiente descendente a las redes con múltiples capas, en las que se actualizaban los errores hacia atrás, desde la capa de salida hacia la de entrada. En 1986, David Rumelhart, Geoffrey Hinton y Ronald Williams rescataron este trabajo en su artículo *Learning representations by back-propagating errors* [8], profundizando en este algoritmo, al tiempo que corroboraron las investigaciones de una década atrás.

Este nuevo hito en la historia de las redes neuronales reavivó las investigaciones y, en 1989, Yann LeCun [9] llevó a cabo la primera aplicación de las redes neuronales para el reconocimiento de dígitos escritos a mano en su artículo *Backpropagation Applied to Handwritten Zip Code Recognition* [10].

En este modelo de red neuronal, la primera capa oculta, la inmediatamente posterior a la de entrada, es convolucional, y permite reconocer en una imagen sus características más significativas, como pueden ser los bordes. Así, se consigue escalar mejor el número de conexiones y lograr una mayor eficiencia. Las otras dos capas ocultas son redes neuronales normales que utilizan esas características principales para determinar de qué número se trata.

El siguiente ámbito en el que se aplicarían las redes neuronales sería el de la compresión de los datos, es decir, una representación con un menor uso de datos desde la que se puedan reconstruir los datos originales [11]. Este tipo de red neuronal se conoce como «autoencoder» y basa su funcionamiento en replicar en la salida lo que tenemos en la entrada, introduciendo entre ambos extremos una capa oculta que tiene como objetivo codificar la entrada, para posteriormente decodificar los datos y obtener la salida.

Además de los autoencoders, durante los siguientes años se publicarían nuevos trabajos que profundizaban en el uso de las redes neuronales en otros campos. Entre los años 1985 y 1992 se publicaron artículos interesantes, como la máquina de Boltzmann [12], las redes bayesianas [13], *ALVINN: an Autonomous Land Vehicle in a Neural Network* [14], donde se trataba el aprendizaje de un sistema para controlar un coche.

Uno de los mayores avances realizados en el ámbito de la inteligencia artificial se produjo en 1995 de la mano de Gerald Tesauro, que desarrolló una red neuronal aplicada al juego del backgammon, a la que llamó TD-Gammon [15], y que logró convertirse en uno de los mejores jugadores a nivel mundial, demostrando que era posible superar a los seres humanos en tareas de cierta complejidad.

Durante este nuevo período, que transcurrió desde mediados de los 90 hasta mediados de la década de los 2000, surgieron nuevos tipos de redes como las redes neuronales recurrentes, que se aplicaron al reconocimiento de voz [16]; las unidades LSTM (*Long Short-Term Memory*), las máquinas de vectores de soporte (*Support Vector Machines*) o los bosques aleatorios (*random forests*), muchos de los cuales se siguen utilizando en la actualidad.

Otras publicaciones, como *Scaling learning algorithms towards AI* [17], o *Deep Belief Networks for phone recognition* [18], también ayudaron a relanzar una corriente que llega hasta la actualidad. Además, gracias a la introducción de las GPU (*Graphics Processing Unit*, unidad de procesamiento gráfico), se empiezan a conseguir mejores resultados en cuanto a los tiempos de procesamiento, incrementando su velocidad hasta 70 veces con respecto a una CPU [19].

Redes neuronales artificiales en deep learning

El deep learning intenta imitar el cerebro humano al analizar continuamente datos con una estructura lógica dada. Para poder realizar estos análisis, el sistema de deep learning se basa en sus redes neuronales artificiales (RNA, neural networks).

Estas redes neuronales identifican patrones y clasifican diferentes tipos de información. Las diferentes capas de las redes neuronales sirven como filtro, yendo desde los elementos más generales a los más sutiles, y aumentando la probabilidad de detectar y generar un resultado correcto. Por tanto, cuando un sistema de deep learning tiene que reconocer un objeto, lo compara con aquellos que ya conoce.

Las redes neuronales artificiales son un componente fundamental en el campo del deep learning. Estas redes están inspiradas en el funcionamiento del cerebro humano y se utilizan para resolver tareas de procesamiento de información compleja, como el reconocimiento de patrones, la clasificación de datos y la toma de decisiones. Esta es una descripción general de las redes neuronales artificiales en el aprendizaje profundo:

► **Neuronas artificiales:** las redes neuronales artificiales están formadas por unidades llamadas neuronas artificiales o nodos. Cada neurona toma una serie de entradas, las combina a través de pesos y aplica una función de activación para producir una salida. Estas neuronas se organizan en capas, generalmente divididas en capas de entrada, capas ocultas y capas de salida.

► **Conexiones ponderadas:** las conexiones entre las neuronas tienen pesos asociados que determinan la importancia de cada entrada en la neurona. El proceso de aprendizaje en una red neuronal implica ajustar estos pesos para que la red pueda realizar tareas específicas de manera efectiva.

► **Funciones de activación:** cada neurona aplica una función de activación a la suma ponderada de sus entradas. Estas funciones introducen no linealidad en la red y permiten que esta aprenda y represente relaciones no lineales en los datos.

► **Redes *feedforward*:** las redes neuronales *feedforward* son el tipo más simple de redes neuronales artificiales. La información fluye en una sola dirección, desde la capa de entrada a través de las capas ocultas hacia la capa de salida. Estas redes se utilizan en tareas de clasificación y regresión.

► **Redes neuronales profundas:** estas son redes neuronales con múltiples capas ocultas. El término «deep» se refiere a que la red tiene muchas capas intermedias. Las redes neuronales profundas son capaces de aprender representaciones jerárquicas y abstracciones complejas de los datos, lo que las hace adecuadas para tareas relacionadas con la visión por ordenador y el procesamiento del lenguaje natural.

▶ **Aprendizaje supervisado:** en el deep learning, las redes neuronales se entrenan utilizando un conjunto de datos etiquetado. Durante el entrenamiento, la red ajusta sus pesos para minimizar la diferencia entre las salidas previstas y las etiquetas reales.

▶ *Backpropagation*: es el algoritmo fundamental para entrenar redes neuronales. Calcula las derivadas parciales del error con respecto a los pesos de la red y ajusta los pesos en consecuencia, propagando el error a través de las capas.

▶ **Regularización y optimización:** Para evitar el sobreajuste en el proceso de entrenamiento, se suelen utilizar técnicas de regularización como la reducción de la tasa de aprendizaje, la disminución de la complejidad de la red y la adición de capas de abandono. Además, se pueden aplicar algoritmos de optimización para encontrar los pesos óptimos de la red.

Las redes neuronales artificiales en deep learning han demostrado ser efectivas en una amplia gama de aplicaciones, desde la visión por ordenador y el procesamiento del lenguaje natural hasta los juegos y la robótica. Su capacidad para aprender representaciones complejas y realizar tareas sofisticadas las convierte en una herramienta poderosa en el campo de la inteligencia artificial.

Aplicaciones de las redes neuronales

Son muchas las funciones que puede llevar a cabo una red neuronal, sobre todo, porque gracias a su funcionamiento son capaces de realizar multitud de tareas dependiendo de su entrenamiento:

▶ **Reconocimiento.** Una de las funciones más recurrentes de esta tecnología es su uso en el reconocimiento. Gracias a su capacidad de aprendizaje y de entrenamiento, una red neuronal puede diferenciar entre diferentes elementos.

▶ **Clasificación.** De una forma muy similar a su función de reconocimiento, una red neuronal puede usarse para clasificar diferentes elementos.

► **Predicción y diagnóstico.** Más allá de sus capacidades para diferenciar un elemento, una red neuronal puede predecir eventos futuros y es por ello por lo que se utiliza esta tecnología en la predicción económica. Por otro lado, en medicina, este tipo de función puede utilizarse para diagnosticar posibles problemas de salud.

Reconocimiento de patrones

Las redes neuronales son muy útiles para identificar patrones en grandes conjuntos de datos. Por ejemplo, en el reconocimiento de voz, pueden convertir ondas sonoras en texto y crear una transcripción de la conversación.

En la clasificación de imágenes, también son muy eficaces ya que pueden reconocer características específicas en las imágenes, como la forma y el color, y clasificarlas en diferentes categorías. Por ejemplo, una red neuronal puede analizar miles de imágenes de animales como conjunto de aprendizaje y clasificarlas en diferentes categorías, como «perros», «gatos», «aves», etc.

Procesamiento de lenguaje natural

En la traducción automática, las redes neuronales pueden aprender a traducir idiomas al analizar patrones en el lenguaje. Una red neuronal podría analizar millones de oraciones en diferentes idiomas y aprender a traducirlas entre ellos. Estas capacidades de traducción se pueden encontrar en aplicaciones como DeepL https://www.deepl.com/translator o Google Translate https://translate.google.es. También podemos encontrar otras aplicaciones orientadas a la generación de texto, en las que las redes neuronales pueden crear texto coherente y relevante al analizar patrones en el lenguaje, de forma que pueden aprender a escribir historias que resulten atractivas para un público objetivo.

Visión por ordenador

Las redes neuronales también son muy efectivas en la identificación de objetos en imágenes y vídeos, lo que es útil en aplicaciones como la detección de objetos en tiempo real, el seguimiento de objetos y la clasificación de imágenes, ya que pueden analizar imágenes en tiempo real para identificar objetos y proporcionar información sobre ellos.

La visión por ordenador es una rama de la inteligencia artificial que engloba métodos para adquirir, procesar, analizar y comprender imágenes digitales, así como la extracción de datos del mundo real para producir información numérica o simbólica, por ejemplo, en forma de decisiones o etiquetas.

En función de la información que se desee extraer de las imágenes, se pueden establecer gran cantidad de problemas para los que son útiles los modelos de visión por ordenador. Entre estas aplicaciones destacan:

- ► **Clasificación de imágenes:** el objetivo es asignar una categoría o etiqueta a la imagen de entrada. Esta es la aplicación más común y también se puede aplicar a diversos ámbitos como la medicina, las aplicaciones biométricas y la interpretación de emociones faciales.

- ► **Detección de objetos:** este problema implica identificar la presencia y ubicación de objetos específicos en una imagen, utilizando técnicas como *bounding boxes* o máscaras. Esto resulta interesante cuando hay algún elemento importante que identificar en imágenes que contienen múltiples entidades diferentes.

- ► **Segmentación de la imagen:** se refiere a la tarea de dividir una imagen en regiones o segmentos significativos, con el objetivo de asignar una etiqueta o categoría a cada píxel de la imagen. De esta forma, se puede comprender y analizar de manera más detallada la estructura y contenido de una imagen.

► **Reconstrucción de imágenes:** consiste en generar una imagen completa y coherente a partir de una versión incompleta, dañada o de baja calidad. Este problema es relevante en diversas aplicaciones, como la restauración de imágenes antiguas, la mejora de imágenes borrosas o ruidosas, y la reconstrucción de imágenes a partir de proyecciones parciales. Uno de los ejemplos más conocidos es la tecnología conocida como «ojo de halcón», aplicada en el tenis para determinar cuándo una pelota cae dentro o fuera de la pista.

► **Localización y seguimiento de objetos:** se trata de determinar la posición precisa de un objeto en una imagen o vídeo y realizar un seguimiento de su movimiento a lo largo del tiempo.

Predicción y toma de decisiones

Debido al reconocimiento de patrones que ofrecen, las redes neuronales también son muy útiles para la predicción y la toma de decisiones en diferentes áreas. Por ejemplo, en el comercio electrónico, las redes neuronales pueden analizar los datos de los clientes para predecir sus preferencias de compra y ofrecer productos relevantes. Esta tecnología podría monitorizar y comprender con mayor precisión el comportamiento de los consumidores, llegando incluso a identificar de forma automática sus intenciones de compra y a ofrecer recomendaciones a partir del comportamiento de otros usuarios con un historial de compra similar.

Ventajas del deep learning

El aprendizaje profundo es más escalable que el machine learning, lo cual se traduce en una oportunidad para las empresas que buscan aprovechar esta tecnología para mejorar su rendimiento.

Las predicciones realizadas en los últimos años muestran que el mercado del deep learning podría tener un valor de más de 100 000 millones de € para 2028. Esto es algo que se está viendo impulsado por el avance del big data, el análisis de sentimientos, las recomendaciones y la personalización en aplicaciones y productos.

- ► **Automatización.** Los algoritmos de aprendizaje profundo pueden funcionar a partir de un conjunto de datos de entrenamiento sin intervención humana adicional. Esto significa que el aprendizaje profundo puede realizar tareas complejas que suponen una implementación más rápida de aplicaciones o tecnología para las empresas.

- ► **Funciona bien con datos no estructurados.** Una de las grandes ventajas del deep learning es su capacidad para trabajar con datos no estructurados. En el contexto comercial, esto se vuelve particularmente relevante, ya que la mayor parte de los datos recuperados no están estructurados.

- ► **Rentabilidad.** El desarrollo tecnológico necesario para implementar deep learning puede ser una desventaja. Sin embargo, una vez que una empresa cuenta con la infraestructura necesaria, puede ayudar a reducir costes. En este sentido, una de las ventajas del deep learning es que sus algoritmos pueden tener en cuenta la variación entre las funciones de aprendizaje para reducir drásticamente los márgenes de error en todo tipo de industrias.

- ► **Análisis avanzado.** El aprendizaje profundo, cuando se aplica a la ciencia de datos, puede ofrecer modelos de procesamiento mejores y más efectivos. Su capacidad de aprender sin supervisión impulsa la mejora continua en la precisión y los resultados obtenidos. Esto hace que una de las ventajas del deep learning sea su capacidad para ofrecer un análisis avanzado de datos que va a aportar resultados más fiables y concisos.

▶ **Escalabilidad.** El aprendizaje profundo es altamente escalable debido a su capacidad para procesar cantidades masivas de datos y realizar muchos cálculos de manera rentable. Esta característica de esta tecnología afecta directamente a la productividad de la empresa, ya que, al escalar automáticamente, escala la fiabilidad de las predicciones de los algoritmos de deep learning.

Importancia de las redes neuronales en la inteligencia artificial

Las redes neuronales han revolucionado la inteligencia artificial al permitir la creación de sistemas capaces de aprender y mejorar con la experiencia. En la actualidad, resultan muy interesantes porque pueden procesar grandes cantidades de datos de manera rápida y eficiente, lo que resulta especialmente útil en aplicaciones como el reconocimiento de imágenes, en las que la red neuronal puede procesar millones de imágenes en cuestión de segundos para identificar patrones y características relevantes.

En la actualidad, las redes neuronales se utilizan en una amplia gama de aplicaciones. Por ejemplo, la generación de texto en aplicaciones como ChatGPT de la empresa OpenAI (https://chat.openai.com), gracias a sus modelos de GPT-3 y GPT-4. También hay aplicaciones que generan imágenes a partir de texto como la ofrecida por Dall-e 3 (https://openai.com/dall-e-3) de la misma empresa.

Componentes de una red neuronal

Una red neuronal es un modelo inspirado en el funcionamiento del cerebro humano. Las neuronas se agrupan en capas y cada una de ellas se conecta con las neuronas de la capa siguiente. Las neuronas que se encuentran en la siguiente capa reciben los resultados anteriores sumados entre sí, a los que se les aplica una función no lineal para obtener el nuevo resultado.

De esta forma, en una red neuronal, las neuronas se agrupan en tres tipos de capas:

► **Capa de entrada:** en esta capa, las neuronas introducen los valores de entrada en la red, por lo que tendrá tantas neuronas como variables de entrada.

► **Capa oculta:** es una capa intermedia que puede estar conectada a la capa de entrada y a más capas ocultas. La última de estas estaría conectada a la capa de salida. El número de capas ocultas puede variar. Además, cada neurona de la capa oculta tiene asociado un peso y un parámetro.

► **Capa de salida:** capa en la que cada neurona que la compone tiene asociado un peso y un parámetro, al igual que en la capa oculta. Cada neurona corresponde al valor de salida de la red. Si estamos ante un problema de clasificación, tenemos tantas neuronas de salida como clases, e interpretaremos la salida de cada neurona como la probabilidad de que pertenezca a una de las clases.

En esta arquitectura, el proceso de aprendizaje de una red neuronal se basa en una serie de ejemplos de entrada de los cuales se conoce su salida correspondiente. Tras ajustar los parámetros del modelo a partir de esta información conocida, este debería ser capaz de relacionar entradas y salidas de datos desconocidos.

Cabe resaltar que la complejidad y abstracción del modelo van ligadas al *overfitting* (sobreajuste del modelo). En cuanto a las redes neuronales profundas, en las capas ocultas, las señales de salida de algunas neuronas pueden ser las señales de entrada de otras, haciendo así que todo esté conectado.

Aun así, en estos casos sí que hay una clara distinción entre las diferentes capas. La capa de entrada es aquella cuyas neuronas reciben la información del exterior y donde no se realiza ningún cálculo. Las capas ocultas, en cambio, no tienen ninguna conexión con el mundo exterior y, justamente, es donde se realizan todos los cálculos que se van transfiriendo. Por último, la capa de salida proporciona la información y el resultado final de la red neuronal al exterior.

El peso adaptativo de las redes neuronales

El peso adaptativo, más conocido como «weights», es de gran importancia para poder resolver el procesamiento de manera adecuada. Cada ramificación dentro de una capa tiene asignado previamente un valor o peso que se representa de la siguiente forma:

w(1), w(2),..., w(n), siendo n el número de ramificaciones totales por capa.

Cuando se entrena una red neuronal, comienza con un conjunto de pesos y después, estos pesos se optimizan durante el entrenamiento. Estos pesos pueden representarse como si fueran una fuerza que se transmite a través de cada ramificación. Es fundamental ajustar los pesos de tal forma que la red neuronal actúe de la forma que se busca. De hecho, los pesos mal colocados disminuyen el valor de la salida.

Procesado de información de una neurona artificial

Como se ha comentado anteriormente, las señales de entrada se transmiten, mediante ramificaciones, a los nodos donde se procesan estas y, a continuación, el resultado se envía a una señal de salida. La información se procesa en los núcleos de las neuronas cuando las señales de entrada interactúan con el peso ajustado inicialmente. Estas variables independientes que representan dichas señales de entrada son las siguientes:

x(1), x(2),..., x(n), siendo n el número total de señales de entrada por capa.

La forma más básica es hacer una combinación lineal entre el peso y su señal de entrada, es decir, sumar los productos de la señal y el peso de las ramificaciones.

x(1)*w(1) + x(2)*w(2) + ... + x(n)*w(n)

Finalmente, sobre esta suma se aplica la función de activación, lo que da como resultado la salida:

y = q (x(1)*w(1) + x(2)*w(2) + ... + x(n)*w(n))

Las funciones de activación de las redes neuronales

Como hemos analizado, a la salida de una neurona se le aplica una función de activación. Estas funciones se encuentran en las neuronas y se encargan de procesar la información que reciben y transferirla, a través de las señales de salida, si esta lo requiere. Por este motivo, también reciben el nombre de funciones de transmisión.

Hay una función de activación en cada nodo de la red neuronal y estas no tienen por qué ser las mismas. Dichas funciones se utilizan con el fin de resolver problemas más complejos en los que haya un gran número de capas ocultas con muchos nodos conectados entre sí. También son las que añaden la no linealidad a la red neuronal, lo que permite trabajar con una gran cantidad de datos. Existen dos grandes tipos de función de activación: lineal y no lineal.

El modelo lineal viene definido por la ecuación f(x) = x, también conocida como función de identidad. Este modelo se utiliza principalmente cuando no se quiere transmitir ninguna información o se busca que la función genere un valor único.

Si todos los nodos tuvieran una función de identidad no habría capas ocultas. En otras palabras, consigue que la señal de entrada sea igual a la de salida. No se puede emplear en problemas complejos, como la clasificación de imágenes, pero sí se puede utilizar cuando se quiere predecir un número concreto, como, por ejemplo, el valor de la producción de un producto.

Las funciones no lineales, por otro lado, son más complejas y permiten que la red modelice relaciones no lineales en los datos. Su elección depende del diseño y se puede elegir entre diversas funciones, además de poder asignar diferentes funciones de activación a cada neurona de la red. Las funciones de activación no lineales más utilizadas son las siguientes:

- **Función escalón (*threshold*).** Esta función se utiliza principalmente con salidas binarias. Es la función más estática, ya que solo puede adoptar dos valores: cero, cuando el valor de x es menor que cero, y uno, cuando x es mayor o igual que cero. El valor de la función se prolonga hacia la siguiente neurona con la señal de salida. Cuando la función es cero, no cambia nada, no se ajusta el peso de la neurona y, por lo tanto, deja de responder a la señal de entrada. Este último fenómeno se llama desaparición del gradiente.

- **Función sigmoide o logística.** Es una función continua y tiene un rango que oscila entre cero y uno. Esta función se usa especialmente para predecir la probabilidad en una clasificación binaria. La función sigmoide se utiliza principalmente en los nodos de la capa de salida, sobre todo si estos son categóricos.

- **Tangente hiperbólica.** Es una función diferenciable, cuyo rango varía de -1 a 1, y se suele utilizar para diferenciar entre 2 clases de datos. Una mejora con respecto a la función sigmoide es que sus valores están centrados en 0, lo que mejora la eficiencia del aprendizaje de la red neuronal.

- ▶ **Función ReLu (*Rectified Linear Units*).** Esta función es la que más se utiliza en comparación con las otras, debido a su rapidez. Se trata de una función no continua con un rango de cero a más infinito. Si el valor de entrada es muy negativo, el resultado es cero. En cambio, si le da un valor positivo, el resultado seguirá siendo el mismo, ya que la pendiente de la función es cero.

- ▶ **Leaky ReLU.** Se trata de una modificación de la función ReLU, que corrige el hecho de que los valores negativos se hacían inmediatamente nulos, lo cual deterioraba la capacidad del modelo para entrenar correctamente la red. Esta función incrementa el rango de la función ReLU, de menos infinito a infinito, al añadir una pequeña pendiente de 0.01 en la parte negativa de la función.

- ▶ **Función Softmax.** La función Softmax es una función continua con un rango que oscila entre los valores del -1 y 1. Esta función se usa principalmente para clasificar datos. Por ejemplo, si queremos clasificar una imagen según el tipo de flor, la aplicación de la red softmax nos permitirá tener una probabilidad del 0.3 % o del 30 % de ser una rosa, del 0.2 % o del 20 % de ser una margarita y del 0.5 % o del 50 % de ser un lirio, por lo que el resultado será el de mayor probabilidad. Cabe señalar que la suma de estas probabilidades será igual a 1. Esta función se utiliza principalmente cuando la señal de salida tiene múltiples categorías y cuando se quiere asignar probabilidades a cada una de las categorías que pertenezcan a múltiples categorías.

Dependiendo del problema que se esté resolviendo, hoy en día se tiende a utilizar la función de activación ReLU o Leaky ReLU para las capas ocultas de la red neuronal, puesto que mejora considerablemente la convergencia del modelo. En la capa de salida se tiende a utilizar la función Softmax, en el caso de problemas de clasificación, o simplemente una función lineal, para problemas de regresión.

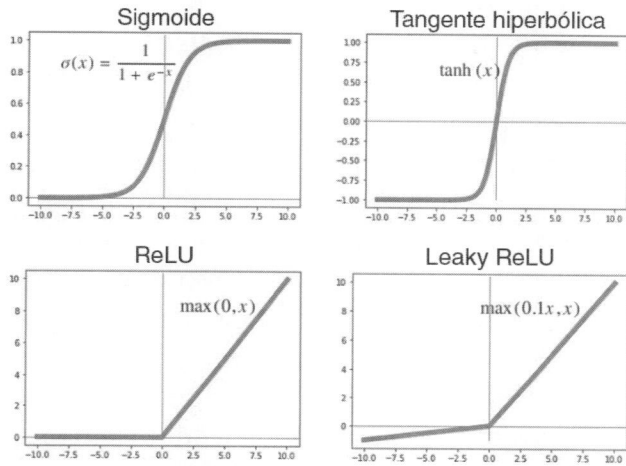

Figura 2.1. Representación gráfica de las funciones de activación más utilizadas.

Como hemos analizado, las funciones de activación son una parte fundamental del funcionamiento de las redes neuronales. Cada neurona utiliza una función de activación para determinar su salida en función de la entrada que recibe. La elección de la función de activación puede tener un impacto significativo en la capacidad de la red para aprender y generalizar ante nuevos datos

Algoritmos más utilizados para implementar redes neuronales

A la hora de implementar redes neuronales, existen múltiples algoritmos. Algunos de los algoritmos y cálculos que más se aplican, son los siguientes.

- ▶ **Descenso de gradiente:** se trata de un algoritmo de optimización y el método con el que las redes neuronales consiguen aprender, basado en alcanzar el punto mínimo de un error. Además de utilizarse para las redes neuronales, también es compatible con los cálculos de regresión lineal, regresión logística o máquinas de vectores de soporte, lo que los hace más complejos. Existen varios tipos de descenso de gradiente, como Batch Gradient, Mini-Batch o descenso de gradiente estocástico.

► **Función Sigmoide:** se puede observar en procesos de aprendizaje automático e incluso en procesos naturales y se utiliza para trazar la evolución de un proceso en un determinado espacio de tiempo. Por ejemplo, en la inteligencia artificial se utiliza para la evolución en la que un sistema algorítmico consigue llegar a una tasa de errores más baja y mejorar las predicciones. A la regresión logística, también se le llama función sigmoide.

► *BackPropagation* **(propagación hacia atrás):** este cálculo se utiliza para trabajar en diversas capas de una red neuronal. El algoritmo se propaga desde las capas de entrada hasta las de la salida. Al llegar a la capa de salida, se calcula un margen de error con el resultado de la salida y el resultado deseado. La señal de error se propaga a las capas anteriores, comenzando por las de salida, hasta las capas ocultas (intermedias) de forma que se ajusta el peso de las neuronas artificiales. Al reducir el margen de error, se consigue una predicción más exacta. Con la función sigmoide se puede observar la evolución en la que se produce una disminución del margen de error.

► **Método de Newton:** es una aplicación del cálculo diferencial que se utiliza para encontrar los ceros y raíces de una función derivable de enésimo grado. En las redes neuronales se utiliza para la optimización.

► **Aprendizaje de cuantificación vectorial:** a partir de la creación de un diccionario de prototipos, se realizan entrenamientos de las capas supervisadas de una red neuronal.

Las funciones de coste de las redes neuronales

Cuando se entrena un modelo de red neuronal, se preestablecen los valores de entrada y los de salida. Antes de comenzar a entrenarlo, es necesario fijar los pesos de manera adecuada para que la red neuronal aprenda. También es de gran importancia que los valores de salida o estimados se asemejen lo más posible a los valores reales conocidos.

Las funciones de coste buscan optimizar los parámetros de la red neuronal determinando el error entre el valor estimado y el real. El objetivo es minimizar este error, esta función de costes. La manera de hacerlo es iterar el algoritmo y, tras esto, ir ajustando los pesos hasta que se encuentren unos parámetros que den un error lo más bajo posible. Este error también se llama pérdida (*loss*).

Función de pérdida

Para conocer qué tan buenos son los resultados que se están obteniendo en un modelo, para apoyar al optimizador a conocer hacia dónde modificar tanto los pesos como los sesgos de la neurona, se emplea una función de pérdida (*loss function*). Hay diversas maneras de calcular estos valores y, en la implementación de los modelos, se suele utilizar la entropía cruzada o *cross entropy*, que es el estándar de cálculo más utilizado y se puede representar con la siguiente función:

$$\text{Pérdida} = -\sum_{i=0}^{n^{\circ}\text{ clases}} y_i \ln(\hat{y})$$

Figura 2.2. Función de pérdida.

Esta función de pérdida utiliza el logaritmo natural (logaritmo neperiano) para calcular el error y mide la diferencia entre la distribución de probabilidad predicha por el modelo y la distribución de probabilidad real (o verdadera).

Ponderaciones y sesgos

Los pesos y los sesgos son parámetros que se ajustan durante el proceso de entrenamiento para optimizar el rendimiento de la red. Los pesos determinan la fuerza de las conexiones entre neuronas, mientras que los sesgos añaden un valor constante a la entrada de cada neurona. Mediante la retropropagación, la red aprende a ajustar estos parámetros para minimizar el error entre la salida prevista y la salida real.

Durante el proceso de entrenamiento, se presenta a la red un conjunto de datos de entrada y un conjunto correspondiente de salidas objetivo. A continuación, la red realiza una predicción basada en los datos de entrada y calcula la diferencia entre la salida prevista y la salida objetivo. A continuación, se ajustan los pesos y los sesgos para minimizar esta diferencia, utilizando la técnica ya comentada de descenso del gradiente.

Retropropagación y descenso gradual

El algoritmo de retropropagación o *backpropagation*, es un algoritmo que permite calcular de forma rápida los gradientes que se van propagando por una red neuronal. Se introdujo en 1970, pero no se empezó a poner en práctica hasta que se publicó un estudio en 1986. La solución descrita mejoraba notablemente el rendimiento de las redes neuronales, lo que les permitía resolver problemas anteriormente inabordables. Hoy en día, el algoritmo de retropropagación se utiliza en todos los modelos de redes neuronales.

Como se ha mencionado, el descenso de gradiente es el principal algoritmo utilizado para actualizar los pesos y los sesgos de la red durante el entrenamiento. Este mecanismo funciona calculando la diferencia entre la salida prevista y la salida real, y propagando este error hacia atrás a través de la red para actualizar los parámetros. Este proceso se repite un gran número de veces, hasta que la red es capaz de predecir con precisión la salida para nuevas entradas. Esto ayuda a garantizar que la red se mueva hacia la solución óptima y no se quede atascada en un mínimo local.

Juntos, la retropropagación y el descenso de gradiente forman la base de la mayoría de los algoritmos de entrenamiento de redes neuronales. Se trata de herramientas potentes que permiten a las redes neuronales aprender relaciones complejas entre entradas y salidas, y pueden utilizarse en una amplia gama de aplicaciones.

Clasificación de las redes neuronales

Una vez analizado su funcionamiento, es importante destacar que existen diferentes tipos de redes neuronales. Estas basan su estructura básica en un «perceptrón» y en el mecanismo denominado «backpropagation», que permite a la neurona aprender de forma automática y descubrir la información que se encuentra oculta en los datos de entrada que se utilizan para su entrenamiento. Existen diferentes tipos de clasificación que separan las redes neuronales en función del número de capas, los tipos de conexiones o el grado de las conexiones.

Clasificación por el número de capas

Una red neuronal está principalmente organizada en capas. En primera instancia se encuentra lo que se conoce como una capa de entrada, que contiene unidades que representan los campos de entrada. Además, se ubican diferentes capas ocultas, que pueden ser varias en función de la complejidad de la red. Por último, tenemos una capa de salida, que representa los campos de destino de los datos.

En las primeras fases de funcionamiento de la red, todas las ponderaciones suelen ser aleatorias y los resultados pueden ser incongruentes. Los errores que se cometen se registran y se comparan con los resultados esperados. En esta clasificación podemos dividir las redes neuronales, en dos tipos principales:

▶ **Perceptrón simple de una capa.** La red neuronal monocapa es el tipo más simple de red neuronal. Está compuesta por una capa de neuronas que proyectan las entradas a una capa de neuronas de salida donde se realizan los diferentes cálculos.

▶ **Perceptrón multicapa.** La red neuronal multicapa es una generalización de la red neuronal monocapa. La diferencia reside en que, mientras la red neuronal monocapa está compuesta por una capa de neuronas de entrada y una capa de neuronas de salida, la red neuronal multicapa dispone de un conjunto de capas intermedias (capas ocultas) entre la capa de entrada y la de salida. Dependiendo del número de conexiones que presente la red, esta puede estar total o parcialmente conectada. Este tipo de redes neuronales también cuenta con capas de entrada y salida de diversas capas ocultas que permiten representar funciones no lineales. A través del paso de los datos entre las capas, la red va aprendiendo y eliminando los enlaces que sean considerados no relevantes.

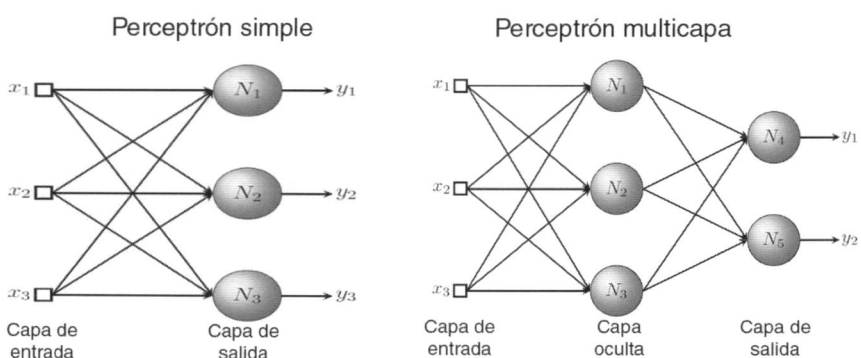

Figura 2.3. Esquema de perceptrones de una capa y multicapa.

Clasificación por los tipos de conexiones

Las conexiones también nos permiten clasificar los tipos de redes neuronales o elegir qué tipo de red neuronal nos conviene desarrollar. Entre los tipos de conexiones existentes podemos destacar:

▶ **Redes neuronales no recurrentes:** son redes donde la información viaja en un solo sentido y no existe una realimentación entre las neuronas.

▶ **Redes neuronales recurrentes (RNN):** son redes neuronales que no tienen una estructura de capas, sino que permiten conexiones arbitrarias entre las neuronas, e incluso pueden crear ciclos. De esta forma, se consigue crear un espectro de temporalidad, lo que permite que la red tenga memoria. Los datos introducidos en el momento t en la entrada, son transformados y van circulando por la red incluso en los instantes de tiempo siguientes t+1, t+2, etc.

Clasificación por el grado de conexiones

Al igual que una ciudad con una red de calles más extensa pero menos transitada, el cerebro humano compensa su «velocidad de tráfico» más lenta con un número mayor de «calles» (conexiones neuronales) que le permiten procesar información de manera más compleja. Los tipos de redes neuronales también se pueden clasificar según el grado de conexiones.

▶ **Redes neuronales totalmente conectadas:** las capas anteriores y las capas posteriores, están totalmente conectadas. La totalidad de las neuronas están conectadas entre sí.

▶ **Redes parcialmente conectadas:** no todas las neuronas están totalmente conectadas entre sí.

Al conectar redes neuronales, es posible crear estructuras realmente complejas, en las que diferentes redes tienen determinadas jerarquías y trabajan en procesos diferentes.

Clasificación por el tipo de arquitectura o tecnología

También podemos clasificar las redes neuronales en función del tipo de arquitectura o tecnología. La clasificación es la siguiente:

► **Redes neuronales *transformers*:** aplicaciones como ChatGPT o Bert (*Bidirectional Encoder Representations from Transformers*) utilizan este tipo de redes neuronales, que son muy buenas para el procesamiento del lenguaje natural y entienden mejor el contexto que se les proporciona. La principal desventaja de este tipo de arquitectura es que consume muchos recursos y energía.

► **Redes neuronales recurrentes:** este tipo de redes se caracteriza por contar con lazos de retroalimentación entre neuronas de diferentes capas, de la misma capa, o la neurona consigo misma. Se emplean sobre todo para la generación de texto y el trabajo con secuencias. Las redes transformers están sustituyendo a estas en muchos procesos similares.

► **Redes neuronales convolucionales:** este tipo se emplea para tareas relacionadas con la visión por ordenador y el reconocimiento de objetos en imágenes.

► **Redes generativas adversarias:** se pueden usar para generar contenidos, como, por ejemplo, rostros artificiales, dibujos y usos similares. Se emplea una red para generar el contenido y, con otra red, se comprueba su calidad, en comparación con los datos de entrenamiento.

► **Redes neuronales siamesas:** se utilizan para comparar similitudes; algunos ejemplos podrían ser verificar la autenticidad de un documento o el reconocimiento facial.

► **Redes neuronales de memoria diferenciable:** están destinadas a procesos en los que se requieran memoria y capacidades de razonamiento.

▶ **Variantes de redes neuronales recurrentes:** existen algunas variedades como las LSTM (*Long Short-Term Memory*) y las GRU (*Gated Recurrent Unit*), que buscan optimizar algunas de las características de las redes recurrentes.

Perceptrón simple

El perceptrón simple es una red que consta de dos capas de neuronas. Esta red admite valores binarios o bipolares como entrada de los sensores y los valores de su salida están en el mismo rango que los de entrada. La primera capa hace de sensor, ya que por ella entran las señales a la red. La segunda capa realiza todo el procesamiento. La manera de interconexionar ambas capas es todas con todas, es decir, cada neurona de la primera capa está unida con todas las de la segunda capa.

El perceptrón simple fue introducido por Frank Rosenblatt en el año 1958 [20] y es reconocido por su capacidad de aprender a detectar patrones en el conjunto de entrenamiento. Su arquitectura es la más sencilla de entre todas las redes neuronales, ya que se compone de una sola neurona que recibe n entradas y genera una salida. Sin embargo, este modelo tiene el problema de que no es un estimador universal, dado que es incapaz de aproximar funciones no lineales.

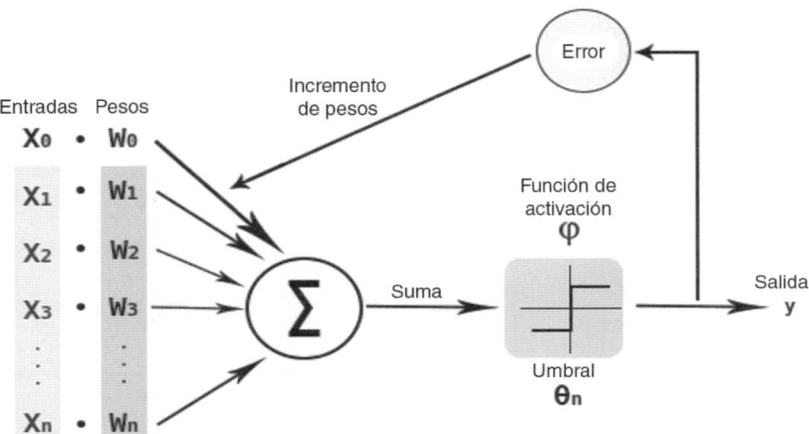

Figura 2.4. Proceso de entrenamiento de una red perceptrón simple.

Este modelo de red neuronal aprende los pesos óptimos para que la salida sea la correcta. La regla de aprendizaje del perceptrón consiste en ir añadiendo un incremento a los pesos de las entradas hasta que las salidas obtenidas por el perceptrón coincidan con las salidas esperadas del conjunto de datos de entrenamiento. En última instancia, se trata de un proceso de prueba y error.

A la hora de implementar un perceptrón simple, podemos encontrar una serie de inconvenientes si queremos que converja, es decir, que logre calcular los pesos correctos y las salidas calculadas por la neurona coincidan con las salidas esperadas:

- ► El conjunto de datos tiene que ser linealmente separable.
- ► La tasa de aprendizaje tiene que ser suficientemente pequeña.

Se dice que un modelo o conjunto de datos es considerado linealmente separable si existe una línea (en el caso de datos en dos dimensiones), un plano (en tres dimensiones) o un hiperplano (en dimensiones superiores) que puede separar perfectamente las diferentes clases de los datos.

En el contexto de clasificación, si los datos son linealmente separables, significa que podemos dibujar una frontera de decisión lineal que divide el espacio de características en regiones distintas, cada una correspondiente a una clase diferente, sin ningún error en la clasificación.

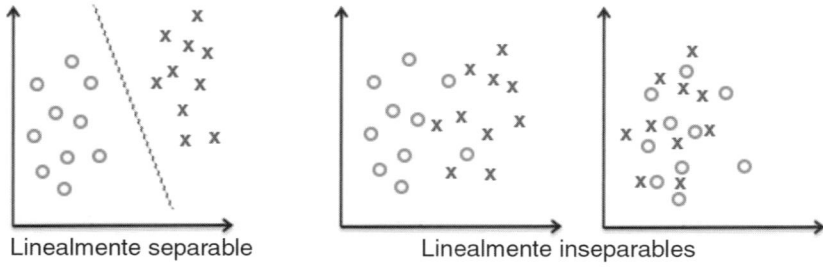

Linealmente separable Linealmente inseparables

Figura 2.5. Separabilidad en un conjunto de datos.

Si no se cumplen las dos condiciones anteriores, nuestro perceptrón seguirá intentando calcular los pesos correctos hasta el infinito y más allá, y no será capaz de encontrar la solución óptima.

Perceptrón multicapa (MLP)

El perceptrón multicapa es una evolución del perceptrón simple que incorpora capas de neuronas ocultas. La arquitectura básica de una red neuronal compuesta por más de una capa se denomina perceptrón multicapa (multilayer perceptron o MLP).

Una de sus principales ventajas es que es capaz de representar funciones no lineales. El número de capas ocultas de la estructura, es decir, las capas que están entre las capas de entrada y salida, determinan el grado de complejidad de la arquitectura y, por tanto, la complejidad de las tareas que resuelve. Su funcionamiento se divide en dos fases:

- ▸ **Propagación hacia delante:** en esta propagación se calcula el resultado de salida de la red a partir de los valores de entrada hacia delante. Esto significa que las salidas de una capa sirven como entrada a las neuronas de la capa siguiente, hasta que la red proporciona un resultado.
- ▸ **Retropropagación (fase de aprendizaje):** en esta fase, los errores obtenidos en la salida del perceptrón se van propagando mediante el algoritmo de «retropropagación» o «backpropagation». Por medio del descenso del gradiente, podemos modificar los valores de los parámetros del modelo, en función de las derivadas parciales del error de predicción con respecto a cada parámetro.

El perceptrón multicapa (MLP) se presentó en 1969 y se demostró que era un aproximador universal debido al uso del algoritmo de «backpropagation» o retropropagación. Este algoritmo se utiliza durante el entrenamiento de la red para que esta aprenda y realice mejores predicciones. En otras palabras, es el método de ajuste de los pesos de una red en función de las tasas de error obtenidas en la iteración anterior y surgió como consecuencia de las limitaciones de la arquitectura del perceptrón simple.

La estructura de un MLP presenta unas capas que están totalmente conectadas entre sí, lo cual se denomina *fully connected layers*, ya que cada unidad de una capa está conectada a todas las unidades de la capa anterior. En este tipo de estructura, los parámetros de cada neurona son independientes del resto de unidades de la misma capa. Asimismo, se llaman redes neuronales feedforward, porque la información viaja en un único sentido; es decir, las salidas de las neuronas se obtienen computando únicamente la información que proviene de la capa anterior, sin ningún tipo de retroalimentación.

Para entrenar este tipo de redes se emplea el mecanismo ya comentado de *backpropagation*, el cual comienza su aplicación al llegar los datos a la capa de salida. Cuando esto ocurre, se obtienen unos valores para comparar la salida esperada con la obtenida por la red y se calcula el error cuadrático medio que se transmite a la neurona directamente anterior, desde la capa de salida hasta la de entrada y pasando por todas las neuronas de la red.

Referencias

[1] *The perceptron: a probabilistic model for information storage and organization in the brain*. https://www.ling.upenn.edu/courses/cogs501/ Rosenblatt1958.pdf.

[2] McCulloch, W.S., Walter Pitts. A logical calculus of the ideas immanent in nervous activity. *Bulletin of Mathematical Biophysics* 5, 115–133 (1943). https://doi.org/10.1007/ BF02478259.

[3] Rosenblatt, F.: *The perceptron: A probabilistic model for information storage and organization in the brain*,Psychological Review 65 (1958), pp. 386-408.

[4] Hebb, D. O.:*The organization of behavior: A neuropsychological theory*. New York: John Wiley and Sons, Inc., 1949. 335 https://doi.org/10.1002/sce.37303405110.

[5] Widrow, B.: *An Adaptive "ADALINE" Neuron Using Chemical "Memistors"*. 1960. https://www-isl.stanford.edu/~widrow/papers/t1960anadaptive.pdf.

[6] Minsky, M. y S. Papert.: *Perceptrons: An Introduction to Computational Geometry*. 1969. https://doi.org/10.7551/mitpress/11301.001.0001.

[7] Werbos, Paul John: *Beyond regression: new tools for prediction and analysis in the behavioral sciences*. 1974.

[8] Rumelhart, D., Geoffrey E. Hinton, Ronald J. Williams. *Learning representations by back-propagating errors*. Nature 323, 533–536 (1986). https://doi.org/10.1038/323533a0.

[9] *Yann LeCun's Research and Contributions*. http://yann.lecun.com/ex/research/index.html.

[10] Y. LeCun *et al. Backpropagation applied to handwritten zip code recognition*.Neural computation 1.4 (1989), pp. 541-551. http://yann.lecun.com/exdb/publis/pdf/lecun-89e.pdf.

[11] Rumelhart, David E., Geoffrey E. Hinton, Ronald J. Williams: *Learning Internal Representations by Error Propagation*. In Parallel Distributed Processing: Explorations in the Microstructure of Cognition, Volume 1: Foundations, edited by David E. Rumelhart and James L. Mcclelland, 318--362. Cambridge, MA: MIT Press, 1986.

[12] Ackley, D., G. Hinton y T. Sejnowski. *A learning algorithm for Boltzmann machines*. En: Cognitive science 9.1 (1985), pp. 147-169. https://doi.org/10.1016/S0364-0213(85)80012-4.

[13] Neal R.. *Connectionist learning of belief networks*. En: Artificial intelligence 56.1 (1992), pp. 71-113. https://doi.org/10.1016/0004-3702(92)90065-6.

[14] Pomerleau, Dean A.,. :*ALVINN: an autonomous land vehicle in a neural network*. In Proceedings of the 1st International Conference on Neural Information Processing Systems (NIPS'88). MIT Press, Cambridge, MA, USA, 305–313.1988.

[15] Tesauro, G.: *Temporal difference learning and TD-Gammon.* Commun. ACM 38, 3 (March 1995), 58–68. https://doi.org/10.1145/203330.203343.

[16] Robinson, T., Mike Hochberg, Steve Renals: *The Use of Recurrent Neural Networks in Continuous Speech Recognition.* In: Lee, CH., Soong, F.K., Paliwal, K.K. (eds) Automatic Speech and Speaker Recognition. The Kluwer International Series in Engineering and Computer Science, vol 355. Springer, Boston, MA. 1996. https://doi.org/10.1007/978-1-4613-1367-0_10.

[17] Bengio, Yoshua, Yann LeCun: *Scaling Learning Algorithms toward AI.* 10.7551/mitpress/7496.003.0016. 2007.

[18] Mohamed A., G. Dahl y G. Hinton: *Deep Belief Networks for phone recognition.* En: Nips workshop on deep learning for speech recognition and related applications. Vol. 1. 9. Vancouver, Canada. 2009, p. 39.

[19] Rajat R., A. Madhavan, Y. Ng Andrew: *Large-scale deep unsupervised learning using graphics processors.* In Proceedings of the 26th Annual International Conference on Machine Learning (ICML '09). Association for Computing Machinery, New York, NY, USA, 873–880. 2009. https://doi.org/10.1145/1553374.1553486.

[20] Rojas, R.: *Weighted Networks—The Perceptron.* En: Neural Networks. Springer, Berlin, Heidelberg. 1996. //doi.org/10.1007/978-3-642-61068-4_3. https://doi.org/10.1007/978-3-642-61068-4_3.

Capítulo 3

Redes neuronales recurrentes (RNN)

Introducción

L as redes neuronales recurrentes son un tipo de red neuronal que tiene conexiones retroalimentadas entre las neuronas. Esto significa que la salida de una neurona se utiliza como entrada para otra neurona, y así sucesivamente. Esta retroalimentación permite que la red neuronal tenga una «memoria» de los datos de entrada anteriores, lo que la hace especialmente útil para tareas que involucran secuencias de datos, como el procesamiento del lenguaje natural y la predicción del tiempo.

El concepto de memoria secuencial es intuitivo: recitar el abecedario es sencillo, pero para hacerlo al revés es necesario haberlo practicado antes. De una forma similar, las redes recurrentes incorporan este concepto mediante un bucle que alimenta información anterior a las capas ocultas. El bucle en cuestión no deja de ser una serie de capas conectadas que toman como entradas los elementos de la secuencia, como se observa en la siguiente figura.

A medida que se recorren las entradas Xi, se produce una salida Oi y un estado oculto hi que se envía a la siguiente capa. De esta forma, cuando se introduce una secuencia de n elementos en una red de n capas, se produce una salida en el elemento n que contiene la información de todos los anteriores. La capa oculta tiene dos tareas principales:

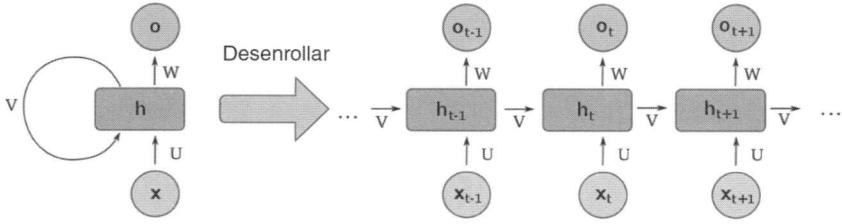

Figura 3.1. Esquema de una red recurrente.

▸ Mantener la información adecuada para la capa de salida y así predecir el token correcto.

▸ Retener en su «memoria» todo lo que ha ocurrido en la secuencia hasta el instante de tiempo t.

Cuando se aplican las redes recurrentes al análisis de textos, surgen algunas dificultades. El primer problema de las ideas anteriores es la inviabilidad de crear tantas capas como tokens. Si tenemos un documento con 10 000 tokens, necesitaríamos una red de 10 000 capas. Cuando se llegase a la última palabra, sería necesario calcular todas las derivadas hasta la primera capa. Actualmente, este cálculo es inviable debido a su elevado coste computacional.

Para solucionar este problema, aparece el concepto de retropropagación truncada en el tiempo, que consiste en entrenar la red con una secuencia de tamaño k1 y después aplicar el algoritmo de retropropagación durante k2 instantes de tiempo. Una vez más, se trata de un compromiso entre el tiempo de entrenamiento, la calidad de ajuste y la complejidad del problema. Un k1 grande implica entrenar durante más tiempo, mientras que un k2 grande resulta en desvanecimiento del gradiente [1].

Para solucionar el problema del desvanecimiento del gradiente en las redes neuronales recurrentes, han aparecido nuevos tipos de redes, como las unidades recurrentes cerradas (*gated recurrent units*, GRU) y las redes de memoria grande de corto plazo (*long short-term memory*, LSTM), que se analizarán posteriormente.

Concepto de recurrencia y celda en una RNN

Las redes neuronales recurrentes son un tipo de red neuronal especializada en el procesamiento de datos secuenciales. El concepto clave que diferencia a las RNN de las redes neuronales tradicionales es la recurrencia, y la unidad básica que la implementa es la celda de la RNN. A continuación, vamos a analizar con más detalle estos conceptos.

La recurrencia es una forma de conexión propia de las RNN, que consiste en que las neuronas de cierta capa están conectadas tanto a los datos de entrada como a la salida de la propia capa. Esto hace que la red pueda aprender información de los pasos inmediatamente anteriores y adaptar sus resultados en base a esa información. De este modo, la información podrá fluir de forma recurrente, hacia adelante y hacia atrás.

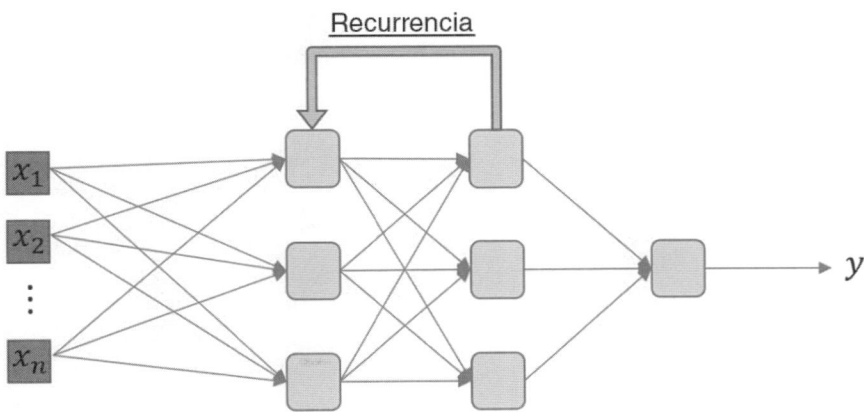

Figura 3.2. Concepto de recurrencia en una red recurrente.

En las RNN, la recurrencia se refiere a la capacidad de la red para mantener y actualizar un estado interno a lo largo del tiempo. A diferencia de las redes neuronales *feedforward* que procesan la entrada de manera aislada y sin memoria, las RNN tienen conexiones que forman ciclos dentro de la red, lo que permite que la información persista.

La recurrencia se implementa a través de un «estado oculto» que actúa como una memoria de la red. Este estado oculto se actualiza en cada instante de tiempo y captura información sobre lo que la red ha procesado hasta ese momento. En cada paso de tiempo, la celda de la RNN toma la entrada actual y el estado oculto anterior para producir una nueva salida y actualizar el estado oculto.

Para este tipo de redes neuronales también se define el concepto de celda, que es una operación que tiene lugar en cada paso de tiempo y cuya representación más genérica suele constar de dos entradas y dos salidas. Las entradas se corresponden con el estado de la red en el paso anterior y con los valores de la secuencia en cada paso, y las salidas serán el estado de la red en el paso actual y la correspondiente respuesta de la red. Podemos entender el concepto de recurrencia como si la red se «enrollara» sobre sí misma un número específico de celdas, correspondiente a los pasos de tiempo, donde se comparten los parámetros internos y solo cambian las entradas y los estados de la red.

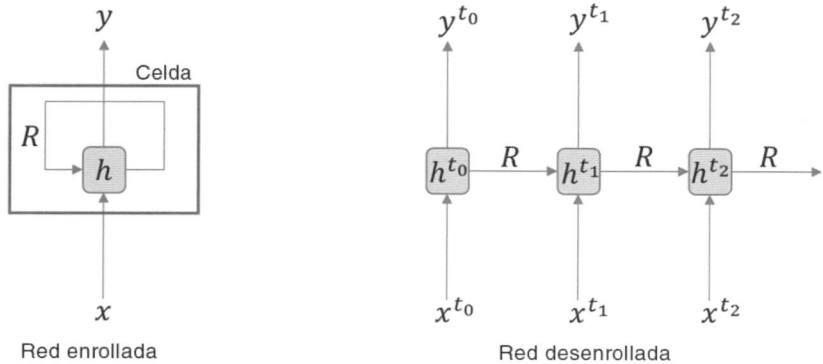

Figura 3.3. Concepto de red enrollada vs. desenrollada en una red recurrente.

La celda de una RNN es la unidad básica que realiza el procesamiento en cada paso del tiempo. Puede considerarse como una función que toma dos inputs: el estado oculto anterior (ht-1) y la entrada actual (xt), y produce dos outputs: la nueva salida (yt) y el nuevo estado oculto (ht).

Arquitectura de una RNN

Las RNN son modelos que realizan un procesamiento sucesivo de los instantes temporales o elementos presentes en una secuencia. De esta forma, al procesar una entrada, se obtiene su salida junto con información adicional que se utiliza en el cálculo de la salida de la siguiente entrada. La siguiente imagen muestra la estructura funcional de una red neuronal recurrente.

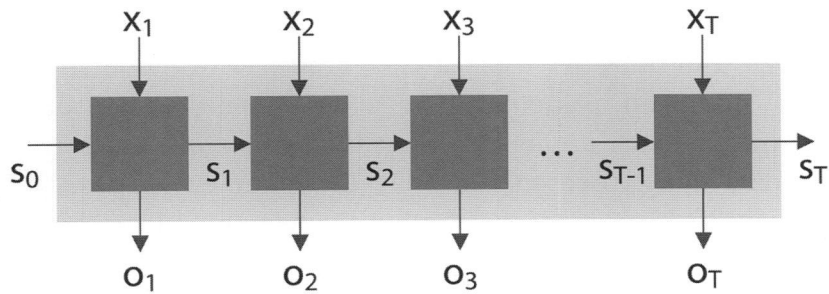

Figura 3.4. Esquema funcional de una red recurrente.

La representación escogida en la figura anterior pretende resaltar que el procesamiento de cada entrada se realiza con una información de secuencia o estado distinto. Por tanto, las operaciones deben seguir un orden, sin posibilidad de paralelización. El camino de información de la secuencia, S0, S1, ..., St-1, es el que impone la recurrencia.

El modelo se compone en realidad de un único bloque de procesamiento que se aplica de forma sucesiva. Este bloque dispone de una entrada, Xt, y de una información de estado previa, St-1, para generar su salida, Ot, y la siguiente información de estado, St.

La información que se transmite de una etapa a la siguiente se denomina estado y se trata de una información que define la situación de memoria que interesa conservar para el procesamiento de las siguientes etapas. Esta información se codifica y almacena en un vector de estados.

Como podemos observar, el proceso de entrenamiento de una red neuronal recurrente es más complejo que el de una red neuronal basada en *feedforward* debido a la retroalimentación. En una red recurrente se utilizan algoritmos de aprendizaje como el algoritmo de retropropagación a través del tiempo (BPTT) para ajustar los pesos de las conexiones entre las neuronas y mejorar la precisión de la salida.

Algoritmo de retropropagación a través del tiempo (BPTT)

El algoritmo de retropropagación a través del tiempo (BPTT) es el algoritmo principal para entrenar redes neuronales recurrentes. A diferencia de las redes neuronales artificiales estándar, que procesan entradas independientes, las RNN manejan datos secuenciales, teniendo en cuenta el contexto de las entradas anteriores para generar salidas. El BPTT permite adaptar los pesos de la red de manera eficiente, incluso cuando se procesan secuencias largas.

El funcionamiento de este algoritmo se basa en las siguientes fases:

- ▶ **Propagación hacia adelante:** la entrada de la secuencia se introduce en la RNN paso a paso. En cada paso, las activaciones de las neuronas se calculan utilizando las entradas actuales, las salidas de los pasos anteriores y los pesos de la red.

- ▶ **Cálculo del error:** se compara la salida final de la red con la salida deseada (objetivo) para cada paso en la secuencia. Se calcula el error total como la suma de los errores individuales en todos los pasos.

▶ **Propagación hacia atrás:** el error se propaga hacia atrás a través de la red, paso a paso. En cada paso, se calcula la contribución de cada peso al error total.

▶ **Actualización de pesos:** los pesos de la red se actualizan en la dirección opuesta al gradiente del error, lo que significa que se ajustan para disminuir el error total. Este proceso se repite para múltiples secuencias de entrenamiento, refinando los pesos iterativamente y mejorando el rendimiento de la red.

Las principales ventajas de este algoritmo son:

▶ Permite entrenar las RNN para procesar secuencias de longitud variable.

▶ Es un algoritmo eficiente para calcular el gradiente del error en RNN.

▶ Se ha utilizado con éxito en una amplia gama de tareas de procesamiento del lenguaje natural y series temporales.

A pesar de las ventajas que ofrece este algoritmo, también surgen una serie de desafíos:

▶ Puede ser computacionalmente costoso para secuencias muy largas.

▶ El gradiente puede desaparecer o explotar, lo que dificulta el entrenamiento.

Para abordar estos desafíos, se han desarrollado variantes de este algoritmo, como el BPTT truncado y el BPTT con gradiente acumulado.

Casos de uso y aplicaciones de redes neuronales recurrentes

Las redes neuronales recurrentes son un tipo de red neuronal especializada en procesar datos secuenciales. Son particularmente útiles para problemas en los que el contexto y la dependencia temporal son importantes. En particular, estas redes se suelen utilizar en diferentes tipos de aplicaciones, como el modelado del lenguaje o el procesamiento del lenguaje natural (NLP, por sus siglas en inglés). Por ejemplo, se utilizan mucho para la traducción de idiomas, el procesamiento del lenguaje natural (NLP, *Natural Language Processing*) y el reconocimiento de voz (*speech recognition*). A continuación, se presentan algunos casos de uso y aplicaciones clave de las RNN:

- ▶ **Reconocimiento de secuencias:** se produce un patrón de salida específico cuando se da una secuencia de entrada.
- ▶ **Generación de texto:** las RNN pueden generar texto que sigue un estilo o tema específico, útil en aplicaciones como chatbots, asistentes virtuales y generación automática de contenido.
- ▶ **Traducción automática:** utilizadas en sistemas de traducción automática como Google Translate, donde una RNN puede leer una frase en un idioma y generar la traducción en otro.
- ▶ **Análisis de sentimientos:** clasificar opiniones y sentimientos en textos, como comentarios en redes sociales, reseñas de productos, etc.
- ▶ **Conversión de voz a texto:** en aplicaciones como los asistentes virtuales (Siri, Alexa, Google Assistant), que convierten el habla humana en texto.
- ▶ **Síntesis de voz:** generación de voz a partir de texto (*Text-to-Speech*), en la que las RNN pueden producir voces naturales y personalizadas.

Este tipo de redes también han demostrado ser herramientas muy potentes para modelar y analizar series temporales. Su capacidad para capturar dependencias a largo plazo y aprender patrones complejos en datos secuenciales las hace ideales para una amplia gama de aplicaciones en diversos ámbitos, entre los que podemos destacar:

▶ **Previsión de la demanda:** las RNN se utilizan ampliamente para predecir la demanda futura de productos o servicios, lo que es crucial para la planificación de la cadena de suministro, la gestión de inventarios y la optimización de precios. Por ejemplo, se pueden utilizar para predecir la demanda de electricidad, ventas minoristas o tráfico vehicular.

▶ **Predicción de precios:** las RNN se pueden emplear para pronosticar tendencias futuras en los precios de activos financieros, como acciones, bonos o materias primas. Los traders e inversores utilizan estos pronósticos para tomar decisiones informadas sobre sus inversiones.

▶ **Predicción de series temporales:** las RNN pueden predecir valores futuros en una serie temporal, como el precio de las acciones, la demanda de productos o la temperatura, al analizar patrones históricos.

▶ **Detección de anomalías:** las RNN pueden detectar anomalías en datos de series temporales al identificar patrones que se desvían de la norma.

▶ **Modelado de series temporales:** las RNN pueden modelar el comportamiento de sistemas dinámicos, como el clima o el mercado de valores, al aprender a relacionar variables a lo largo del tiempo.

También demuestran un potencial aún más amplio al adentrarse en diferentes ámbitos:

▶ **Música:** las RNN pueden generar música, componer piezas o crear nuevos estilos musicales al aprender patrones en música existente.

▶ **Robótica:** las RNN pueden controlar robots al procesar secuencias de datos de sensores y tomar decisiones en tiempo real.

▶ **Juegos:** las RNN pueden crear jugadores de IA para juegos que requieren estrategias y planificación a largo plazo.

Arquitecturas RNN especializadas

Como hemos analizado, las redes neuronales recurrentes difieren de otras redes neuronales en que tienen «memoria». Es decir, las RNN toman información de entradas anteriores para influir en las entradas y salidas actuales. Por ejemplo, al escribir con el móvil, el teclado te muestra una serie de palabras como sugerencias a partir de lo que se ha escrito. Esas sugerencias son las predicciones que se han hecho basándose en los caracteres que se han escrito con anterioridad.

En el entrenamiento de estas redes se utiliza un algoritmo de propagación hacia atrás (*backpropagation*), mediante el cual se actualizan los pesos con los resultados obtenidos en el paso de propagación de estos, con la intención de afinar los resultados. Durante este proceso, es posible que se provoquen problemas de desvanecimiento de gradiente si los pesos son muy pequeños, o de explosión de gradiente si los pesos son muy grandes, lo que provocaría divergencia en el aprendizaje.

Cuando se construyen RNN, el estado de las etapas anteriores se diluye con el tiempo. Esto puede suponer un problema, por ejemplo, en el aprendizaje de estructuras de frases, donde las primeras palabras son muy importantes. Esto se puede contrarrestar planteando un modelo con células de memoria. Entre ellas, podemos destacar:

> ▸ **Redes neuronales de largo plazo corto (LSTM):** las redes LSTM son un tipo de red recurrente que introducen una celda de memoria para almacenar información de entradas anteriores. La celda de memoria está controlada por tres puertas: una puerta de entrada, una puerta de olvido y una puerta de salida. Estas puertas permiten que la red controle la cantidad de información que se almacena y se olvida. Las LSTM son muy eficaces para aprender dependencias a largo plazo en los datos y se han utilizado con éxito en una amplia gama de tareas.

> **Redes neuronales de unidades recurrentes con puertas (GRU):** las redes GRU son otro tipo de RNN que introducen una unidad de memoria para almacenar información de entradas anteriores. La unidad de memoria está controlada por dos puertas: una puerta de actualización y una puerta de reinicio. Estas puertas permiten que la red controle la cantidad de información que se actualiza y se restablece. Las GRU son similares a las LSTM, pero son más simples y eficientes desde el punto de vista del coste computacional.

> **Redes neuronales estado de eco (ESN):** las ESN son un tipo de RNN que se basan en una red aleatoria de neuronas recurrentes con conexiones fijas. La red se entrena utilizando un algoritmo de aprendizaje de retropropagación de estado de eco (ESBP). Las ESN son muy eficientes computacionalmente y pueden ser eficaces para aprender dependencias a largo plazo en los datos.

Long Short-Term Memory (LSTM)

El origen de estas redes se encuentra en la necesidad de resolver el problema de la fuga de gradiente de las redes recurrentes clásicas. La idea clave en el diseño de las redes LSTM fue integrar controles no lineales, dependientes de los datos, en una célula RNN entrenable, para garantizar que el gradiente de la función objetivo con respecto a la señal de estado, no desaparezca.

La LSTM es la arquitectura de celda más habitual para tareas de predicción de series temporales, ya que puede aprender sobre acontecimientos lejanos y cercanos en el tiempo, y dar una respuesta en base a ambos según su importancia. Este tipo de celda se caracteriza por tener un canal para la memoria y un control sobre la información que fluye por la red, de forma que puede decidir qué parte de la información es importante «memorizar» y qué parte se emite como respuesta.

La primera implementación de este tipo de redes se propuso en 1997 [2]. La idea de este tipo de arquitectura es que tenga en cuenta tanto eventos cercanos como lejanos en el tiempo. Se trata de uno de los modelos más utilizados en *deep learning* en los últimos años, y ha ganado en cualquier tarea que requiriese modelos de secuencia. En la actualidad, existen modelos superiores en cuanto a prestaciones; sin embargo, se trata de una arquitectura muy competitiva en escenarios donde la cantidad de datos de entrenamiento disponibles es limitada.

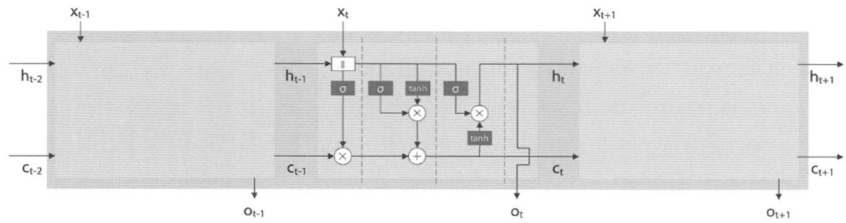

Figura 3.5. Esquema funcional de la red LSTM con detalle del bloque procesado (instante t).

Para poder llevar a cabo la decisión sobre el flujo de información, las redes LSTM constan de un conjunto de puertas (de entrada, de salida y de olvido) que serán las encargadas de filtrar la información que no se considera útil y dejar pasar la que sí puede serlo, modificando el estado (o «memoria») de la red en cada paso de tiempo.

El esquema de funcionamiento de las redes LSTM es muy similar a la estructura genérica presentada anteriormente para las redes recurrentes. La primera diferencia que se puede observar es que la red LSTM cuenta con una comunicación entre celdas de mayor complejidad. La información de estado queda dividida en dos señales en paralelo, denominadas información oculta e información de celda o contexto.

El elemento principal de un bloque es el mecanismo de puertas de tipo sigmoide. Se trata de un mecanismo de atención que determina la cantidad de información que se propaga a lo largo de la celda. Es importante interpretar las distintas señales como vectores de dimensión D o buses de datos, de forma que existen múltiples sigmoides en paralelo que aplican un valor entre 0 y 1 diferente a su dimensión correspondiente. La función sigmoide limita, por tanto, la información de estado transmitida entre etapas, manteniendo únicamente la información necesaria para resolver la tarea.

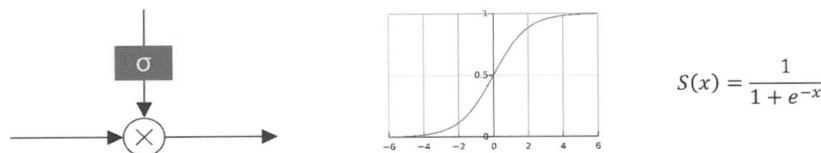

Figura 3.6. Mecanismo de atención sigmoide.

El bloque interno de una red LSTM se puede dividir a su vez en 3 secciones funcionales delimitadas con línea discontinua: la puerta del olvido (*forget gate*), la puerta de entrada (*input gate*) y la puerta de salida (*output gate*). Las dos primeras puertas se encargan de determinar qué parte de la información de estado pasada se mantiene en la celda actual y qué parte de la información de entrada se añade a la información de estado nueva propagada hacia la siguiente celda, respectivamente. La tercera puerta se encarga de generar la salida de la celda actual.

- ▶ **Puerta de entrada:** permite que las señales entrantes modifiquen el estado de la celda de memoria.
- ▶ **Puerta del olvido:** modula la conexión recurrente de la celda de memoria, permitiendo que recuerde u olvide los estados previos.
- ▶ **Puerta de salida:** permite que la celda influya sobre el resto de las neuronas.

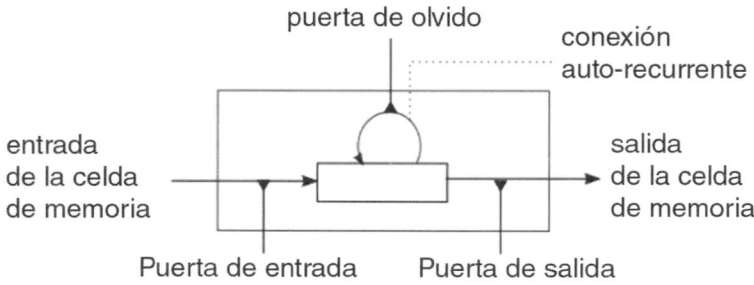

Figura 3.7. Estructura de una celda de memoria en redes LSTM.

A diferencia de una red recurrente tradicional, la arquitectura de una red LSTM cuenta con dos estados ocultos donde el estado oculto es la salida de la red en el instante anterior. En la práctica, las redes recurrentes no son útiles para retener información que aparece al principio de una oración o información a corto plazo. Debido a esto, se incluye un nuevo estado oculto en las LSTM llamado el estado celda o *cell state*. Este estado se encargará de mantener la memoria a corto plazo, mientras que el estado oculto de la RNN se centrará en predecir el siguiente token.

Bidirectional LSTM

Un modelo BiLSTM (*Bidirectional Long Short-Term* Memory) mejora un modelo LSTM (*Long Short-Term Memory*) al incorporar información contextual tanto de la secuencia pasada como de la secuencia futura. Mientras que un LSTM procesa la información en una dirección (de izquierda a derecha o de derecha a izquierda), un modelo BiLSTM utiliza dos capas de LSTM que procesan la secuencia en ambas direcciones simultáneamente.

Este tipo de topología LSTM se compone de dos redes LSTM individuales, con una característica importante: la primera capa recibe los datos en su estado normal, aprendiendo de atrás hacia adelante, y la segunda recibe los datos de forma invertida, de forma que puede aprender el efecto que tienen los datos en el «pasado».

Entre las principales mejoras que aporta un modelo BiLSTM en comparación con un modelo LSTM unidireccional podemos destacar las siguientes:

► **Captura de contexto bidireccional:** la principal ventaja de una red BiLSTM es que puede capturar información contextual tanto de las partes anteriores como de las posteriores de la secuencia de entrada. Esto permite que el modelo tenga una comprensión más completa y rica del contexto en el que aparece cada elemento en la secuencia.

► **Mejora en la captura de dependencias a largo plazo:** las redes LSTM, en general, están diseñadas para capturar dependencias a largo plazo en las secuencias, pero al procesar la información de manera bidireccional, un modelo BiLSTM puede tener un mejor rendimiento en la captura de dependencias temporales en ambas direcciones.

► **Reducción del efecto de olvido:** la estructura bidireccional ayuda a reducir el efecto de olvido que puede ocurrir en las redes LSTM unidireccionales. En un modelo LSTM unidireccional, la información futura podría perderse a medida que se propaga hacia adelante en la red, pero un modelo BiLSTM puede mitigar este problema al considerar la información futura desde el principio.

► **Mejora en tareas de procesamiento del lenguaje natural (NLP):** en las tareas de NLP, donde la comprensión del contexto es crucial, los modelos BiLSTM a menudo superan a los modelos LSTM. Por ejemplo, en tareas como el etiquetado de partes del discurso o el análisis de sentimientos, donde el contexto bidireccional es importante, las redes BiLSTM pueden proporcionar mejores resultados.

Es importante destacar que, si bien los modelos BiLSTM tienen ventajas en ciertos escenarios, también pueden tener un mayor coste computacional en términos de entrenamiento y predicción debido a la bidireccionalidad. Además, en problemas donde el contexto futuro no debería influir en la predicción actual, o en situaciones con restricciones de tiempo, un modelo LSTM unidireccional podría ser una opción más efectiva en términos de coste computacional.

Gated Recurrent Unit (GRU)

Las redes neuronales recurrentes con puertas (GRU) son una variante de las redes neuronales recurrentes que han sido diseñadas para superar algunos de los problemas de las RNN tradicionales, como los problemas de memoria a largo plazo y el lento proceso de entrenamiento.

Este tipo de redes, propuestas en el año 2014, tienen como objetivo conseguir una arquitectura más simple y compacta tanto en implementación como en su entrenamiento [3].

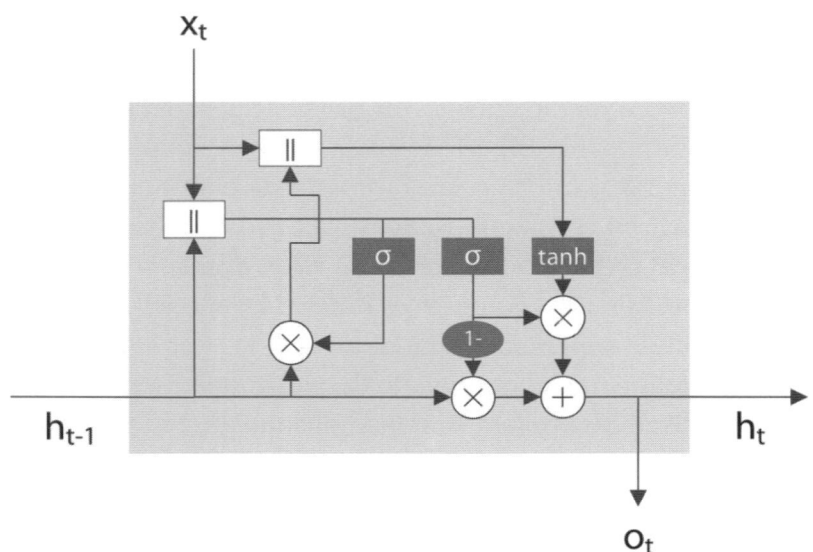

Figura 3.8. Bloque de procesamiento en la red GRU.

Como podemos observar en la imagen anterior, la arquitectura general de la red GRU es muy parecida a la propuesta por las redes LSTM. Los principales componentes de una red GRU son:

- ▶ **Capa de entrada:** recibe la información del paso actual en la secuencia.
- ▶ **Unidad de memoria:** almacena la información relevante de pasos anteriores.
- ▶ **Puerta de actualización:** controla cuánta información anterior se debe conservar en la unidad de memoria.
- ▶ **Puerta de reinicio:** decide si se debe restablecer completamente la unidad de memoria para olvidar información irrelevante.

Podríamos analizar las similitudes y diferencias entre las redes LSTM y las GRU:

- ▶ **Similitudes con LSTM:** al igual que las LSTM, las GRU se utilizan para modelar datos secuenciales y pueden aprender dependencias a largo plazo en la información. Además, ambas usan mecanismos de puertas para controlar el flujo de información dentro de la red.
- ▶ **Diferencias con LSTM:** las GRU son más simples que las LSTM. En lugar de tres puertas (entrada, olvido y salida), las GRU solo tienen dos puertas: puerta de actualización y puerta de reinicio.

Esto las hace más eficientes computacionalmente y requieren menos parámetros para entrenar. Otra de las diferencias la encontramos en el bloque de procesamiento, que tiene un diseño distinto. En primer lugar, se unifican las dos variables de estado en una única que recoge toda la información de contexto. En segundo lugar, las puertas *input* y *forget* no tienen mecanismos de atención independientes, sino que son complementarios (σ y $1-\sigma$), de forma que se utiliza la misma subred. Estas dos modificaciones permiten una implementación simplificada y de menor tamaño.

Entre las principales características de este modelo podemos destacar:

▶ **Menos susceptible al problema de desvanecimiento del gradiente:** las RNN tradicionales pueden sufrir el problema de desvanecimiento del gradiente, en el que los gradientes se vuelven muy pequeños y la red tiene dificultades para aprender dependencias a largo plazo. Los modelos GRU, al incorporar puertas, son menos susceptibles a este problema.

▶ **Capacidad para capturar dependencias a largo plazo:** aunque no son tan potentes como las redes LSTM (*Long Short-Term Memory*), los modelos GRU pueden capturar dependencias a largo plazo en las secuencias de datos, lo que los hace adecuados para tareas que requieren memoria a largo plazo.

▶ **Menos parámetros y computacionalmente más eficientes:** las redes GRU suelen tener menos parámetros que las redes LSTM, lo que las hace computacionalmente más eficientes. Esto puede ser beneficioso en términos de entrenamiento y uso en aplicaciones en tiempo real.

▶ **Rendimiento similar a las redes LSTM en muchas tareas:** en diversas tareas, las redes GRU han demostrado un rendimiento comparable al de las redes LSTM, y en algunos casos, han mostrado ser más eficientes en términos computacionales.

▶ **Adaptabilidad a diferentes tamaños de datos de entrada:** las redes GRU pueden manejar secuencias de longitud variable sin requerir una longitud fija de entrada o salida, lo que les permite adaptarse a diferentes tamaños de datos de entrada.

▶ **Facilidad de implementación y entrenamiento:** las redes GRU son relativamente fáciles de implementar y entrenar en comparación con otros modelos más complejos, como las redes LSTM. Esto puede ser una ventaja en situaciones donde los recursos de computación y el tiempo de entrenamiento son limitados.

El funcionamiento de estas redes se podría simplificar de la siguiente manera:

- ► La red procesa la entrada actual y la información de la unidad de memoria a través de activaciones.
- ► La puerta de actualización determina qué parte de la información anterior se debe mantener en función de la entrada actual.
- ► La puerta de reinicio decide si se debe restablecer por completo la unidad de memoria o no.
- ► Se crea una nueva información combinando la entrada filtrada por la puerta de actualización y la información existente en la unidad de memoria (modificada por la puerta de reinicio).
- ► La nueva información se almacena en la unidad de memoria y se usa para procesar el siguiente paso en la secuencia.

En resumen, las redes GRU son una opción atractiva cuando se busca una arquitectura RNN potente, pero con una complejidad computacional menor que la de las redes LSTM. Los modelos GRU se utilizan ampliamente en la actualidad para tareas de procesamiento del lenguaje natural, reconocimiento de voz y series temporales. Además, han demostrado ser eficaces en diversas tareas de procesamiento de secuencias y han ganado popularidad debido a su capacidad para manejar dependencias a largo plazo, su eficiencia computacional y su facilidad de implementación.

Referencias

[1]   Sutskever, I.: *Training recurrent neural networks,* University of Toronto, Toronto, Ont., Canada, 2013 http://www. cs.utoronto.ca/~ilya/pubs/ilya_sutskever_phd_thesis.pdf.

[2]   Hochreiter, S., J. Schmidhuber: *Neural Computation, vo*l. 9, no. 8, pp. 1735-1780, 1997.

[3]   Cho, K. *et al: Learning Phrase Representations using RNN Encoder-Decoder for Statistical Machine Translation, ar*Xiv preprint arXiv:1406.1078, 2014.

Capítulo 4

Redes neuronales convolucionales (CNN)

Introducción a las CNN

Se llama red neuronal convolucional (CNN) a cualquier red que tenga al menos una capa convolucional. Las CNN se han convertido en la arquitectura principal en diversas aplicaciones de visión por ordenador, incluido el reconocimiento de imágenes, la detección de objetos y la segmentación de imágenes.

Estas redes neuronales, pretenden ser una especialización para señales como imágenes o sonido, aunque cualquier estructura de datos con cierta dependencia espacial puede verse favorecida por este tipo de redes neuronales. Esto se debe a que uno de los principales procesos que tienen lugar dentro de estas redes, son las conocidas como convoluciones, operaciones lineales que combinan cada elemento con sus respectivos vecinos. Por ello, si trabajan con imágenes, se aprovechan de la propia topología de los píxeles.

Las capas convolucionales se denominan así porque recogen la información a su entrada convolucionando, es decir, aplicando un filtro sobre su entrada, por ejemplo, una imagen. Las neuronas de estas capas no se conectan a todos los píxeles de la imagen de entrada (en el caso de la primera capa oculta) ni a todas las salidas de la capa anterior (el resto de las capas ocultas convolucionales), sino que únicamente se conectan con aquellas que se encuentran dentro de un pequeño rectángulo de la imagen.

A la entrada de la capa no se le aplica un único filtro, sino varios, ya que cada uno de ellos se encarga de detectar un aspecto distinto. Tras aplicar todos los filtros, se obtiene un conjunto que se denomina *feature mapping*, que representa el conjunto de características de la imagen. Esta arquitectura permite a la red concentrarse en las características de bajo nivel en la primera capa oculta (como esquinas, bordes, líneas, etc.) y ensamblarlas en características de mayor nivel en las siguientes capas. En la siguiente imagen se puede observar esta estructura típica de una red convolucional.

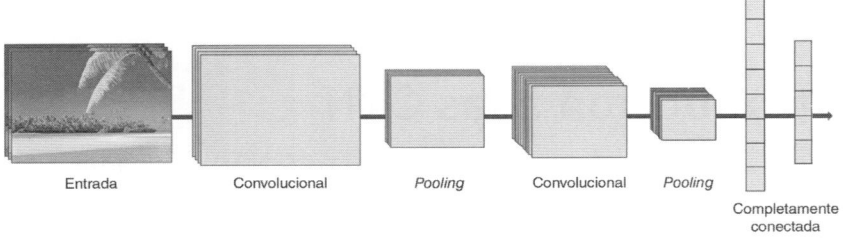

Entrada   Convolucional   *Pooling*   Convolucional   *Pooling*

Completamente conectada

Figura 4.1. Esquema de la estructura típica de una red neuronal convolucional.

Estas operaciones generan una gran cantidad de parámetros, por lo que, en estas redes, se añaden unas capas denominadas *pooling layers*, con el objetivo de reducir la carga computacional, la memoria y el número de parámetros, muestreando sus entradas. Al igual que en las capas convolucionales, cada neurona se conecta a un número limitado de neuronas de la capa anterior. Su función consiste en añadir estas entradas mediante alguna métrica, como la media o el máximo del conjunto.

Una estructura típica de este tipo de redes está formada por diversas capas convolucionales, cada una de ellas seguida por una capa de *pooling*. De esta forma, se consigue que la imagen se haga cada vez más pequeña, aunque más profunda, al tener cada vez más mapas de características (*features maps*). Después de estas capas, se añade una o varias capas *fully connected*, que permitirán obtener la salida deseada.

La convolución es básicamente una gran cantidad de matrices multiplicando y sumando estos resultados. Las redes neuronales convolucionales, gracias a que tienen muchas capas ocultas, van detectando patrones capa a capa y van mejorando hasta que, en las últimas capas, son capaces de identificar la imagen.

Si aumentamos el número de capas de una red neuronal para hacerla más profunda, aumenta la complejidad de la red y nos permite modelar funciones que son más complicadas. Sin embargo, el número de pesos y sesgos aumentará exponencialmente. De hecho, aprender problemas tan difíciles puede volverse imposible para las redes neuronales normales. Esto conduce a una solución: las redes neuronales convolucionales.

Las redes neuronales convolucionales son un tipo de red neuronal artificial en la que las neuronas se asemejan en gran medida a las que se pueden encontrar en la corteza visual primaria de un cerebro biológico. Se crean de forma bidimensional, pero son muy efectivas para tareas de visión artificial, por ejemplo, para clasificar imágenes.

La principal diferencia entre la red neuronal convolucional y el perceptrón multicapa es que cada neurona no se une con todas y cada una de las capas siguientes, sino solo con un subgrupo de ellas (se especializa), lo que permite reducir el número de neuronas necesarias y la complejidad computacional necesaria para su ejecución.

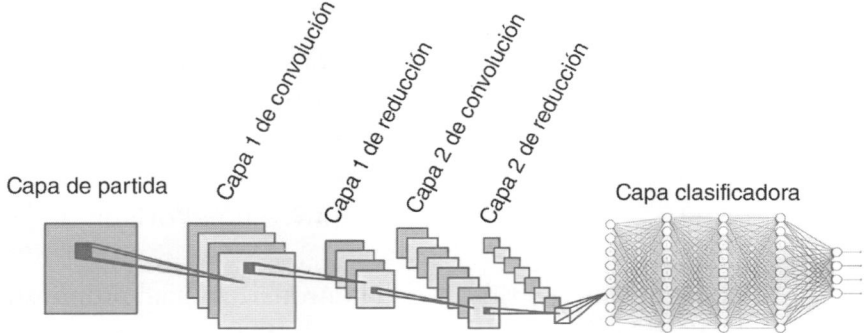

Figura 4.2. Esquema de una red neuronal convolucional.

En la imagen 4.3 podemos ver que la principal diferencia entre este tipo de redes y las redes neuronales convencionales es que parten de la suposición de que los datos de entrada son imágenes. Esto permite introducir ciertas modificaciones en la arquitectura de la red para hacerla más eficiente en el proceso de *forward propagation* y para reducir el número de parámetros con el fin de evitar el sobreentrenamiento (*overfitting*).

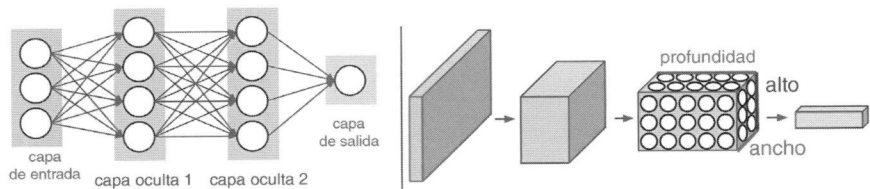

Figura 4.3. Diferencia entre una red neuronal convencional (imagen izquierda) y una red convolucional.

Este tipo de redes ha demostrado su eficacia en una amplia variedad de aplicaciones de visión por ordenador, como la clasificación de imágenes, la detección de objetos, el seguimiento de objetos y la segmentación de imágenes.

Origen de las redes neuronales convolucionales

Durante muchos años, los modelos que han conformado el estado del arte en visión por ordenador han sido las redes convolucionales. Estas redes se basan en la operación de convolución de imágenes, la cual combina una imagen de entrada con un núcleo de convolución [1] [2].

El modelo Neocognitrón fue propuesto por primera vez por Fukushima (1979) y se puede considerar como el origen de las CNN [3].

El Neocognitrón es un tipo de red neuronal artificial propuesto por Kunihiko Fukushima en la década de 1980. Se trata de una red neuronal artificial jerárquica y multicapa diseñada para el reconocimiento de patrones y el procesamiento de imágenes, y su diseño se inspiró en la estructura y función de la corteza visual del cerebro. Las características clave del Neocognitrón incluyen:

- **Estructura jerárquica:** el Neocognitrón consta de múltiples capas de células interconectadas, organizadas de manera jerárquica. Las capas están compuestas por dos tipos principales de células: *S-cells* (células simples) y *C-cells* (células complejas).

- **Campos receptivos locales:** la red utiliza campos receptivos locales para las *S-cells*, lo que significa que cada *S-cell* está conectada a una pequeña región de la entrada. Este diseño permite que la red capture características locales en la entrada.

- **Propiedad invariante al desplazamiento:** el Neocognitrón exhibe un comportamiento invariante al desplazamiento, lo que significa que puede reconocer patrones independientemente de su posición en la entrada. Esto se logra mediante el uso de pesos compartidos y el intercambio de pesos en diferentes ubicaciones de los campos receptivos.

- **Aprendizaje y adaptación:** La red está diseñada para aprender a través de mecanismos de aprendizaje no supervisado y supervisado. El aprendizaje no supervisado se utiliza para ajustar los pesos sinápticos en función de las propiedades estadísticas de la entrada, mientras que el aprendizaje supervisado se emplea para perfeccionar la red en tareas específicas de reconocimiento.

Este modelo se ha utilizado para el reconocimiento de caracteres manuscritos y otras tareas de reconocimiento de imágenes. Si bien sentó las bases para desarrollos posteriores en redes neuronales convolucionales (CNN), es importante señalar que las CNN modernas, utilizadas en el aprendizaje profundo, han evolucionado significativamente más allá del modelo original de Neocognitrón.

En 1998, se implementó la primera red convolucional, denominada LeNet (https://paperswithcode.com/method/lenet), que se usó para el reconocimiento de letras manuscritas. Esta red consta de varias capas que extraen características visuales que se emplean posteriormente para clasificar la imagen.

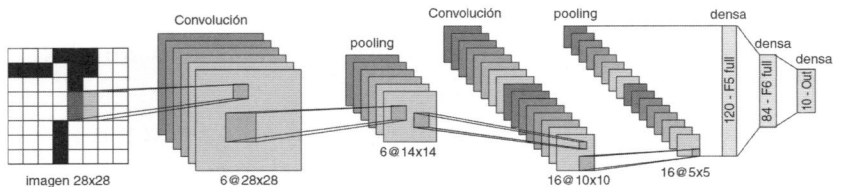

Figura 4.4. Estructura de la red convolucional LeNet.

Como vemos en la figura 4.4, la imagen se subdivide en campos receptivos que se pasan a una capa convolucional, que extrae características de la imagen de entrada. Como resultado, se generan una serie de imágenes con las características que representan la presencia o ausencia de características de interés en las imágenes.

El siguiente paso es el proceso de *pooling*, que reduce el tamaño de las características extraídas, al tiempo que conserva la información más importante. A continuación, con la función de activación se transforman las salidas obtenidas en la capa de convolución y se les aplican funciones no lineales.

Finalmente, se emplean las capas «densas» o *fully connected* para conectar a todas las neuronas de salida mediante una combinación lineal y una función de activación. El resultado que devuelve es un vector de tamaño correspondiente al número de clases.

Arquitectura de las redes neuronales convolucionales

Las redes neuronales convolucionales son un tipo específico de redes neuronales, especialmente adecuadas para el procesamiento y análisis de datos que tienen una estructura de red, como las imágenes. La arquitectura de este tipo de redes está diseñada para aprovechar la organización espacial de los datos de entrada, lo que las hace extremadamente efectivas para tareas como la clasificación de imágenes, la detección de objetos y la segmentación semántica. Para su funcionamiento, estas redes se componen de las siguientes capas:

- **Capa de convolución:** es la capa oculta donde se definen, para cada neurona, los pesos de los filtros, ya que son necesarios para que el modelo aprenda. Además, a la salida de esta capa también se le aplica una función de activación, de modo que las características aprendidas puedan ser no lineales. El papel de esta primera capa es analizar las imágenes proporcionadas en la entrada y detectar la presencia de un conjunto de *feature maps*.

- **Capa de *pooling*:** esta capa se utiliza para reducir la dimensión de la imagen. Esta es una operación que se aplica entre dos capas de convolución y recibe como entrada la salida de un filtro aplicado en la capa de convolución, cuya función es reducir el tamaño y conservar las características más importantes de las imágenes. Las capas de *pooling* más utilizadas son *max-pooling* y *average-pooling*.

- **Capa de activación ReLU (*Rectified Linear Units*):** esta capa sustituye todos los valores negativos recibidos en la entrada por ceros. El interés de estas capas de activación es hacer que el modelo sea no lineal y, por tanto, más complejo.

- **Capa *fully connected* o completamente conectada:** es una capa del tipo perceptrón multicapa, que se añade tras las capas anteriores para ser usada como clasificador, al que se le pasa un vector de características generado por las capas convolucionales.

- **Capa Softmax:** se encarga de normalizar las salidas de la CNN final. En lugar de tener una serie de números sin interpretación ninguna, estas salidas se pueden interpretar como un vector de probabilidades. Con estas probabilidades podemos quedarnos con la clase a la que corresponda la mayor probabilidad y, de esta forma, llevar a cabo nuestra predicción.

Capa convolucional

El principal objetivo de esta capa es el de optimizar los filtros para detectar diferentes patrones o características que resulten de utilidad para la extracción de las propiedades de las imágenes. Para ello se utilizan técnicas de optimización como es el descenso del gradiente. La mecánica principal consiste en que un patrón detectado en un fragmento mediante un filtro resulta en un valor alto en la celda convolucional correspondiente.

En la convolución de imágenes, el núcleo de convolución es una matriz bidimensional de pesos que se desliza sobre la imagen de entrada. En cada posición, se realiza una multiplicación punto a punto entre los valores de los píxeles de la imagen y los valores correspondientes en el núcleo de convolución. Estos productos se suman para obtener un valor de salida que representa una transformación local de la imagen original en esa posición.

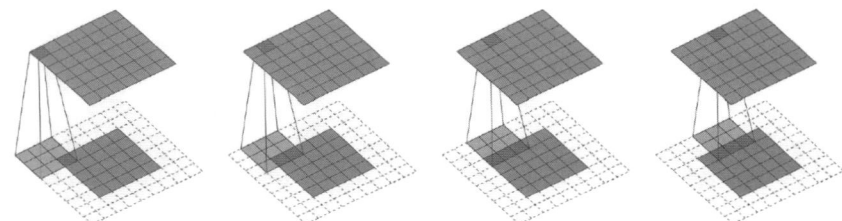

Figura 4.5. Ejemplo de convolución con kernel de 3x3 y padding (https://github.com/vdumoulin/conv_arithmetic).

En la práctica, una capa convolucional no presenta un solo filtro, sino que suelen colocarse varios filtros especializados en diferentes tareas o propiedades que se van a detectar. Cada filtro se especializa en detectar ciertos patrones o características en los datos. Al tener una variedad de filtros, la red puede capturar múltiples aspectos y detalles relevantes en los datos, lo que puede mejorar la capacidad del modelo para reconocer objetos o estructuras complejas en una imagen.

Además, se suelen concatenar varias capas convolucionales para que las capas posteriores se encarguen de detectar patrones o características más complejas a partir de conjuntos de características más simples. De esta forma, encontramos que, en las capas iniciales los filtros se encargan de detectar patrones simples, como líneas o colores, mientras que las capas finales suelen detectar patrones complejos, como formas y objetos.

Como hemos mencionado, las convoluciones son operaciones lineales, por lo que una concatenación de convoluciones da como resultado otra convolución. Es decir, la idea de concatenar capas no aportaría la abstracción deseada. Por ello, en la salida de una capa convolucional se suele colocar una función de activación no lineal, típicamente rectificadores como la ReLu o LeakyRelu.

Capa de reducción (pooling)

Las CNN tienen un rendimiento excepcional cuando clasifican imágenes muy parecidas al conjunto de datos. Cuando alguna imagen del conjunto de datos está ligeramente inclinada u orientada de manera distinta, la red convolucional no funciona correctamente. Esto se soluciona con la introducción de una capa de *pooling* que consigue crear una invariabilidad posicional. Con esta capa, una CNN tolera pequeños cambios en las imágenes y se adapta fácilmente para no confundirse con el posicionamiento espacial dentro de la imagen.

La capa de *pooling* es una operación que, por lo general, se aplica entre dos capas de convolución. Esta recibe en la entrada las *feature maps* formadas en la salida de la capa de convolución y su papel es reducir el tamaño de las imágenes y, a la vez, preservar sus características más esenciales.

La operación de *pooling* se realiza dividiendo la matriz resultante de la convolución en regiones solapadas o no solapadas (por ejemplo, regiones de 2x2 o 3x3), y tomando el valor máximo (*max pooling*) o promediando los valores (*average pooling*) dentro de cada región. Esto se hace para reducir la dimensionalidad espacial de los datos, así como la cantidad de parámetros y cálculos en la red. El uso de esta capa de *pooling* presenta las siguientes ventajas:

- **Reducción de dimensionalidad:** el *pooling* reduce el tamaño de la representación espacial, lo que disminuye la cantidad de parámetros que hay que entrenar y, por lo tanto, el coste computacional de entrenamiento de la red.

- **Flexibilidad frente a las traslaciones:** el *pooling* extrae características invariantes a pequeñas traslaciones en la imagen. Al considerar solo el valor máximo o promedio dentro de una región, el modelo se vuelve menos sensible a pequeñas variaciones en la ubicación de las características, como, por ejemplo, desplazar los píxeles una posición a la derecha o a la izquierda.

- **Extracción de características dominantes:** al seleccionar el valor máximo o promedio en cada región, el *pooling* tiende a resaltar las características más dominantes, como los bordes o las texturas, y conserva información relevante, descartando aquellas características menos importantes.

- **Regularización:** al reducir la dimensionalidad y extraer las características dominantes, el *pooling* puede ayudar a evitar el sobreajuste al limitar la capacidad de la red para memorizar los datos de entrenamiento.

Como se puede ver en la figura 4.6, la práctica de *pooling* se basa en crear matrices reducidas cogiendo el número más alto (*max-pooling*) o la media (*average-pooling*) de cada submatriz.

Como se ha comentado anteriormente, el *pooling* ayuda a comprimir datos disminuyendo los parámetros, pero manteniendo la profundidad; esto se denomina *subsampling*. El *pooling* también reduce el tiempo de entrenamiento. La idea principal del *pooling* es crear pequeños «resúmenes» de cada mapa de características, manteniendo así lo realmente relevante.

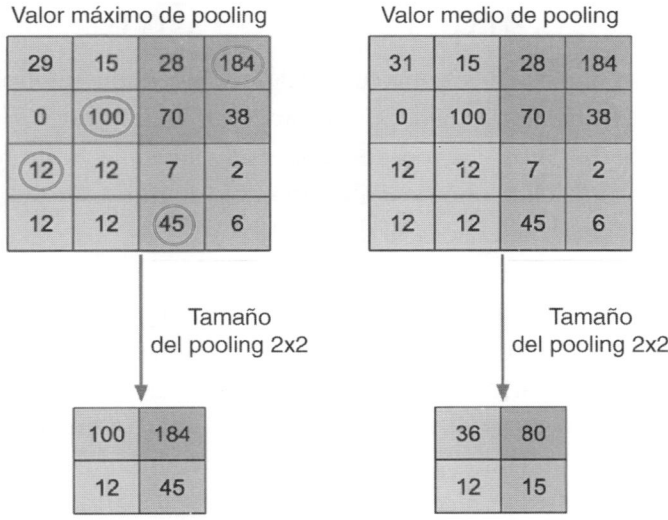

Figura 4.6. Max pooling y average pooling.

Capa densa o fully connected

Dentro de los tipos de capas de una red neuronal convolucional, las capas densas se conocen como totalmente conectadas. Las capas densas están formadas por neuronas totalmente conectadas a las neuronas de las capas adyacentes, considerando cada píxel como una neurona en sí. Esta disposición es análoga a la forma en que se disponen las neuronas en las redes neuronales tradicionales como las del perceptrón multicapa.

Al final de la red, se suele situar una o varias capas completamente conectadas que tratan de realizar el proceso final de clasificación o regresión de la red. Esta capa se coloca al final de la arquitectura de la CNN y se conecta por completo a todas las neuronas de salida.

Después de haber recibido un vector en la entrada, esta capa aplica sucesivamente una combinación lineal y una función de activación con la finalidad de clasificar la imagen de entrada. Finalmente, en la salida, devuelve un vector de tamaño correspondiente al número de clases, en el que cada componente representa la probabilidad de que la clase de entrada pertenezca a una clase.

Tipos de arquitecturas CNN

Las redes neuronales convolucionales (CNN) son un tipo de inteligencia artificial diseñada para procesar o aprender de grandes conjuntos de datos. La red neuronal convolucional es un término de reciente acuñación que describe específicamente este tipo de red o, más en general, la tecnología de IA.

Este tipo de redes se consideran potentes herramientas de IA de reconocimiento de imágenes que utilizan el aprendizaje profundo para realizar no solo tareas generativas, sino también descriptivas.

Desde su aparición en 1989 hasta la actualidad, las arquitecturas de redes convolucionales han tenido una gran evolución y han dado lugar a una gran cantidad de arquitecturas y enfoques. Algunas de las más importantes se recogen en los distintos ganadores del concurso *ImageNet Large Scale Recognition Challenge* (https://image-net.org/challenges/LSVRC), reto que consistía en tratar de generar el mejor modelo para predecir el *dataset* de Imagenet-1k, compuesto por más de un 1 millón de imágenes y 1 000 clases diferentes. Entre los principales tipos de arquitecturas podemos destacar:

- **LeNet-5:** permite el reconocimiento de la escritura a mano. Este artículo (http://vision.stanford.edu/cs598_spring07/papers/Lecun98.pdf) describe con más detalle la arquitectura de este modelo. LeNet fue la primera arquitectura convolucional, que supuso todo un hito en el campo de la visión por ordenador, tomando como base todo lo desarrollado en los puntos anteriores.

- **AlexNet:** esta arquitectura fue similar a la de LeNet, sin embargo, se aplicaron ciertos elementos innovadores. Por una parte, era el primer modelo de visión por ordenador en entrenarse en una GPU, lo que aceleró enormemente el entrenamiento. Es la primera arquitectura de CNN profunda que se estandariza tras la participación de sus autores en el ILSVRC (*ImageNet Large Scale Visual Recognition Challenge*), https://image-net.org/challenges/LSVRC, en la que fijaron el nuevo estado del arte. En esta red se utilizó la función ReLU como función de activación, que mostró un mejor rendimiento de entrenamiento en tanh y sigmoide [4].

▶ **GoogLeNet:** fue creada por Christian Szegedy en 2014, que consiguió una reducción del número de parámetros con respecto a la red anterior. Esta mejora se basó en la modificación de la arquitectura de la red, en la que, en vez de terminar la red con una capa completamente conectada, se utilizó una capa de *pooling* global promedio (*global average pooling* o GAP) [5]. Esta nueva red tiene 4 millones de parámetros, frente a los 60 millones de la red AlexNet, lo que supone una notable mejora en el coste del proceso de entrenamiento. Este modelo introduce el concepto de grupos de capas de convolución.

▶ **ResNet (red residual):** aún más profunda, mantiene el rendimiento a través de las conexiones de salto [6].

▶ **VGGNet:** con este modelo, propuesto por Simonyan y Zisserman en 2014, se demostró que la profundidad de la red es una parte fundamental para obtener mejores resultados. Esta red usa solo filtros de convolución de tamaño 3x3, lo que equivale a una disminución en el número de capas con respecto a la arquitectura de AlexNet [7].

GoogleNet (Inception)

La primera arquitectura que se va a analizar es la conocida como GoogleNet (*Inception v1*), propuesta por Szegedy *et al.* [8]. Uno de los principales conceptos añadidos a esta red es lo que se conoce como convolución 1x1, que consiste en una capa de convolución con filtros de tamaño 1x1 y una función de salida ReLu que tiene como objetivo reducir la dimensionalidad de la red para disminuir el coste computacional. Si se aplica la convolución 1x1 antes de una convolución para reducir el número de dimensiones, la convolución necesitará de muchas menos operaciones.

Esta arquitectura fue la primera en utilizar lo que se conoce como los modelos *Inception*, que consisten en definir un bloque de subred que se repite varias veces a lo largo de la arquitectura. Concretamente el bloque *Inception* está compuesto por convoluciones de 1x1, 3x3 y de 5x5, que permiten, cada una de ellas, capturar información simultáneamente a distintas escalas y combinar los resultados. La convolución de 1x1, aunque no detecte patrones espaciales (ya que solo interpreta un píxel y deja la altura y la anchura iguales), es una forma de reducir el número de canales, lo que permite reducir el coste computacional del bloque *Inception*.

Una evolución de la arquitectura anterior es la conocida como *Inception v3*. Esta arquitectura, presentada en Szegedy *et al.* [9], presenta algunos cambios, entre los que podemos destacar:

- ► La primera modificación es la optimización de las convoluciones para reducir su coste computacional. Para ello, se sustituyen las convoluciones 5x5 por dos convoluciones 3x3, que equivalen a una 5x5.
- ► La segunda modificación es la sustitución de todas las convoluciones nxn por una concatenación del tipo 1xn, nx1.
- ► La tercera modificación trata de solucionar el problema de los cuellos de botella, que en este contexto se refiere a las reducciones en la dimensionalidad de la imagen demasiado agresivas. La solución es reducir la profundidad de cada módulo *Inception* para aumentar el número de ramas.
- ► Otros cambios son el uso del optimizador RMSProp, una capa de *BatchNormalization* en los clasificadores auxiliares utilizados para entrenar capas intermedias y el uso de la técnica de regularización *Label Smoothing*, que se aplica como métrica adicional en la función de pérdida.

AlexNet

Una arquitectura más simple que las mencionadas anteriormente es la conocida como AlexNet, presentada en Krizhevsky *et al.* [10]. AlexNet tiene una arquitectura que consiste en 11 capas, de las cuales 5 son convolucionales, 3 de *max pooling* y otras 3 totalmente conectadas. Además, fue la que popularizó el uso de la función no lineal ReLU. La imagen 4.7 muestra la arquitectura de esta red.

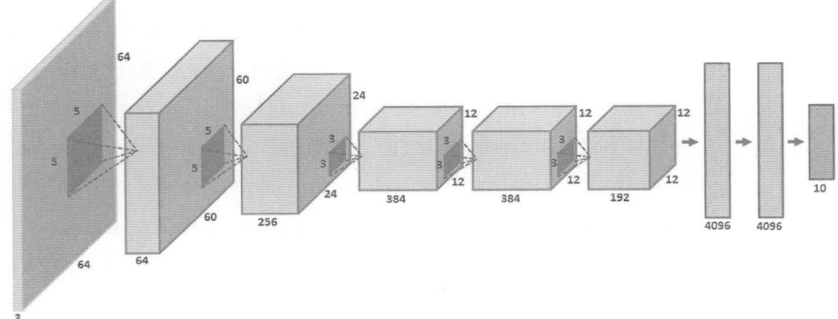

Figura 4.7. Arquitectura de AlexNet.

Redes residuales (ResNet)

Como hemos analizado, las redes convolucionales típicas están formadas por grupos de capas convolucionales junto con una capa de *pooling* que se repiten a lo largo de la arquitectura. La imagen se reduce en tamaño a medida que progresa por la red, al mismo tiempo que aumenta en profundidad, es decir, se incrementa el número de canales o *features* que sirven de características. Esta arquitectura genérica ha experimentado distintas modificaciones, y se han desarrollado variantes que permitieron conseguir importantes progresos en el campo del procesamiento de imágenes [11].

Las redes residuales fueron las primeras en aumentar considerablemente el número de capas (de las 22 capas de GoogleNet a las 152 capas de este modelo). Esto se debía a la idea de que un mayor número de capas consigue crear un modelo más potente que permite obtener un mejor rendimiento. Sin embargo, al tratar de entrenar modelos con muchas capas, se dieron cuenta de que los optimizadores no eran capaces de entrenar adecuadamente modelos con tantas capas [12].

Para poder solucionar este problema en el proceso de entrenamiento, se definió el concepto de red residual, que es un tipo de red neuronal en el que se establece lo que se denomina como una *skip connection* de la entrada de la red con su salida. Esto aporta varias ventajas:

▸ **Disminución del desvanecimiento del gradiente:** en las redes neuronales profundas, los gradientes pueden disminuir de magnitud a medida que se propagan hacia las capas más profundas. Esto ocurre porque, durante la retropropagación, los gradientes se multiplican sucesivamente a través de las capas, y si los valores de los pesos son pequeños, los gradientes pueden volverse cada vez más pequeños. Cuando los gradientes se desvanecen, las capas más profundas de la red reciben actualizaciones de peso mínimas o ninguna actualización, lo que dificulta su aprendizaje. Las *skip connections* permiten que el gradiente viaje por esas conexiones durante la retropropagación, lo que atenúa mucho este efecto.

▸ **Extracción de características más ricas:** las conexiones de salto en la arquitectura de la red ResNet permiten que la información del *input* original se conserve y se combine con las características aprendidas en las capas posteriores. Esto da como resultado una representación más rica y completa de las características, ya que se capturan tanto las características de bajo nivel como las de alto nivel en la red.

La principal novedad de su arquitectura consiste en realizar saltos de conexiones en la red, es decir, la señal de entrada a una capa se suma a su salida o a la salida de capas de mayor profundidad.

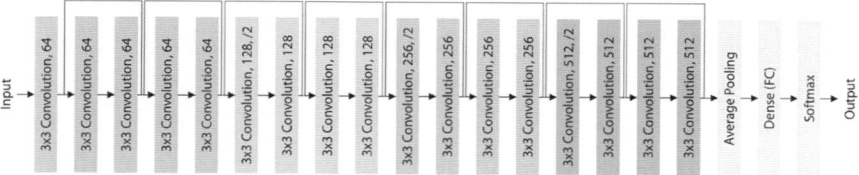

Figura 4.8. Arquitectura ResNet-18.

La imagen anterior muestra la arquitectura ResNet de 18 capas, en la que las capas convolucionales utilizadas incrementan el número de canales desde 64 hasta 512. El salto de conexiones se realiza cada 2 capas, generando caminos residuales que se vuelven a incorporar a la red.

La arquitectura profunda de las redes residuales se puede interpretar como una pila de unidades residuales, donde cada una de ellas se convierte en una pequeña subred neuronal separada del resto por su correspondiente camino residual. Esta característica permite un entrenamiento más rápido de la red completa, ya que la señal se propaga fácilmente por la red, incluso con capas intermedias poco entrenadas y cercanas a su estado inicial.

VGG

La red convolucional VGG, presentada por Simonyan y Zisserman [13], se compone de 13 capas convolucionales, 5 capas *max pooling* y 4 capas completamente conectadas, donde la última tiene como función de salida una *softmax*. En total, son 22 capas.

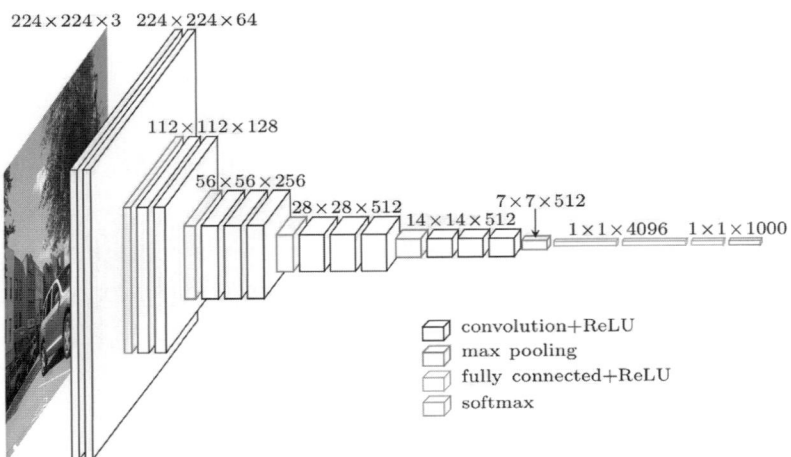

Figura 4.9. Arquitectura VGG propuesta por Simonyan y Zisserman.

Redes convolucionales bidimensionales (2D CNN)

Las redes neuronales convolucionales bidimensionales son un tipo de arquitectura de red neuronal diseñada específicamente para procesar datos con estructura bidimensional, como imágenes. Estas redes han demostrado ser altamente efectivas en tareas de visión por ordenador, como la clasificación de imágenes, la detección de objetos y la segmentación de imágenes. Entre las principales características de este tipo de redes, podemos destacar:

- ► **Características locales:** las imágenes tienen características locales y patrones que pueden ser esenciales para las tareas de reconocimiento visual. Las CNN aprovechan esta estructura jerárquica para aprender automáticamente características relevantes a través de capas convolucionales.

- ► **Capas convolucionales:** las capas convolucionales son la piedra angular de las CNN. En lugar de conectar cada píxel a una neurona, las capas convolucionales utilizan filtros que se desplazan a través de la imagen para extraer patrones locales. Esto reduce la cantidad de parámetros y permite la detección de patrones en diferentes ubicaciones.

- ► *Pooling*: después de las capas convolucionales, se utilizan capas de *pooling* para reducir la resolución espacial y, por lo tanto, la cantidad de parámetros en la red. El *pooling*, generalmente mediante operaciones como *max pooling*, conserva las características más importantes.

- ► **Convoluciones profundas:** las redes CNN suelen tener múltiples capas convolucionales y de *pooling* en cascada. Esto permite crear representaciones jerárquicas de características, desde bordes y texturas simples hasta otras más complejas y abstractas.

► **Convoluciones bidireccionales:** a diferencia de las capas completamente conectadas, las convoluciones bidireccionales (también conocidas como convoluciones en dos direcciones) tienen en cuenta la relación espacial entre píxeles vecinos en las dimensiones horizontal y vertical. Esto es fundamental para el procesamiento eficiente de imágenes.

► **Parámetros compartidos:** en las capas convolucionales, los pesos (filtros) se comparten, lo que significa que se utiliza el mismo filtro en diferentes partes de la imagen. Esto hace que las CNN sean eficientes en términos de memoria y contribuye a la invariancia espacial.

► **Uso en tareas específicas:** las CNN son fundamentales para llevar a cabo tareas específicas, como la clasificación de imágenes, la detección de objetos, la segmentación semántica y más. Arquitecturas como AlexNet, VGG, ResNet y GoogleNet han demostrado su eficacia en competiciones y aplicaciones del mundo real.

► ***Transfer learning:*** debido a su capacidad para aprender características genéricas, las CNN son excelentes para la transferencia de aprendizaje. Los modelos preentrenados en conjuntos de datos masivos, como ImageNet, se pueden adaptar fácilmente a tareas específicas con conjuntos de datos más pequeños.

Una red convolucional 2D generalmente está compuesta por una serie de capas, cada una de las cuales tiene una función específica:

► **Capas convolucionales:** aplican filtros (*kernels*) a la entrada para producir mapas de características. Estos filtros se deslizan sobre la entrada, detectando características locales como bordes, texturas y patrones.

 ► **Filtros:** matrices de pesos que se ajustan durante el entrenamiento para detectar diferentes características.

 ► **Paso (*stride*):** el número de píxeles que el filtro se mueve sobre la entrada.

> ▸ **Relleno (*padding*):** la adición de píxeles alrededor de la entrada para controlar el tamaño de las salidas.

▸ **Capas de activación:** aplican una función no lineal a la salida de la capa convolucional. La función de activación más común es ReLU (*Rectified Linear Unit*).

▸ **Capas de *Pooling*:** reducen la dimensionalidad de los mapas de características, manteniendo las características más importantes. Las técnicas comunes incluyen *max pooling* y *average pooling*.

▸ **Capas completamente conectadas (*fully connected*):** conectan cada neurona de una capa con todas las neuronas de la siguiente capa, y se utilizan generalmente al final de la red para la clasificación.

▸ **Capa de salida:** proporciona la salida final de la red, a menudo usando una función de activación como *softmax* para la clasificación multiclase.

Las redes neuronales convolucionales bidimensionales han sido uno de los modelos más relevantes en la última década dentro del procesamiento de imágenes mediante inteligencia artificial. Estos modelos se inspiran en el funcionamiento de la corteza visual humana. Las neuronas presentes en la corteza tienen campos receptivos locales, es decir, reaccionan a una región limitada del campo visual. Posteriormente, los campos receptivos de muchas neuronas a nivel local se solapan y combinan para obtener la imagen final [14].

Las redes convolucionales 2D se vienen utilizando en una variedad de aplicaciones orientadas a la visión por ordenador entre las que podemos destacar:

▸ **Clasificación de imágenes:** asignar etiquetas a imágenes completas.

▸ **Detección de objetos:** localizar y clasificar objetos dentro de una imagen.

- ► **Segmentación de imágenes:** asignar etiquetas a cada píxel de una imagen, segmentando diferentes regiones u objetos.
- ► **Reconocimiento facial:** identificar o verificar individuos a partir de imágenes faciales.
- ► **Análisis de imágenes médicas:** detectar y clasificar patologías en imágenes médicas, como radiografías y resonancias magnéticas.

Ventajas de las redes convolucionales

Antes de la aparición de las redes convolucionales, el uso de imágenes en redes neuronales había planteado grandes dificultades. Las redes neuronales clásicas, como el perceptrón multicapa, debían «aplanar» el vector de píxeles para poder usarlo como entrada a la red. Este enfoque planteaba muchos problemas, siendo el más importante el enorme tamaño que supone aplanar una imagen de alta resolución (por ejemplo 1024 x 1024 = 1 048 576 dimensiones). Ambos problemas se solucionaron con el uso de las redes convolucionales, que además aporta otras ventajas adicionales:

- ► **Representación jerárquica:** al tener múltiples filtros en una red convolucional, se aumenta la capacidad de representación del modelo. Cada filtro aprende a detectar un aspecto o patrón específico en los datos. A lo largo de las capas, los filtros permiten capturar patrones con un mayor nivel de abstracción, de forma que las capas más cercanas a la entrada detectan patrones simples como aristas, mientras que las más alejadas pueden llegar a detectar formas complejas como animales, personas, etc.

- **Aprovechamiento de la topología de los píxeles**: en las imágenes, los píxeles se encuentran dispuestos en un espacio de 2 o 3 dimensiones, de forma que los píxeles que forman, por ejemplo, una cara, se encuentran juntos en el espacio. La convolución permite operar con los píxeles en un área de la imagen (el denominado campo receptivo o *receptive field*) sin necesidad de proyectarlos a una sola dimensión. De esta forma, los datos de entrada conservan esta información espacial, lo que facilita el aprendizaje de la red.
- **Flexibilidad frente a las traslaciones:** dado que el campo receptivo opera sobre un área y además se hace uso del *pooling*, las redes convolucionales no se ven afectadas por cambios en las imágenes, como pequeñas traslaciones de píxeles. No obstante, esta arquitectura sigue siendo susceptible a las rotaciones y a diferentes escalas o deformaciones, por lo que es necesario entrenar al modelo para tratar con esas variaciones.
- **Número de parámetros invariable de la entrada:** Los pesos que hay que aprender en una red convolucional son los diferentes filtros. Dado que los filtros se deslizan por la imagen, el número de parámetros que hay que ajustar no depende del tamaño de la imagen de entrada, lo que permite entrenar modelos con imágenes de alta resolución en un tiempo de cómputo viable.

Referencias

[1] LeCun Y. *et al.*: *Backpropagation Applied to Handwritten Zip Code Recognition,* Neural Computation, vol. 1, n.o 4, pp. 541-551, dic. de 1989. DOI:10.1162/neco.1989.1.4.541.

[2] Lecun Y. *et al.*: *Gradient-based learning applied to document recognition*, Proceedings of the IEEE, vol. 86, n.o 11, pp. 2278-2324, nov. de 1998. DOI: 10.1109/5.726791.

[3] Fukushima K.: *Artificial Vision by Deep CNN Neocognitron*, in IEEE Transactions on Systems, Man, and Cybernetics: Systems, vol. 51, no. 1, pp. 76-90, Jan. 2021, DOI: 10.1109/TSMC.2020.3042785.

[4] MD Alom Zahangir *et al.: The History Began from AlexNet: A Comprehensive Survey on Deep Learning Approaches*, 2018.

[5] Szegedy C. *et al.: Going Deeper With Convolutions*, The IEEE Conference on Computer Vision and Pattern Recognition (CVPR), 2015, pp. 1-9. https://www.cs.unc.edu/~wliu/papers/GoogLeNet.pdf.

[6] He K. *et al.: Deep Residual Learning for Image Recognition*, IEEE Conference on Computer Vision and Pattern Recognition (CVPR), Las Vegas, NV, USA, 2016, pp. 770-778, DOI: 10.1109/CVPR.2016.90.

[7] Mao J. *et al.: Deep Captioning with Multimodal Recurrent Neural Networks (mRNN)*, 2014.

[8] Szegedy C. *et al.: Going deeper with convolutions*. In Proceedings of the IEEE conference on computer vision and pattern recognition (pp. 1-9), 2015, https://arxiv.org/pdf/1409.4842.pdf.

[9] Szegedy C. *et al.*: Vanhoucke, V. *et al.: Rethinking the inception architecture for computer vision*. In Proceedings of the IEEE conference on computer vision and pattern recognition (pp. 2818-2826), 2016, https://arxiv.org/abs/1512.00567.

[10] Krizhevsky, A., I. Sutskever, G.E. Hinton: *Imagenet classification with deep convolutional neural networks. Advances in neural information processing systems*, (pp. 1097-1105), 2012.

[11] He K. *et al.: Deep Residual Learning for Image Recognition*, in Proceedings of the IEEE conference on computer vision and pattern recognition, 2016, pp. 770-778.

[12] He K. *et al.*: *Deep Residual Learning for Image Recognition*, en IEEE Conference on Computer Vision and Pattern Recognition (CVPR), jun. de 2016, pp. 770-778. DOI: 10.1109/CVPR.2016.90.

[13] Simonyan, K., A. Zisserman: *Very deep convolutional networks for large-scale image recognition*. In Large Scale Visual Recognition Challenge, 2014.

[14] Lecun Y. *et al.*: *Gradient-Based Learning Applied to Document Recognition*, Proceedings of the IEEE, vol. 86, no. 11, pp. 2278-2324, 1998.

Capítulo 5

Transfer learning y modelos preentrenados

Introducción al transfer learning

Se ha comentado en numerosas ocasiones que las redes neuronales son capaces de clasificar imágenes, pero no hemos tratado qué metodología se debe seguir para entrenarlas. Una de estas técnicas es la del *«transfer learning»* (aprendizaje por transferencia), que consiste en mejorar el aprendizaje de una nueva tarea mediante la transferencia de conocimientos sobre una tarea que ya se ha aprendido.

El *transfer learning* consiste en usar los parámetros y el conocimiento adquirido por un modelo en un entrenamiento sobre un conjunto de datos generalistas muy grande (del orden de cientos de millones de ejemplos), para reentrenarlo y ajustarlo (*fine tuning*) a otra tarea específica.

El *transfer learning* es una técnica en el campo del aprendizaje automático y la inteligencia artificial que implica aprovechar el conocimiento adquirido en una tarea para mejorar el rendimiento en otra tarea relacionada. En lugar de entrenar un modelo desde cero para cada tarea específica, se transferirán los conocimientos previos de un modelo preentrenado a la nueva tarea. Entre sus principales características podemos destacar:

- ▶ **Aprovechamiento de los conocimientos previos:** en lugar de comenzar con un modelo que no tiene conocimientos, se parte de un modelo que ya ha aprendido patrones útiles en una tarea relacionada.

- ▶ **Tareas fuente y tareas objetivo:** la tarea original para la que se entrenó el modelo se conoce como la tarea fuente, mientras que la nueva tarea se llama tarea objetivo. El objetivo es mejorar el rendimiento en la tarea objetivo mediante la transferencia de conocimientos desde la tarea fuente.

- ▶ **Menos datos necesarios para el entrenamiento:** se requiere menos cantidad de datos de entrenamiento para la tarea objetivo, pues el modelo ha aprendido características útiles en la tarea fuente.

- ▶ **Menor tiempo de entrenamiento:** la transferencia de aprendizaje puede acelerar significativamente el tiempo de entrenamiento, ya que se parte de un modelo que ya ha aprendido representaciones útiles.

- ▶ **Mejora del rendimiento:** la transferencia de conocimientos puede llevar a un mejor rendimiento en la tarea objetivo, especialmente cuando las tareas fuente y objetivo están relacionadas.

El *transfer learning* ha tenido un gran éxito con el crecimiento del *deep learning*. Frecuentemente, los modelos utilizados en este campo necesitan grandes tiempos de cálculo y muchos recursos. Sin embargo, utilizando como punto de partida modelos preentrenados, el *transfer learning* permite desarrollar rápidamente modelos eficaces y resolver problemas complejos de visión por ordenador o procesamiento de lenguaje natural.

En resumen, el *transfer learning* es una estrategia poderosa que permite aprovechar el conocimiento ya adquirido para mejorar el rendimiento en nuevas tareas. Su aplicación puede acelerar el desarrollo de modelos efectivos, especialmente en situaciones donde los datos de entrenamiento son limitados.

Deep learning vs. transfer learning

Como hemos analizado, el *transfer learning* es un método de aprendizaje automático en el que un modelo desarrollado para una tarea en concreto se puede usar como punto de partida para desarrollar otro modelo para una tarea distinta. Se trata de un enfoque popular dentro del *deep learning*, un tipo de aprendizaje automático en el que es frecuente el uso de este tipo de aproximación.

Dentro del conjunto de métodos en *deep learning*, este método se emplea como punto de partida para distintas tareas como, por ejemplo, el procesamiento del lenguaje natural o la visión artificial. Se trata de un método que ahorra tiempo en un campo y en tareas que necesitan muchos recursos informáticos y tiempo de desarrollo.

De esta forma, el *transfer learning* se convierte en una optimización que facilita un progreso más rápido en el desarrollo de un modelo para una segunda tarea. ¿Cómo lo hace? En parte, se transfiere una parte del conocimiento generado en una tarea relacionada con el nuevo objetivo del nuevo modelo de aprendizaje automático.

En primer lugar, en el *transfer learning* se entrena una red neuronal a partir de un conjunto de datos. Posteriormente, se reutilizan las características aprendidas y se transfieren a una segunda red neuronal para que se entrene con un conjunto de datos diferente al inicial. Este proceso funciona bien cuando las características que se transfieren son generales, es decir, deben ser adecuadas para las dos tareas que se van a entrenar con *deep learning*. En la figura 5.1 se muestran las diferencias entre el *deep learning* tradicional y el *transfer learning*.

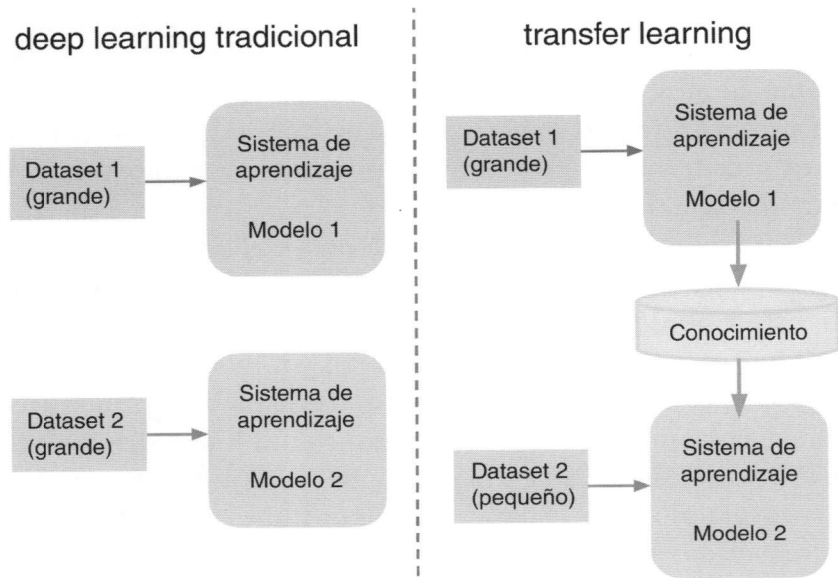

Figura 5.1. Diferencias entre el deep learning tradicional y el transfer learning.

La siguiente tabla resume las principales diferencias entre ambos modelos.

Tabla 5.1. Diferencias entre el deep learning tradicional y el transfer learning.

Deep Learning	Transfer Learning
El *deep learning* es una rama del aprendizaje automático (*machine learning*) que se basa en la estructura de redes neuronales profundas para aprender representaciones jerárquicas de datos. Las redes neuronales profundas, como las redes neuronales convolucionales y las redes neuronales recurrentes, son ejemplos comunes de *deep learning*.	Es una técnica que consiste en transferir los conocimientos adquiridos en una tarea fuente a una tarea objetivo. En lugar de entrenar un modelo desde cero para la tarea objetivo, se aprovechan los conocimientos previos de un modelo preentrenado.

Deep Learning	Transfer Learning
Entrenamiento desde cero: en el *deep learning* tradicional, los modelos se entrenan desde cero en conjuntos de datos específicos para realizar tareas particulares. Se requiere una gran cantidad de datos y tiempo de cómputo para ajustar los millones de parámetros de una red neuronal profunda.	Conocimientos previos: el *transfer learning* permite aprovechar el aprendizaje ya realizado en una tarea relacionada y aplicarlo a una tarea diferente. Esto es especialmente útil cuando hay pocos datos disponibles para la nueva tarea.
Diversidad de tareas: las redes neuronales profundas pueden aplicarse a diversos ámbitos, como la clasificación de imágenes, el procesamiento del lenguaje natural y el reconocimiento de voz, entre otros. Cada tarea generalmente requiere su propio modelo entrenado específicamente.	Relación con el *deep learning*: el *transfer learning* es una técnica que se puede aplicar en el contexto del *deep learning*. En lugar de empezar con una red neuronal profunda sin entrenar, se comienza con un modelo pre-entrenado y se ajusta para adaptarse a la nueva tarea.
Requiere grandes cantidades de datos y tiempo de entrenamiento para ajustar los parámetros desde cero.	Permite aprovechar modelos preentrenados, lo que reduce la necesidad de grandes cantidades de datos y tiempo de entrenamiento.
Puede ser más propenso al sobreajuste, especialmente con conjuntos de datos pequeños.	Tiende a generalizar mejor y a adaptarse eficientemente a nuevas tareas, especialmente cuando la tarea fuente y la tarea objetivo están relacionadas.
Se utiliza cuando se dispone de recursos computacionales y datos suficientes para entrenar modelos desde cero.	Es ideal cuando se enfrenta a tareas específicas con limitados recursos de datos y computacionales.

En resumen, mientras que el *deep learning* se centra en la construcción de modelos complejos desde cero para tareas específicas, el *transfer learning* busca maximizar el uso de conocimientos previos en tareas relacionadas, lo que permite una aplicación más eficiente y efectiva en contextos donde los datos son limitados. Ambas técnicas pueden coexistir, y el *transfer learning* se puede aplicar dentro del marco del *deep learning*.

Técnicas de transfer learning

El *transfer learning* se basa en una idea simple, la de explotar los conocimientos adquiridos por otras fuentes de datos, para resolver un problema en particular. En este contexto, podemos distinguir diferentes técnicas en función de lo que se quiere transferir, y cuándo y cómo se realiza la transferencia. En términos generales, podemos distinguir tres técnicas de *transfer learning*:

- ▶ **Aprendizaje por transferencia inductiva o «*inductive transfer learning*»:** en este enfoque, el campo de la fuente y el objetivo son los mismos (mismos datos), pero las tareas de fuente y objetivo son diferentes, aunque parecidas. La idea consiste, por tanto, en usar los modelos existentes para reducir de manera ventajosa el campo de aplicación de los modelos posibles.

- ▶ **Aprendizaje por transferencia no supervisado o «*unsupervised transfer learning*»:** la idea de combinar el aprendizaje no supervisado con el *transfer learning* ha suscitado mucho interés, principalmente porque es más fácil obtener grandes cantidades de datos no etiquetados, que datos que lo estén. Por ejemplo, el *self-taught clustering* es un método que permite realizar el *clustering* de pequeñas colecciones de datos, con la ayuda de una gran cantidad de datos fuente no etiquetados. Este método ha demostrado ser más efectivo que los métodos tradicionalmente utilizados, en los que los datos objetivo no se etiquetan de forma pertinente.

- ▶ **Aprendizaje por transferencia transductiva o «*transductive transfer learning*»:** en este método, las tareas fuente y objetivo son similares, pero sus campos correspondientes son diferentes en términos de datos o de distribuciones de probabilidad marginales. Por ejemplo, los modelos de NLP, como los que se utilizan para el etiquetado morfosintáctico de palabras, *Part-Of-Speech*

Tagger (POS Tagger), generalmente se entrenan y prueban con datos como los del Wall Street Journal. También pueden adaptarse a datos extraídos de redes sociales, cuyo contenido es diferente, pero similar al de los periódicos.

Aprendizaje por transferencia inductiva

El aprendizaje por transferencia inductiva es un enfoque del aprendizaje automático que permite aprovechar el conocimiento adquirido en una tarea de origen para mejorar el rendimiento en una tarea de destino relacionada. Este método es particularmente útil cuando hay similitudes entre las dos tareas, ya que permite que el modelo reutilice y adapte conocimientos previos en lugar de empezar desde cero.

Al reducir el tiempo de entrenamiento y mejorar la eficiencia de los datos, la transferencia inductiva es una herramienta poderosa en el ámbito del aprendizaje automático. En esencia, este enfoque facilita una mejor generalización y adaptación a nuevas tareas, especialmente en escenarios donde los datos disponibles para la tarea de destino son limitados.

Los casos de uso del aprendizaje por transferencia inductiva son numerosos y variados. En la visión por ordenador, los modelos preentrenados con grandes conjuntos de datos, como ImageNet, se utilizan como punto de partida para tareas específicas, como la detección de objetos o la clasificación de imágenes en dominios más pequeños y especializados.

En el procesamiento del lenguaje natural (NLP), modelos como BERT y GPT, entrenados con grandes corpus de texto, se ajustan para tareas específicas como la clasificación de textos, la traducción automática o la generación de texto. En robótica, los conocimientos adquiridos en tareas de control motor o navegación pueden transferirse a nuevos entornos o tareas, lo que mejora la adaptabilidad y el rendimiento de los robots en situaciones variadas. Estos ejemplos ilustran cómo el aprendizaje por transferencia inductiva puede aplicarse eficazmente en diferentes dominios, mejorando significativamente la eficacia y la eficiencia del desarrollo de modelos de inteligencia artificial.

Aprendizaje por transferencia no supervisado

El aprendizaje por transferencia no supervisado es una técnica en la que un modelo entrenado en una tarea no supervisada (sin etiquetas) se utiliza para mejorar el rendimiento en una tarea relacionada, ya sea supervisada o no supervisada. Este enfoque es particularmente útil cuando los datos etiquetados son escasos o costosos de obtener.

En el contexto del aprendizaje profundo, modelos como *autoencoders* y redes generativas adversariales (GAN) pueden entrenarse para captar características y representaciones latentes de datos sin etiquetar. Estas representaciones pueden luego transferirse y utilizarse en tareas subsecuentes, como la clasificación de imágenes o la agrupación de datos, mejorando la eficiencia y el rendimiento del modelo en escenarios con datos limitados.

Los casos de uso del aprendizaje por transferencia no supervisado abarcan múltiples dominios. En la visión por ordenador, por ejemplo, los *autoencoders* pueden preentre-narse en grandes conjuntos de datos de imágenes sin etiquetar para aprender representaciones de características útiles, que luego se aplican a tareas específicas, como la segmentación de imágenes médicas.

En el procesamiento del lenguaje natural, modelos como GPT (*Generative Pretrained Transformer*) se preentrenan en grandes corpus de texto no etiquetado para captar el contexto y la estructura del lenguaje, y luego se afinan para tareas especí-ficas como la traducción automática o la clasificación de texto. Otro caso de uso significativo es la detección de anomalías en el ámbito de la ciberseguridad, donde los modelos preentre-nados pueden identificar patrones normales en el tráfico de red y luego detectar comportamientos anómalos sin necesidad de grandes cantidades de datos etiquetados.

Aprendizaje por transferencia transductiva

El aprendizaje por transferencia transductiva es una técnica de aprendizaje automático en la que se transfiere conocimiento de una tarea o dominio fuente a una tarea o dominio objetivo cuando ambos dominios tienen la misma distribución de características, pero diferentes distribuciones de etiquetas. En este enfoque, el modelo utiliza datos etiquetados de la tarea fuente junto con datos no etiquetados de la tarea objetivo para mejorar el rendimiento en esta última.

La idea principal es que, aunque los datos de la tarea objetivo no estén etiquetados, la información sobre la estructura de los datos y las relaciones entre las características puede ser útil para la tarea de clasificación o predicción. Este tipo de aprendizaje es particularmente útil en situaciones en las que obtener etiquetas para la tarea objetivo resulta costoso o difícil, pero se dispone de un conjunto abundante de datos etiquetados en un dominio similar.

Uno de los casos de uso más destacados del aprendizaje por transferencia transductiva es en el reconocimiento de imágenes en dominios específicos, como la identificación de enfermedades a partir de imágenes médicas. Por ejemplo, un modelo preentrenado en una gran base de datos de imágenes médicas etiquetadas (como rayos X de diversas condiciones) puede transferir su conocimiento a un nuevo conjunto de datos no etiquetados de imágenes de una nueva enfermedad emergente.

Transfer learning para la resolución de problemas de deep learning

La utilización de métodos de *«transfer learning»* consiste principalmente en aprovechar redes neuronales preentrenadas. Generalmente, estos modelos corresponden a algoritmos de alto rendimiento que se han desarrollado y entrenado sobre grandes bases de datos y que hoy en día son de libre acceso. En este contexto, se pueden distinguir dos tipos de estrategias:

▶ **Utilización de modelos preentrenados como extractores de características:** la arquitectura de estos modelos de *deep learning* suele presentarse como un conjunto de capas de neuronas. Estas capas adquieren diferentes características en función del nivel en el que se sitúan. La última capa (generalmente una capa totalmente conectada, en el caso del aprendizaje supervisado) se utiliza para obtener el resultado final. La figura 5.2 ilustra la arquitectura de un modelo de *deep learning*, donde cuanto más profundas son las capas, más características específicas permite extraer.

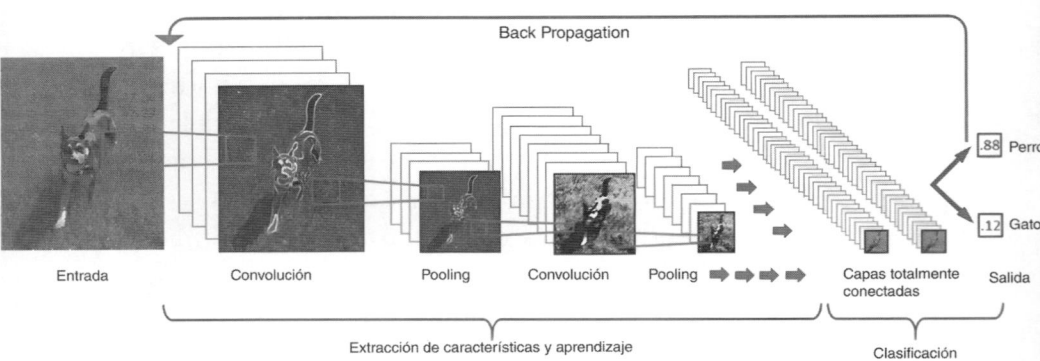

Figura 5.2. Ejemplo de un modelo de redes neuronales para la clasificación de imágenes.

▶ **Ajustes de modelos preentrenados:** se trata de una técnica más compleja, en la que no solo se reemplaza la última capa para realizar la clasificación o regresión, sino que también se reentrenan otras capas de manera selectiva. En este punto, es importante recordar que las redes neuronales profundas son arquitecturas altamente configurables con diversos hiperparámetros. Además, mientras que las primeras capas consiguen captar características generales, las últimas capas se centran principalmente en la tarea específica que deben cumplir, como se muestra en la figura 5.3:

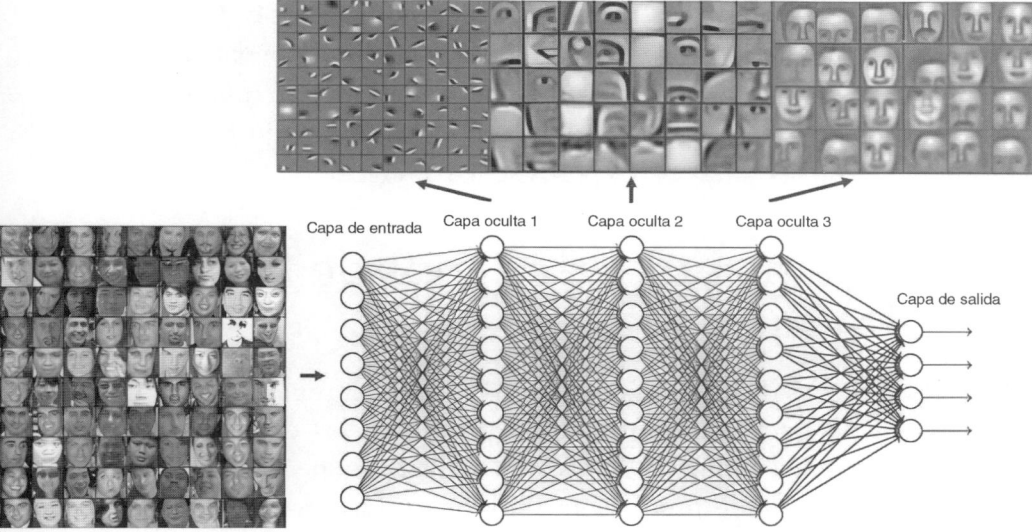

Figura 5.3. Ejemplo de modelo de red de neuronas utilizado para el reconocimiento facial.

Para aplicar *transfer learning* dentro de un problema de *deep learning*, podríamos utilizar la siguiente metodología:

- **Seleccionar un modelo preentrenado**: hay numerosos modelos disponibles que han sido preentrenados con grandes conjuntos de datos. Algunos ejemplos son VGG, ResNet e Inception para tareas de visión por ordenador, y BERT y GPT para tareas de procesamiento de lenguaje natural.

- **Congelar capas**: las primeras capas del modelo preentrenado suelen capturar características generales de los datos, como bordes y texturas en imágenes. Estas capas pueden congelarse (es decir, mantener sus pesos fijos) para preservar estas características más generales.

- **Ajustar las capas finales**: las capas finales del modelo, que son más específicas de la tarea para la que se entrenó inicialmente, se reemplazan o ajustan con el nuevo conjunto de datos específico.

▶ **Entrenamiento con el nuevo conjunto de datos**: el modelo se entrena con el nuevo conjunto de datos. Este entrenamiento puede implicar el ajuste fino (*fine-tuning*) de las capas finales y, en algunos casos, un ajuste adicional de las capas cuyos pesos se han congelado.

Modelos preentrenados de transfer learning

En muchas de las aplicaciones en las que queremos proponer una solución basada en aprendizaje profundo, los datos disponibles para el entrenamiento a veces no son suficientes para obtener un buen modelo de predicción desde cero. Las técnicas de *transfer learning* y *fine-tuning* nos permiten entrenar modelos precisos con conjuntos de datos limitados (unas 500-1 000 muestras por clase), evitando así tener que definir la estructura de la red neuronal y entrenarla desde cero.

Dichas técnicas, se basan en emplear arquitecturas predefinidas y que ya han sido entrenadas, ofreciendo notables resultados.

Existen grupos de investigación que se dedican a desarrollar arquitecturas que funcionen para entrenarlas en conjuntos de datos enormes, por lo que parece lógico aprovecharnos de esto en vez de intentar crear, cada vez que tengamos un problema, una arquitectura propia. Esto, no solo nos va a ahorrar tiempo, sino que nos va a aportar precisión y estabilidad. Entre los principales modelos preentrenados de *transfer learning* podemos destacar:

▶ **Modelos ImageNet:** modelos preentrenados en el conjunto de datos ImageNet, ampliamente utilizados en tareas de visión por computadora. Por ejemplo, las redes ResNet (*Residual Networks*) son redes profundas con conexiones residuales que permiten entrenar modelos muy profundos sin problemas de desvanecimiento del gradiente.

Los modelos de MobileNet aportan arquitecturas eficientes en términos de memoria y velocidad, adecuadas para dispositivos móviles y embebidos.

▶ **Modelos NLP:** modelos preentrenados en grandes corpus de texto para tareas de procesamiento de lenguaje natural.

▶ **Modelos Generativos:** modelos generativos pre-entrenados para crear contenido nuevo.

Entre las principales aplicaciones de modelos preentrenados, podemos destacar:

▶ **Detección de objetos:** uso de modelos como YOLO y Faster R-CNN para identificar y localizar objetos en imágenes. Aplicación en vigilancia, conducción autónoma y análisis de vídeo.

▶ **Procesamiento de lenguaje natural:** uso de modelos como BERT, GPT y RoBERTa para tareas de comprensión y generación de texto. Aplicación en chatbots, análisis de sentimientos y traducción automática.

▶ **Generación de contenido:** uso de GAN y VAE para generar imágenes, audio y vídeo. Aplicación en arte digital, creación de personajes de videojuegos y generación de contenido multimedia.

Modelos ImageNet

Los modelos de ImageNet son una colección de arquitecturas de redes neuronales profundas que se han preentrenado en el conjunto de datos ImageNet (https://www.image-net.org), un recurso de investigación que contiene millones de imágenes anotadas para tareas de clasificación. Estos modelos se han convertido en estándares de referencia en el campo de la visión por computadora debido a su alto rendimiento en la clasificación de imágenes. Utilizando estos modelos preentrenados, los desarrolladores pueden adaptar rápida-mente soluciones a una variedad de problemas relacionados con la visión por computadora, como la detección de objetos, la segmenta-ción de imágenes y la transferencia de estilo.

A continuación, se presentan algunas de las principales arquitecturas de modelos de ImageNet, cada una con sus características distintivas y aplicaciones específicas.

- ▶ **ResNet (Residual Networks):** este modelo introduce conexiones residuales que permiten entrenar redes muy profundas al mitigar el problema del desvanecimiento del gradiente. Las conexiones residuales permiten que los gradientes fluyan más fácilmente a través de la red, lo que facilita el entrenamiento de redes con cientos de capas [1].

- ▶ **Inception**: este modelo utiliza bloques Inception que realizan convoluciones de diferentes tamaños en paralelo dentro de cada bloque, lo que permite capturar características a múltiples escalas. La versión Inception-ResNet combina estos bloques con conexiones residuales, lo que mejora aún más el rendimiento y la eficiencia [2].

- ▶ **VGG (Visual Geometry Group)**: este modelo utiliza redes profundas y simples con una arquitectura consistente, que incluyen capas convolucionales de 3x3 seguidas de capas completamente conectadas. La profundidad de estas redes permite una mejor captura de características, aunque a costa de un mayor uso de memoria y computación [3].

- ▶ **MobileNet**: este modelo fue diseñado para ser eficiente en términos de memoria y computación, y es adecuado para dispositivos móviles y aplicaciones en tiempo real. Utiliza convoluciones separables en profundidad para reducir el número de parámetros y operaciones [4].

- ▶ **EfficientNet**: este modelo utiliza una metodología de escalamiento compuesta que ajusta de manera equilibrada la profundidad, la anchura y la resolución de la imagen, optimizando el rendimiento y la eficiencia. Esto permite que los modelos logren un alto rendimiento con menos parámetros y recursos de computación [5].

Modelos NLP

Los modelos de procesamiento de lenguaje natural (NLP) preentrenados han revolucionado la forma en que las máquinas entienden y generan texto. Estos modelos, entrenados con grandes corpus de datos textuales, pueden realizar una amplia gama de tareas, desde traducción automática hasta análisis de sentimientos y generación de texto. Utilizando técnicas avanzadas de *deep learning*, como transformadores y arquitecturas recurrentes, estos modelos pueden capturar y comprender las complejidades del lenguaje humano. Los desarrolladores pueden emplear estos modelos para mejorar significativamente la eficiencia y la precisión de sus aplicaciones, al reducir el tiempo y los recursos necesarios para entrenar modelos desde cero.

La popularidad de los modelos preentrenados en NLP ha llevado al desarrollo y disponibilidad de varias bibliotecas y herramientas que facilitan su uso e integración en proyectos diversos. Estas herramientas, no solo proporcionan modelos listos para usar, sino que también permiten la personalización y el ajuste fino para tareas específicas, lo que hace que la adopción de técnicas avanzadas de NLP sea accesible para un amplio público. A continuación, se presenta una clasificación de los principales modelos NLP preentrenados, junto con una breve explicación de cada uno.

- ▸ **BERT (*Bidirectional Encoder Representations from Transformers*):** es un modelo transformador bidireccional preentrenado en tareas de máscara de lenguaje y predicción de la siguiente oración. Este enfoque permite que el modelo comprenda el contexto completo de una palabra al considerar tanto las palabras anteriores como las posteriores. BERT ha establecido nuevos estándares de rendimiento en una variedad de tareas de NLP, incluyendo clasificación de texto, respuesta a preguntas y reconocimiento de entidades [6].

▸ **GPT (*Generative Pretrained Transformer*):** es un modelo transformador autorregresivo que se entrena con grandes volúmenes de texto para la generación y comprensión del lenguaje natural. La serie GPT, desarrollada por OpenAI, ha evolucionado desde GPT-1 hasta GPT-4, mejorando significativamente con cada versión, en términos de capacidad y rendimiento. GPT se destaca en tareas de generación de texto, traducción automática y diálogos, gracias a su capacidad para generar texto coherente y contextualmente relevante [7].

▸ **RoBERTa (*Robustly optimized BERT approach*):** este modelo es una versión optimizada del modelo BERT que se entrena con más datos y durante más tiempo, utilizando técnicas de entrenamiento ajustadas para mejorar el rendimiento. Este modelo conserva la arquitectura básica de BERT, pero realiza mejoras en la fase de preentrenamiento, lo que le permite superar a BERT en varias tareas de *benchmark* de NLP [8].

▸ **XLNet:** se trata de un modelo que supera las limitaciones de BERT al utilizar un enfoque de permutación de lenguaje autorregresivo, lo que permite capturar dependencias bidireccionales sin las limitaciones de la máscara de lenguaje de BERT. El modelo XLNet ha demostrado un rendimiento superior en tareas como clasificación de texto y generación de texto, aprovechando tanto el contexto bidireccional como la capacidad autorregresiva [9].

▸ **T5 (*text-to-text transfer transformer*):** se trata de un modelo que adopta un enfoque «*text-to-text*», reformulando todas las tareas de NLP como problemas de transformación de texto a texto. Este enfoque unificado permite que T5 aborde una amplia gama de tareas, desde traducción y clasificación hasta resumen de texto, utilizando la misma arquitectura subyacente. T5 se entrena en un corpus masivo y ha obtenido resultados destacados en múltiples *benchmarks* de NLP [10].

▶ **ERNIE (*Enhanced Representation through kNowledge Integration*):** es un modelo que integra conocimiento estructurado en el proceso de preentrenamiento. Al incorporar información de bases de conocimiento, ERNIE mejora la comprensión del contexto y las relaciones semánticas, lo que le permite superar a otros modelos en tareas como respuesta a preguntas y análisis de sentimientos [11].

Modelos generativos

Los modelos generativos son una clase de modelos de aprendizaje automático que se centran en aprender la distribución subyacente de los datos de entrada para generar nuevos datos similares. Estos modelos tienen aplicaciones diversas, desde la creación de imágenes y música hasta la simulación de datos para la investigación científica. A diferencia de los modelos discriminativos, que se centran en clasificar o predecir etiquetas a partir de datos, los modelos generativos intentan comprender cómo se generan los datos, lo que les permite crear nuevos ejemplos realistas que siguen la misma distribución que los datos de entrenamiento. Entre los principales modelos generativos, podemos destacar:

▶ **Redes Generativas Antagónicas (GAN):** las GAN consisten en dos redes neuronales que se entrenan juntas: un generador y un discriminador. El generador crea datos falsos a partir de ruido aleatorio, mientras que el discriminador evalúa si los datos provienen del conjunto de entrenamiento o si fueron generados. Por ejemplo, el DCGAN (*Deep Convolutional* GAN) utiliza capas convolucionales para generar imágenes de alta calidad, mientras que el StyleGAN permite controlar las características estilísticas en la generación de imágenes [12].

▶ ***Variational Autoencoders* (VAE):** los VAE son una extensión de los *autoencoders* tradicionales que aprenden una representación latente probabilística de los datos. Utilizan un codificador para mapear los datos de entrada a una distribución latente y un decodificador para reconstruir los datos desde esta representación. Por ejemplo, estos modelos se utilizan para generar caras humanas realistas y en aplicaciones de síntesis de voz.

▶ **Modelos autorregresivos:** los modelos autorregresivos generan cada componente de los datos secuencialmente, condicionando cada paso en las muestras generadas previamente. Estos modelos son particularmente efectivos en las tareas de secuencias temporales y texto. Por ejemplo, GPT (*Generative Pretrained Transformer*) es un modelo autorregresivo que genera texto palabra por palabra, utilizando las palabras previas como contexto.

▶ **Modelos de energía**: los modelos de energía aprenden una función de energía que asigna un valor escalar a cada configuración posible de los datos. Los datos generados corresponden a configuraciones con baja energía. Por ejemplo, las Boltzmann Machines [13] y las Deep Boltzmann Machines [14] son ejemplos de modelos de energía que se utilizan para el modelado generativo de datos.

Librerías de modelos preentrenados

Existen varias librerías y *frameworks* que proporcionan modelos preentrenados para tareas específicas de aprendizaje profundo. Estos modelos se entrenan en grandes conjuntos de datos y se pueden utilizar como punto de partida o como características extraíbles para tareas relacionadas. A continuación, mencionamos algunas librerías y *frameworks* que ofrecen estos modelos preentrenados:

- ▶ **Kaggle models** (https://www.kaggle.com/models): proporciona un conjunto de modelos reutilizables y entrenados para diferentes tareas.

- ▶ **TensorFlow Hub** (https://www.tensorflow.org/hub): es una biblioteca de TensorFlow que proporciona módulos reutilizables y entrenados para trabajar con TensorFlow, incluidos los modelos preentrenados de aprendizaje profundo. Los módulos de TensorFlow Hub están optimizados para reutilizarse fácilmente en diversos proyectos.

- ▶ **Keras Applications** (https://keras.io/api/applications): es un módulo de Keras que incluye modelos preentrenados para tareas de visión por ordenador. Keras Applications es una colección de modelos de aprendizaje profundo preentrenados que se pueden usar con la API de alto nivel de Keras en TensorFlow.

- ▶ **PyTorch Hub** (https://pytorch.org/hub): es un repositorio de modelos preentrenados para PyTorch, incluidos modelos para visión por ordenador y procesamiento de lenguaje natural.

- ▶ **Hugging Face Transformers** (https://huggingface. co/models): es una biblioteca que proporciona acceso a modelos preentrenados de vanguardia en procesamiento de lenguaje natural (NLP), como clasificación de texto, generación de texto, traducción y mucho más.

- ▶ **ONNX (*Open Neural Network Exchange*)** (https:// onnx.ai): es una iniciativa para facilitar la interoperabilidad de modelos de aprendizaje automático entre diferentes *frameworks*. ONNX Model Zoo proporciona una colección de modelos preentrenados en formato ONNX.

- ▶ **Caffe Model Zoo** (https://github.com/BVLC/caffe/ wiki/Model-Zoo): es un repositorio de modelos preentrenados para la biblioteca Caffe, que se utiliza en proyectos de visión por ordenador.

▶ **Scikit-learn** (https://scikit-learn.org) es una biblioteca de aprendizaje automático en Python que, aunque no se centra en el aprendizaje profundo, ofrece modelos preentrenados para tareas de aprendizaje automático más tradicionales.

▶ **Skorch** (https://skorch.readthedocs.io/en/latest/index.html): es una biblioteca en Python que sirve como puente entre la biblioteca de aprendizaje profundo PyTorch y la biblioteca de aprendizaje automático Scikit-learn. Skorch facilita la integración de modelos de PyTorch en flujos de trabajo de Scikit-learn, lo que puede ser beneficioso cuando se desea combinar técnicas de aprendizaje profundo con herramientas de aprendizaje automático más tradicionales.

Las librerías de modelos preentrenados ofrecen una forma eficiente de reutilizar modelos complejos y bien entrenados para diversas tareas de visión por ordenador y procesamiento del lenguaje natural. Estas herramientas permiten a los desarrolladores y científicos de datos ahorrar tiempo y recursos, además de mejorar el rendimiento de sus aplicaciones mediante el uso de modelos de vanguardia.

Estas librerías y *frameworks* facilitan la implementación de modelos preentrenados en tus proyectos y permiten acceder a arquitecturas entrenadas por la comunidad de investigación en aprendizaje profundo. Dependiendo de la tarea específica que estés abordando, puedes elegir la librería que mejor se adapte a tus necesidades. De esta forma, la cantidad de tiempo y los datos necesarios para entrenar un modelo de aprendizaje profundo en un dominio específico se reducen de forma considerable en comparación con el entrenamiento desde cero.

Referencias

[1] *Residual Neural Network:* https://www.sciencedirect.com/topics/computer-science/residual-neural-network

[2] Szegedy, C. *et al.: Going deeper with convolutions. In Proceedings of the IEEE conference on computer vision and pattern recognition (pp. 1-9).* DOI:10.48550/arXiv.1409.4842.

[3] Simonyan, K. *et al.: Very deep convolutional networks for large-scale image recognition.* arXiv preprint arXiv:1409.1556 (2014). DOI:10.48550/arXiv.1409.1556.

[4] Howard, A. G. *et al: Mobilenets: Efficient convolutional neural networks for mobile vision applications*, 2017. DOI:10.48550/arXiv.1704.04861.

[5] TAN, M. *et al.: Efficientnet: Rethinking model scaling for convolutional neural networks. International conference on machine learning.* PMLR, 2019. p. 6105-6114. DOI:10.48550/arXiv.1905.11946.

[6] Devlin, J. *et al.: BERT: Pre-training of Deep Bidirectional Transformers for Language Understanding*, 2018. DOI:10.48550/arXiv.1810.04805.

[7] Yenduri, G. *et al.: Gpt (generative pre-trained transformer)–a comprehensive review on enabling technologies, potential applications, emerging challenges, and future directions.* 2024. DOI:10.48550/arXiv.2305.10435.

[8] LIU, Y. *et al.: Roberta: A robustly optimized BERT pretraining approach.* arXiv preprint arXiv:1907.11692, 2019. DOI:10.48550/arXiv.1907.11692.

[9] Yang, Z. *et al.: Xlnet: Generalized autoregressive pretraining for language understanding. Advances in neural information processing systems*, 32. 2019. DOI:10.48550/arXiv.1906.08237.

[10] Raffel, C. *et al.: Exploring the limits of transfer learning with a unified text-to-text transformer. Journal of machine learning research*, 21(140), 1-67.2020.DOI:10.48550/arXiv.1910.10683.

[11] Sun, Y. *et al*.: *Ernie: Enhanced representation through knowledge integration*. arXiv preprint arXiv:1904.09223. 2019. DOI:10.48550/arXiv.1904.09223.

[12] Radford, A. *et al*.: *Unsupervised representation learning with deep convolutional generative adversarial networks*. arXiv preprint arXiv:1511.06434. 2015. DOI:10.48550/arXiv.1511.06434.

[13] Hinton, G.: *Boltzmann Machines*, March 25, 2007: https://www.cs.toronto.edu/~hinton/csc321/readings/boltz321.pdf.

[14] *Deep Boltzmann Machine* - https://www.sciencedirect.com/topics/computer-science/deep-boltzmann-machine.

Capítulo 6

Redes neuronales generativas adversarias o antagónicas (GAN)

Introducción a las redes GAN

U na red generativa antagónica, también conocida como GAN (por sus siglas en inglés, *Generative Adversarial Network*), es un tipo de arquitectura de redes neuronales artificiales utilizada en el campo del aprendizaje automático para generar datos nuevos y originales a partir de datos de entrada.

La estructura de una GAN consta de dos redes neuronales: un generador y un discriminador. El generador recibe un conjunto de datos de entrada (por ejemplo, imágenes o texto) y genera nuevas muestras que se parecen a las muestras originales. El discriminador, por otro lado, evalúa la calidad de las muestras generadas y trata de distinguir si son reales o falsas.

La misión del generador es intentar «engañar» al discriminador haciendo que este sea incapaz de distinguir entre las imágenes reales y las imágenes generadas a partir del ruido. Cuando el discriminador acierta y consigue distinguirlas, esto se considera una derrota para el generador, y viceversa.

El generador produce muestras falsas de datos (ya sea una imagen, audio, etc.) e intenta engañar al discriminador. El discriminador, por otro lado, intenta distinguir entre las muestras reales y falsas. El generador y el discriminador son redes neuronales y ambos compiten entre sí en la fase de entrenamiento. Los pasos se repiten varias veces y, en este proceso, el generador y el discriminador mejoran cada vez más en sus respectivos trabajos después de cada repetición. El funcionamiento se puede visualizar en la figura 6.1.

La red discriminatoria (también conocida como red antagónica) se entrena para reconocer contenido real y hace de censor para que el generador haga contenido que parezca real. Por eso, este tipo de redes se utilizan mucho para generar imágenes, vídeos y audio sintético. Por ejemplo, NVIDIA desarrolló DCGAN (https://paperswithcode.com/method/dcgan), una tecnología que genera caras de personas que parecen reales, pero que en realidad no lo son.

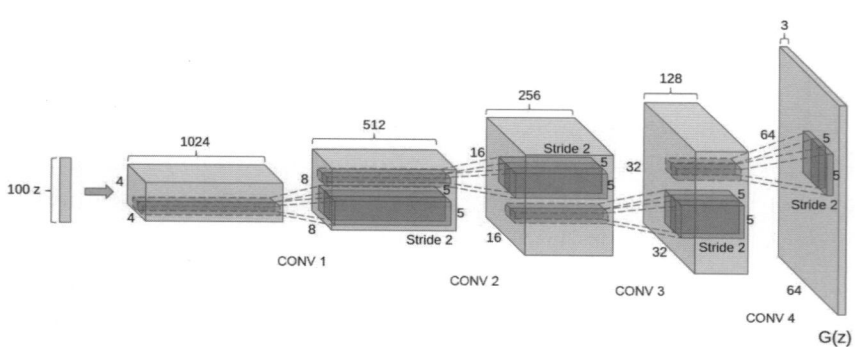

Figura 6.1. Arquitectura de una DCGAN.

Las GAN se presentaron en un artículo publicado por investigadores de la Universidad de Montreal en 2014 [1]. Yann LeCun, experto en inteligencia artificial de Facebook, refiriéndose a las GAN, las calificó como «la idea más interesante en los últimos 10 años en *machine learning*».

Una buena manera de entender las GAN es verlas funcionar visualmente. En el siguiente sitio web, https://poloclub.github.io/ganlab, podemos cambiar varios parámetros y ver cómo las distribuciones de datos van tomando forma en el proceso de aprendizaje.

Generación de imágenes en redes GAN

Las redes GAN con capas convolucionales que se utilizan para la generación de imágenes constan de los mismos elementos que las GAN tradicionales: un generador y un discriminador. La figura 6.2 muestra una arquitectura típica de una red de generación de imágenes.

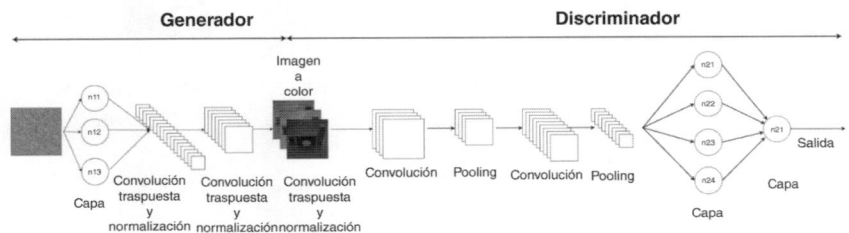

Figura 6.2. Arquitectura de Red Generativa Antagónica con Capas Convolucionales (DCGAN).

En este caso, la primera capa del generador está formada por tres neuronas. Después, se aplican tres capas de convolución transpuesta y normalización, y la salida de esta última convolución transpuesta es una imagen a color. El discriminador recibe esa imagen y le aplica dos veces un filtro convolucional seguido de una reducción. Por último, los datos pasan por dos capas alimentadas hacia adelante.

Si analizamos en detalle el generador, vemos que, menos la primera capa, que es una capa de redes de neuronas alimentada hacia adelante, el resto es una red convolucional transpuesta. Cada vez usa capas más grandes, pero con menos filtros. Su entrada es una distribución aleatoria, normalmente gaussiana o uniforme. Su salida son los datos sintéticos que se quieren generar, normalmente una imagen, con un filtro si se quiere que la imagen sea en blanco y negro o tres filtros en el caso en el que se quieran imágenes a color. Su objetivo es crear imágenes que el discriminador considere reales. La salida del generador está conectada con la entrada del discriminador.

Generador

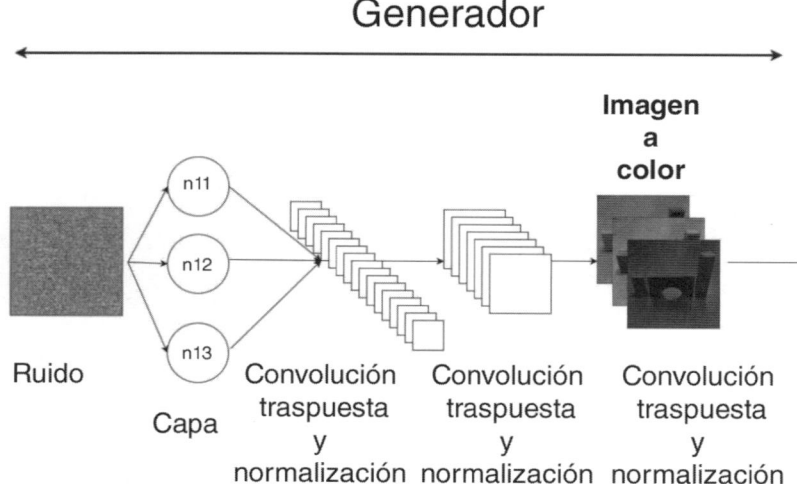

Figura 6.3. Detalle del generador con capas convolucionales.

En cuanto al discriminador, se trata de una red convolucional con la estructura típica de los clasificadores binarios, excepto en la última parte, que suele constar de una o dos capas de redes de neuronas alimentadas hacia adelante.

En la figura 6.4 se puede observar un discriminador de una DCGAN de imágenes a color. Se aplican dos veces las operaciones de convolución y reducción sucesivamente. Por último, la información pasa por dos capas, siendo la última de una sola neurona.

Discriminador

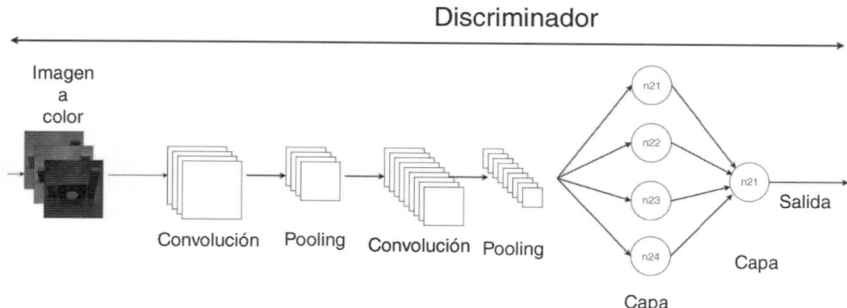

Figura 6.4. Detalle del discriminador con capas convolucionales.

El papel de la red discriminadora

El principal papel de la red discriminadora es analizar el material generado por la red generativa y establecer si se ajusta o no a lo que se está buscando.

En una terminología algo más técnica, se puede decir que toma la decisión de si los datos que analiza pertenecen o no al conjunto de los datos de entrenamiento. Durante el proceso de entrenamiento, el generador puede ofrecer imágenes que engañen al discriminador. Posteriormente, el discriminador aprenderá a buscar las formas de los objetos que debe identificar y el generador tendrá que desarrollar bien las formas para así engañarlo. Durante todo este proceso, las redes mejoran y aprenden de su oponente.

En caso contrario, si la red generativa no consigue hacer pasar ese material como auténtico, será descartado y se notificará a la red en qué medida se ha acercado a la referencia deseada que se ha utilizado como su modelo de entrenamiento. Esto fuerza a la red a intentarlo de nuevo.

Se pueden realizar cientos de miles o, incluso, millones de intentos, antes de que la red discriminadora acepte el resultado que le ofrezca su rival. Durante todos los rechazos que se producen, la red generativa aprende, y esa es la finalidad de la red discriminadora. Por otro lado, esta red guía a la red generativa con la información que le da sobre sus porcentajes de acierto. Dicho de otra forma, es algo así como cuando una persona se deja guiar en la búsqueda de un objeto mediante el juego de «frío y caliente». Como conclusión podemos decir que el papel de la red discriminadora es ofrecerle a la generadora cuánto se aproxima en cada uno de los intentos realizados.

Características de las redes GAN

Normalmente, una red neuronal se entrena con unos datos que tienen unas variables de entrada y otras de salida. Durante el proceso de entrenamiento, la red neuronal trata de predecir lo mejor posible ese valor de salida basándose en los datos que recibe de entrada.

Como hemos analizado, a diferencia de una red neuronal clásica, una red GAN realmente no consta de una única red neuronal, sino de dos, conocidas como generador y discriminador. El generador hace el papel de un falsificador de obras de arte que trata de pintar un cuadro que pueda hacerse pasar por real, engañando así al discriminador. Por otro lado, el objetivo del discriminador es aprender a diferenciar un cuadro real de uno creado por el generador.

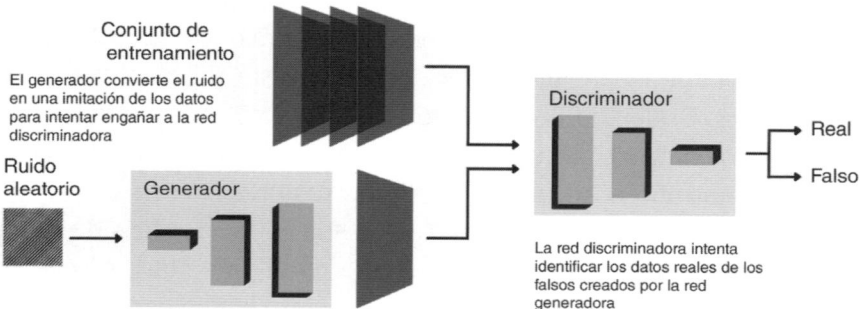

Figura 6.5. Arquitectura de una red GAN donde se diferencian generador y discriminador.

Tras un proceso de aprendizaje en el que se va optimizando cada red para lograr su objetivo, se obtiene una red generadora que puede utilizarse para crear nuevas muestras de datos.

Las redes GAN se componen de dos partes principales: el generador y el discriminador. El generador es el responsable de crear imágenes o datos sintéticos a partir de un conjunto de datos de entrada aleatorios. El discriminador, por otro lado, tiene como objetivo distinguir entre datos reales y aquellos generados. Entre las principales características de las redes antagónicas generativas, podemos destacar:

▸ **Entrenamiento adversarial:** estas redes trabajan mediante el uso de una técnica llamada entrenamiento adversarial. Durante el proceso de entrenamiento, el generador intenta crear datos que sean indistinguibles de los datos reales, mientras que el discriminador intenta distinguir entre los reales y los generados.

► **Capacidad de generación de datos:** las GAN son capaces de generar imágenes, vídeos y otros tipos de datos de alta calidad a partir de datos de entrada aleatorios. Esta característica las hace especialmente útiles tanto en el campo de la creación de contenido visual como en la industria del entretenimiento.

► **Capacidad de aprendizaje no supervisado:** pueden aprender sin necesidad de datos etiquetados. Esto significa que pueden aprender a generar datos a partir de una variedad de fuentes, lo que las hace muy útiles en campos como la visión por ordenador y el reconocimiento de patrones.

Entrenamiento de las redes GAN

Como cualquier inteligencia artificial, las redes generativas antagónicas deben ser entrenadas para cumplir correctamente con su función. Este proceso de entrenamiento se puede resumir en los siguientes pasos:

► **Definición del problema:** en primer lugar, se debe definir un problema que el sistema debe resolver. Con este propósito, los desarrolladores deben recopilar datos reales que el sistema pueda utilizar.

► **Arquitectura:** diferentes problemas requieren diferentes tipos de redes. Por lo tanto, se debe buscar la *Generative Adversarial Network* con la arquitectura adecuada para la aplicación correspondiente.

► **Primer entrenamiento de la red discriminadora:** en este paso comienza el entrenamiento real. La red generadora se detiene y la red discriminadora analiza solo datos verdaderos, para aprender a comprenderlos.

- ▶ **Primer entrenamiento de la red generadora:** la red discriminadora se detiene y, a su vez, la red generadora comienza a generar datos falsos.
- ▶ **Segundo entrenamiento de la red discriminadora:** en este paso, la red discriminadora se alimenta con los nuevos datos falsificados de la generadora y debe decidir qué datos considera verdaderos y cuáles falsos.
- ▶ **Segundo entrenamiento de la red generadora:** la red generadora mejora aún más con el resultado del segundo entrenamiento de la red discriminadora. Aquí, la red generadora aprende sobre los puntos débiles de la red discriminadora e intenta aprovecharlos, generando registros de datos falsos de apariencia aún más real.

Gracias a esta interacción, ambas redes permanecen en constante evolución y así se vuelven mejores y más eficientes. La red generadora aprende a desarrollar conjuntos de datos cada vez más realistas. La red discriminadora aprende a identificar como falsos incluso los conjuntos de datos de apariencia más real.

En primer lugar, el generador producirá una imagen que será evaluada por el discriminador en la misma iteración del entrenamiento. Por tanto, el resultado del discriminador influirá en la actualización de los pesos del generador y, mediante el algoritmo de retropropagación, se actualizarán ambas redes.

Esto se repetirá en cada iteración del entrenamiento. Según la problemática a la que se enfrente esta estrategia, se aplican variaciones como dejar de entrenar al discriminador llegado a cierto punto o no aplicar la actualización de pesos del discriminador en todas las iteraciones. Veamos el proceso de entrenamiento completo para una tarea hipotética de generación de imágenes.

Para empezar, la GAN se entrena con imágenes reales y genuinas como parte del conjunto de datos de entrenamiento.

De este modo, el modelo discriminador se prepara para distinguir entre las imágenes generadas y las reales. También produce la distribución de datos que el generador utilizará para producir nuevos datos.

El generador toma un vector de datos numéricos aleatorios y los transforma basándose en la distribución gaussiana, devolviendo una imagen. Estas imágenes generadas, junto con algunas imágenes genuinas del conjunto de datos de entrenamiento, se introducen en el modelo discriminador. El discriminador realiza una predicción probabilística sobre la naturaleza de las imágenes que recibe, emitiendo un valor entre 0 y 1, en el que 1 corresponde a las imágenes auténticas y 0 a las falsas.

El proceso implica un doble bucle de retroalimentación: por un lado, el discriminador recibe imágenes reales como referencia para aprender a distinguir entre imágenes auténticas y generadas; por otro lado, el generador recibe retroalimentación del discriminador, que evalúa la calidad de las imágenes generadas, permitiendo que el generador mejore su capacidad para crear imágenes más realistas.

En el primer paso, se entrena al discriminador para que aprenda a distinguir entre imágenes reales y generadas. En el segundo paso, se entrena al generador. El generador crea imágenes, pero esta vez los pesos del discriminador no se actualizan. Se etiquetan las imágenes creadas como verdaderas, como si fuesen del conjunto de datos, y a través de la retropropagación del gradiente, el generador aprende cómo ajustar los pesos para que el discriminador crea que las imágenes son reales y, la próxima vez, haga imágenes más parecidas al conjunto de datos.

Estos dos pasos se repiten hasta que el generador produzca los resultados deseados. Se vuelve a entrenar al discriminador con las nuevas imágenes del generador y, después, se vuelve a entrenar al generador con lo que ha aprendido el discriminador.

Dificultades del entrenamiento de las redes GAN

Al ser un juego de suma cero, en las GAN, cuanto menor es el error en una de las dos redes, mayor es en la otra. Se llega a un estado que se denomina equilibrio de Nash. Esto se produce cuando ninguna de las dos redes cambia su estrategia. En las GAN, se da esta situación cuando el generador produce imágenes perfectamente realistas y el discriminador intenta clasificar con un 50% de probabilidad si la imagen es del generador o del conjunto de datos. No se puede garantizar de ninguna forma que se vaya a llegar a este equilibrio. Por esta razón, es necesario aplicar la técnica de prueba y error para entrenar una GAN.

Otra dificultad del entrenamiento de una GAN aparece cuando el conjunto de datos tiene varias clases. Por ejemplo, si hay que producir mascotas de diferentes tipos (gatos, perros, etc.). El propósito del discriminador es el mismo, distinguir si las imágenes son reales o generadas. Puede haber una categoría en la que el generador produzca más imágenes que el discriminador clasifique como originales. Por ejemplo, puede ser preciso creando imágenes de perros, pero no tanto de gatos. Entonces, el generador empezará a producir más imágenes de perros y, poco a poco, irá olvidando cómo generar imágenes de otras categorías. A su vez, como el discriminador solo recibe imágenes de perros por parte del generador, no es capaz de clasificar correctamente las imágenes de otras categorías.

Ventajas y desventajas de usar una red GAN

Las redes generativas antagónicas ofrecen varias ventajas en comparación con otros modelos de aprendizaje automático. A continuación, se presentan algunas de las más relevantes:

▸ **Generación de datos de alta calidad:** la principal ventaja de utilizar una red GAN es su capacidad para generar datos sintéticos de alta calidad que son difíciles de distinguir de los datos reales. Esto es útil en áreas como la producción de imágenes, donde se necesitan imágenes de alta calidad como en la publicidad y el cine. La capacidad de generar datos sintéticos también es útil en aplicaciones médicas, donde se pueden generar datos sintéticos para fines de entrenamiento sin necesidad de recurrir a datos reales de pacientes.

▸ **Capacidad de producir datos nuevos:** tienen la capacidad de producir datos que no existían previamente. Esto es especialmente útil en áreas como la exploración científica, donde pueden utilizarse para generar nuevos compuestos químicos o para la investigación genética.

▸ **Flexibilidad:** las redes GAN son muy flexibles y pueden ser utilizadas para generar una amplia variedad de datos sintéticos, como imágenes, sonidos y texto. Esto significa que pueden ser utilizadas en una amplia variedad de aplicaciones, desde la producción de música hasta la creación de modelos de lenguaje natural.

▸ **Capacidad de aprender sin supervisión:** a diferencia del aprendizaje supervisado, en el que el modelo se entrena utilizando datos etiquetados, el aprendizaje no supervisado no requiere de etiquetas, lo que lo hace más flexible y escalable.

▸ **Eficiencia:** las redes GAN son capaces de generar datos sintéticos a una velocidad mucho mayor que la producción manual de datos. Esto puede ser útil en áreas como la producción de imágenes, donde se necesitan grandes cantidades de imágenes de alta calidad.

► **Generación de datos faltantes:** este tipo de redes puede utilizarse para la generación de datos faltantes. Por ejemplo, en el campo de la imagenología médica, las GAN pueden utilizarse para generar imágenes completas a partir de imágenes incompletas o dañadas.

► **Aprendizaje transferible:** este tipo de redes tienen la capacidad de aplicar el conocimiento adquirido en una tarea, a otra tarea relacionada. Por ejemplo, una GAN que se entrena para generar imágenes de rostros humanos, también puede utilizarse para generar imágenes de animales o de paisajes, ya que muchos de los principios que subyacen a la generación de imágenes son los mismos.

Si bien las redes GAN ofrecen muchas ventajas, también tienen algunas desventajas que conviene tener en cuenta al utilizarlas:

► **Dificultad de entrenamiento:** son difíciles de entrenar debido a su arquitectura compleja y a la necesidad de equilibrar la convergencia entre el generador y el discriminador. En algunos casos, puede ser necesario ajustar muchos parámetros para obtener buenos resultados.

► **Sensibilidad a la inicialización:** la inicialización de la red puede ser crítica para su rendimiento. Si la inicialización es incorrecta, puede afectar negativamente a la capacidad de la red para aprender. Es importante encontrar la inicialización adecuada para el modelo.

► **Problemas de calidad:** puede variar significativamente la calidad de los resultados, dependiendo de la complejidad del conjunto de datos de entrenamiento y de la capacidad de la red. En algunos casos, las imágenes generadas pueden ser borrosas, presentar artefactos extraños o tener problemas de distorsión.

► **Necesidad de grandes cantidades de datos:** las redes GAN requieren grandes cantidades de datos de entrenamiento para lograr buenos resultados. Si no hay suficientes datos, la red puede no ser capaz de aprender correctamente y producir imágenes de baja calidad.

► **Sensibilidad a la distribución de datos:** si la distribución de los datos es sesgada o limitada, la red GAN puede tener dificultades para generar imágenes realistas y variadas.

► **Convergencia inestable:** debido a la competición entre las dos redes, es difícil conseguir el punto de equilibrio. Esto provoca que la función de pérdida durante el entrenamiento sea muy irregular y que los resultados puedan variar bastante entre épocas.

► **Colapso de modo:** este problema sucede cuando el generador solo es capaz de generar un subconjunto de imágenes que adoptan la distribución de los datos objetivo y, para cualquier valor de ruido, genera la misma salida. El discriminador es incapaz de diferenciarlo de una imagen real, pero a su vez, los resultados son todos extremadamente parecidos.

► **Desvanecimiento de gradiente:** cuando el discriminador es capaz de distinguir demasiado bien entre los datos reales y artificiales, la actualización de pesos que se produce en el generador es muy pequeña. Esto hace que los pesos de las capas más tempranas no varíen entre épocas y, por tanto, que la red no aprenda.

Aplicaciones de las redes GAN

Las redes generativas adversarias tienen diversas aplicaciones, la mayoría de las cuales giran en torno a la generación de imágenes y componentes de imágenes. Las redes generativas adversarias son comúnmente usadas en tareas donde faltan los datos de imagen requeridos o son limitados en alguna capacidad, como método para generar dichos datos. Examinemos algunos de los casos de uso más comunes de las GAN:

- **Mejora de la resolución de imágenes:** cuando se amplían imágenes para su uso en marketing y publicidad, por ejemplo, aumentar la resolución de una imagen es un proceso que puede hacerse manualmente, pero resulta costoso. Sin embargo, existen redes que pueden hacerlo fácilmente. La superresolución es el proceso de tomar una imagen de baja resolución e insertar más píxeles para mejorar su resolución. Las redes generativas adversarias se entrenan para tomar una imagen y generar una versión de mayor resolución de esa imagen.

- **Modificación de un aspecto de una imagen:** entrenando una GAN de la forma adecuada, podemos transformar una fotografía de un paisaje nocturno en el mismo paisaje pero diurno, aplicarle un estilo artístico concreto o hacer desaparecer algún elemento sin que se note en el resultado.

- **Generación de imágenes realistas:** cuando están suficientemente entrenadas, las redes generativas adversarias pueden utilizarse para generar imágenes extremadamente realistas de rostros humanos. Estas imágenes generadas pueden utilizarse para entrenar sistemas de reconocimiento facial. También se utilizan para crear *deep f*akes, que son modelos de *deep learning* basados en redes GAN. Un ejemplo de aplicación es el proyecto «*This Person Does Not Exist*» (https://this-persondoes-not-exist.com), que utiliza una red GAN para crear imágenes de personas que no existen. Respecto a artículos que han proporcionado contribuciones significativas en el campo de las redes generativas antagónicas (GAN) y el aprendizaje profundo para la manipulación de imágenes, podemos destacar el artículo con título «*Progressive growing of GANs for improved quality, stability, and variation*» [2], que introduce una nueva metodología de entrenamiento para las GAN que hace crecer progresivamente las redes generadoras y discriminadoras. La idea clave es comenzar con una imagen de baja resolución y aumentar gradualmente la resolución añadiendo nuevas capas a ambas redes durante el proceso de entrenamiento. Este enfoque aborda varios desafíos en el entrenamiento de las GAN, incluyendo la estabilidad, la calidad y la diversidad de las imágenes generadas. Otro artículo interesante es «*DeepFaceLab: Integrated, flexible and extensible face-swapping framework*» [3], que combina varios modelos y metodologías de aprendizaje profundo para crear resultados realistas de intercambio de rostros, que pueden utilizarse tanto en la investigación como en aplicaciones prácticas.

► **Transferencia de estilo:** estas redes también se han utilizado para transferir el estilo de una imagen a otra. Por ejemplo, el proyecto *«DeepDream»* (https://deepdreamgenerator.com) de Google utiliza una GAN para generar imágenes que parecen sueños psicodélicos, y la aplicación «Prisma» (https://prisma-ai.com) utiliza una GAN para aplicar diferentes estilos artísticos a las fotos.

► **Creación de música:** las GAN también se han utilizado para generar música original. Por ejemplo, el proyecto «MuseNet» (https://creativitywith.ai/musenet) utiliza una GAN para crear música en una variedad de estilos.

▶ **Creación de textos:** un ejemplo de esto es el proyecto GPT de OpenAI, que utiliza una GAN para generar texto que es difícil de distinguir del texto escrito por un ser humano.

▶ **Generación de objetos 3D:** a través de un estudio se demostró cómo con las GAN implementadas en la IA se pueden generar imágenes en 3D [4].

▶ **Traducción semántica de imagen a foto:** una GAN podría transformar un bosquejo o mapa de imagen a algo mucho más realista [5].

▶ **Convertir fotos en emojis:** consiste en convertir una foto de una persona en un dibujo. Por ejemplo, https://www.bitmoji.com. Esto se puede realizar con técnicas como las de *Domain Transfer Network* (DTN) que se explican en el artículo que lleva como título *«Unsupervised cross-domain image generation»* [6].

▶ **Desenfocar fotos en movimiento:** el desenfoque de fotos en movimiento utilizando redes GAN (*Generative Adversarial Networks*) es un enfoque avanzado para mejorar la calidad de las imágenes borrosas debido al movimiento. En este punto, cabe destacar el artículo *«DeblurGAN: Blind Motion Deblurring Using Conditional Adversarial Networks»* [7].

▶ **Traducción de imagen a imagen:** las redes generativas adversarias destacan en la traducción de imágenes y pueden utilizarse para colorear imágenes en blanco y negro, traducir bocetos o dibujos a imágenes fotográficas o convertir imágenes del día a la noche. En este punto podemos destacar el artículo *«Unpaired Image-to-Image Translation using Cycle-Consistent Adversarial Networks»* [8], del que además disponemos del código fuente del proyecto en el siguiente sitio web: https://junyanz.github.io/CycleGAN.

► **Mejora de la calidad de imagen:** las GAN también se han utilizado para mejorar la calidad de la imagen de fotografías de baja resolución o degradadas. Por ejemplo, el proyecto «Lets Enhance» (https://letsenhance.io) utiliza una GAN para mejorar la calidad de las imágenes.

Aunque estos casos resultan muy vistosos para la mayoría de la gente, la realidad es que no suelen tener tanta presencia en proyectos basados en datos. No obstante, sí que hay dos formas principales de aplicar las GAN a problemas de ciencia de datos.

Imaginemos el siguiente escenario: nuestro equipo de científicos de datos dispone de un *dataset* cuyas muestras quiere clasificar en dos clases, A y B. La mala noticia es que la gran mayoría de las muestras corresponden a la clase A y hay muy pocas de la clase B (lo cual es un escenario muy común) y nuestros modelos no funcionan bien cuando las clases están desequilibradas, por lo que suele ser conveniente entrenar con un número más o menos parejo de ejemplos de cada clase. En este caso, lo que podemos hacer, entre otras cosas, es entrenar una GAN para que genere nuevas muestras de la clase B y así equilibrar el volumen de datos en ambas.

Por supuesto, existen otras técnicas que se aplican en estos casos, pero, dependiendo del tipo de datos con el que trabajemos, es posible que el uso de estas redes nos aporte una mejora significativa en el rendimiento de nuestros modelos.

Otra de las aplicaciones de las GAN aparece en casos en los que no es posible compartir datos entre empresas u organizaciones, por tener estos datos un carácter sensible. Esto sucede con los datos de tipo clínico, que no pueden distribuirse libremente, o con empresas que quieren colaborar de alguna forma,pero no pueden compartir entre ellas los datos de su cartera de clientes.

Una posible solución es entrenar una red generativa con estos datos sensibles, generar un nuevo *dataset* totalmente sintético y compartirlo con sus colaboradores para que puedan trabajar con él. Esta técnica está respaldada por trabajos de investigación que han demostrado que, para ciertos problemas, si bien no mejora el rendimiento del modelo, al menos no lo empeora para modelos entrenados únicamente con datos sintéticos.

Herramientas de IA para la creación y manipulación de imágenes

Existen diversas herramientas de inteligencia artificial (IA) diseñadas para la creación y manipulación de imágenes. Estas herramientas aprovechan algoritmos avanzados de aprendizaje automático y procesamiento de imágenes para realizar tareas específicas. A continuación, se mencionan algunas de ellas:

- **Deep Dream Generator:** utiliza redes neuronales convolucionales para aplicar estilos artísticos y transformaciones a las imágenes (https://deepdreamgenerator.com).
- **RunwayML:** plataforma que permite ejecutar modelos de aprendizaje automático preentrenados en tareas como generación de imágenes, transferencia de estilo, entre otras.(https://runwayml.com).
- **Artbreeder:** permite crear y explorar imágenes generadas mediante la combinación de diferentes elementos visuales. Artbreeder es una plataforma de generación de imágenes basada en IA que utiliza algoritmos de aprendizaje automático para crear imágenes únicas y personalizadas combinando imágenes existentes y ajustando parámetros (https://www.artbreeder.com).
- **DeepArt:** aplicación que permite transformar fotos en obras de arte inspiradas en estilos de pinturas famosas. Es una herramienta disponible en línea que utiliza redes neuronales para transformar imágenes en obras de arte con diferentes estilos artísticos (https://deepart.io).

▶ **TensorFlow.js:** biblioteca de JavaScript para entrenar y ejecutar modelos de aprendizaje automático en el navegador, lo que permite la manipulación de imágenes en tiempo real (https://www.tensorflow.org/js).

▶ **OpenCV** (*Open Source Computer Vision Library*): biblioteca de visión por ordenador con opciones para varios lenguajes de programación que proporciona herramientas para el procesamiento de imágenes (https://opencv.org).

▶ **Adobe Sensei:** plataforma de inteligencia artificial y aprendizaje automático integrada en los productos de Adobe, que ofrece características avanzadas de manipulación de imágenes (https://www.adobe.com/sensei.html).

▶ **DALL-E:** se trata de un modelo de inteligencia artificial desarrollado por OpenAI que crea imágenes a partir de descripciones textuales. Combina las técnicas de aprendizaje profundo con la arquitectura GPT-3 para generar imágenes novedosas y sorprendentes, utilizando la relación entre lenguaje y contenido visual. Genera imágenes a partir de descripciones de texto utilizando modelos de generación de imágenes (https://openai.com/blog/dall-e).

▶ **Midjourney:** proyecto experimental de OpenAI que aborda el problema de la transferencia del aprendizaje. Utiliza una serie de modelos GPT intermedios para mejorar el rendimiento de tareas específicas, beneficiándose de las representaciones generales aprendidas en etapas anteriores del entrenamiento y adaptándose a diferentes dominios (https://www.midjourney.com).

▶ **Stable Diffusion:** es una aplicación de inteligencia artificial que utiliza procesos de difusión estocásticos para generar imágenes de alta calidad. Al combinar estos procesos con redes de aprendizaje profundo, Stable Diffusion puede crear imágenes detalladas y realistas a partir de una amplia gama de entradas y descripciones (https://stablediffusionweb.com).

▶ **Pix2Pix:** modelo de aprendizaje profundo que realiza traducciones de imágenes condicionales, útil para tareas como la transformación de dibujos en imágenes realistas (https://affinelayer.com/pixsrv).

▶ **GANPaint Studio:** herramienta desarrollada por el MIT que utiliza redes generativas antagónicas (GAN) para editar imágenes de manera intuitiva, lo que permite a los usuarios añadir, eliminar o modificar objetos en las imágenes utilizando pinceles de dibujo (https://ganpaint.io).

▶ **DeepAI:** ofrece una API que permite a los desarrolladores integrar la generación de imágenes a partir de texto en sus aplicaciones y servicios. La API utiliza algoritmos de aprendizaje profundo para crear imágenes basadas en descripciones escritas (https://deepai.org).

▶ **GauGAN:** herramienta de IA desarrollada por NVIDIA que convierte bocetos simples en imágenes realistas utilizando redes generativas antagónicas (GAN). Los usuarios pueden dibujar bocetos y GauGAN los transforma en paisajes y escenas fotorrealistas.

▶ **Petalica:** es una herramienta disponible en línea que utiliza la inteligencia artificial para colorear automáticamente imágenes en blanco y negro, lo que permite a los usuarios convertir fácilmente bocetos y dibujos en imágenes a todo color (https://petalica.com).

> ▶ **Let's Enhance:** es una plataforma en línea que utiliza la inteligencia artificial para mejorar la calidad y resolución de las imágenes, permitiendo a los usuarios aumentar la nitidez, reducir el ruido y mejorar los detalles en imágenes de baja calidad o con resolución insuficiente (https://letsenhance.io).

Estas herramientas ofrecen capacidades diversas, desde la generación de imágenes creativas hasta la manipulación avanzada de contenido visual mediante técnicas de inteligencia artificial. La elección de la herramienta dependerá de los requisitos específicos y del tipo de tarea que se desee realizar.

El futuro de las redes adversarias generativas

El futuro de las GAN es prometedor, con investigaciones en curso destinadas a abordar sus desafíos y limitaciones. A medida que las GAN continúan mejorando, podemos esperar ver aplicaciones en diferentes industrias, como el entretenimiento, la atención médica y el marketing.

Los avances en las GAN también pueden dar lugar al desarrollo de tecnologías de falsificación más sofisticadas, que podrían tener un impacto social significativo. Si bien los *deepfakes* se pueden usar con fines de entretenimiento, también suponen riesgos potenciales, como la difusión de información errónea y problemas de privacidad. A medida que las GAN se vuelvan más avanzadas, será crucial desarrollar métodos para detectar y mitigar los efectos negativos de las falsificaciones de rostros de personas y otros usos maliciosos del contenido generado por GAN.

Referencias

[1] Goodfellow, Ian *et al.*: *Generative Adversarial Networks. Advances in Neural Information Processing Systems*. 3. 2014. DOI:10.48550/arXiv.1406.2661

[2] Karras, Tero *et al.*: *Progressive Growing of GANs for Improved Quality, Stability, and Variation*. 2017. DOI:10.48550/arXiv.1710.10196

[3] Kunlin, Liu *et al.*: *Deepfacelab: Integrated, flexible and extensible face-swapping framework. Pattern Recogn.* 141, C (Sep 2023). DOI:10.1016/j.patcog.2023.109628

[4] Jiajun, Wu *et al.*: *Learning a probabilistic latent space of object shapes via 3D generative-adversarial modeling. In Proceedings of the 30th International Conference on Neural Information Processing Systems (NIPS'16)*. Curran Associates Inc., Red Hook, NY, USA, 82–90. DOI:10.48550/arXiv.1610.07584

[5] T. C. Wang *et al.*: *High-Resolution Image Synthesis and Semantic Manipulation with Conditional GANs*, 2018 IEEE/CVF Conference on Computer Vision and Pattern Recognition, Salt Lake City, UT, USA, 2018, pp. 8798-8807, DOI:10.1109/CVPR.2018.00917

[6] Taigman, Yaniv *et al.*: *Unsupervised Cross-Domain Image Generation*. DOI:10.48550/arXiv.2402.18411

[7] O. Kupyn *et al.*: *DeblurGAN: Blind Motion Deblurring Using Conditional Adversarial Networks*, 2018 IEEE/CVF Conference on Computer Vision and Pattern Recognition, Salt Lake City, UT, USA, 2018, pp. 8183-8192, DOI:10.1109/CVPR.2018.00854

[8] J. Y. Zhu *et al.*: *Unpaired Image-to-Image Translation Using Cycle-Consistent Adversarial Networks*, 2017 IEEE International Conference on Computer Vision (ICCV), Venice, Italy, 2017, pp. 2242-2251, DOI:10.1109/ICCV.2017.244

Capítulo 7

Inteligencia Artificial Generativa

Introducción

La inteligencia artificial se ha convertido en uno de los motores de la economía del siglo XXI, sobre todo gracias al desarrollo de la inteligencia artificial generativa, una subdisciplina de la inteligencia artificial (IA) que se centra en la creación de contenido nuevo y original a partir de datos existentes. A diferencia de otros enfoques de la IA, que se limitan a analizar o clasificar datos, la IA generativa tiene la capacidad de producir contenido novedoso, como texto, imágenes, música, código y más. En este capítulo se describe qué es la inteligencia artificial generativa y cuáles son sus fundamentos, prestando especial atención a los modelos de lenguaje de gran escala (*Large Language Models*, LLM). Se analizarán las limitaciones y los desafíos a los que se enfrentan las técnicas utilizadas hasta la fecha y se explicará cómo la inteligencia artificial generativa está ofreciendo nuevas y mejores alternativas para la resolución de problemas. Los aspectos éticos y sociales ligados al uso de estas tecnologías también son de gran relevancia y se analizarán a lo largo de este capítulo. Finalmente, se analizarán las tendencias futuras y se ofrecerá una visión del potencial de esta tecnología.

Definición de IA generativa

Se define la IA generativa como una rama de la inteligencia artificial capaz de generar contenido novedoso, en contraposición a la simple acción de analizar o actuar sobre datos ya existentes, como lo hacen los sistemas expertos. Esto supone una auténtica evolución sobre los sistemas inteligentes utilizados hasta la fecha, que están basados en redes neuronales, algoritmos genéticos, lógica difusa o modelos híbridos que utilizan datos sobre problemas concretos y que generan una respuesta concreta basada en los datos de entrenamiento.

La inteligencia artificial generativa incorpora modelos discriminadores o transformadores entrenados en un corpus o conjunto de datos, capaz de mapear la información de entrada en un espacio latente de alta dimensión. Además, posee un modelo generador que impulsa un comportamiento estocástico, creando contenido novedoso en cada intento, incluso con los mismos estímulos de entrada.

En resumen, la IA generativa se refiere a modelos y técnicas que tienen la capacidad de generar contenido nuevo y original y, dentro de este ámbito, los modelos de lenguaje a gran escala (LLM) se especializan en generar texto. Un LLM como GPT (*Generative Pre-trained Transformer*) de OpenAI se entrena, básicamente, para generar texto, o más bien para responder a preguntas con párrafos de texto. Una vez entrenado, puede generar oraciones y párrafos completos que son coherentes y, en muchos casos, indistinguibles de los escritos por humanos, simplemente a partir de un estímulo o pregunta (*prompt*) inicial.

Mientras que la IA generativa abarca modelos que pueden generar otros tipos de contenido, como imágenes (por ejemplo, DALL-E https://openai.com/index/dall-e-3, también de OpenAI) o música, los LLM se centran específicamente en el dominio del lenguaje. Por lo tanto, se puede considerar a los LLM como una parte o subconjunto de la amplia categoría de IA generativa.

Los LLM son redes neuronales diseñadas para procesar datos secuenciales y pueden entrenarse con corpus de texto (libros digitalizados, bases de datos, información procedente de internet, etc.) utilizando ese texto de entrada para aprender a generar textos, palabra por palabra en una secuencia, dada la información previa.

En este momento, los modelos *transformer* son los modelos más utilizados en la construcción de estos LLM. La arquitectura basada en los *transformer*, introducida en el artículo de investigación «Attention Is All You Need» por Vaswani *et al.* en 2017, ha demostrado ser especialmente efectiva para las tareas de procesamiento del lenguaje natural y ha sido la base de muchos LLM populares, como GPT y BERT.

Sin embargo, antes de la popularización de los *transformer*, las redes neuronales recurrentes (RNN) y sus variantes, como las redes LSTM (*Long Short-Term Memory*) y GRU (*Gated Recurrent Units*), eran comúnmente utilizadas para modelar secuencias en tareas de procesamiento del lenguaje natural.

A medida que la investigación en el campo de la inteligencia artificial y el procesamiento del lenguaje natural continúe avanzando, es posible que surjan nuevas arquitecturas y enfoques que complementen o sustituyan a los modelos *transformer* en futuros LLM. Por tanto, aunque los *transformer* son actualmente una arquitectura dominante para los LLM, no son la única arquitectura utilizada. No obstante, sí son una de las más fiables a la hora de generar un nuevo texto que sea gramaticalmente correcto y semánticamente significativo. Esto se debe a tres elementos concretos:

> ▶ El primero es el uso de **mecanismos de codificación posicional**, que permiten a la red neuronal asignar una posición a una palabra dentro de una frase, de forma que esa posición forme parte de los datos de entrada de la red. De esta forma, la información sobre el orden de la palabra se incluye en el propio dato y no en la estructura de la red, por lo que, según se va entrenando la red, esta

aprende cómo interpretar esa codificación de la posición y a ordenar las palabras de forma coherente a partir de los datos propios utilizados en el entrenamiento.

► En segundo lugar, la **atención**, que surgió como mecanismo para traducir texto de un idioma a otro con sentido, desarrollando algoritmos para relacionar unas palabras con otras y así saber utilizarlas en el contexto adecuado.

► Finalmente, la **autoatención** o atención autorregresiva, que permite conocer mejor las características del lenguaje, además del género y el orden, como, por ejemplo, los sinónimos, que se identifican analizando muchos ejemplos. La autoatención permite que los modelos capturen relaciones semánticas a largo plazo dentro de un texto de entrada, incluso cuando ese texto se divide y se procesa en paralelo.

Los avances a nivel de algoritmia con el desarrollo de los *transformer*, por ejemplo, junto con la capacidad de cálculo actual y la capacidad de preentrenar con datos no etiquetados y de refinar el entrenamiento (*fine tuning*) han impulsado esta gran revolución de la IA. El rendimiento del modelo depende fuertemente de la escala de cómputo, que incluye la cantidad de poder computacional utilizada para el entrenamiento, el número de parámetros del modelo y el tamaño del conjunto de datos. Preentrenar un LLM requiere cientos o miles de GPU y semanas o meses de tiempo de entrenamiento dedicado. Por ejemplo, se estima que una sola ejecución de entrenamiento para un modelo GPT-3 con 175 mil millones de parámetros, entrenado en 300 mil millones de tokens, puede costar cinco millones de dólares, sólo en coste computacional.

Los LLM se pueden preentrenar con grandes cantidades de datos no etiquetados. Por ejemplo, GPT se entrena con datos de texto no etiquetados, lo que le permite aprender patrones del lenguaje humano sin una guía explícita. Dado que los datos no etiquetados son mucho más prevalentes que los datos etiquetados, esto permite que los LLM aprendan sobre el lenguaje natural en un corpus de entrenamiento mucho más grande. El modelo resultante puede utilizarse en múltiples aplicaciones porque su entrenamiento no es específico para un conjunto particular de tareas.

Los LLM de propósito general pueden «ajustarse» para generar una salida que coincida con las prioridades de cualquier configuración específica, lo que se conoce en inglés como *fine tuning*. Por ejemplo, un LLM puede generar varias respuestas potenciales a una consulta dada, pero algunas de ellas pueden ser incorrectas o sesgadas. Para afinar este modelo, expertos humanos pueden clasificar las salidas para entrenar una función de recompensa que priorice algunas respuestas sobre otras. Estos refinamientos pueden mejorar significativamente la calidad del modelo, de modo que un modelo de propósito general se adapta para resolver un problema concreto.

Historia y evolución de la IA hasta llegar a la IA generativa

La inteligencia artificial es un campo de la informática y la tecnología que se ocupa del desarrollo de sistemas informáticos que pueden realizar tareas que suelen requerir inteligencia humana, como el aprendizaje, la toma de decisiones, la resolución de problemas, la percepción y el lenguaje natural. Turing abordó la cuestión central de la inteligencia artificial: «¿Pueden las máquinas pensar?». Poco después, John McCarthy acuñó el término «inteligencia artificial» en 1956 y contribuyó al desarrollo del lenguaje de programación Lisp, que, para muchos, ha sido la puerta de entrada en la IA.

Durante estos años, aparecieron ramas de trabajo como la lógica simbólica, los sistemas expertos, las redes neuronales, la lógica difusa, el procesamiento del lenguaje natural, los algoritmos genéticos, la visión por computadora, los sistemas multiagentes o las máquinas sociales.

La mayoría de los sistemas complejos se ven afectados por múltiples elementos, generan o están relacionados con múltiples fuentes de datos, evolucionan con el tiempo y, en la mayoría de los casos, existe cierto conocimiento experto. En este sentido, parece claro que el uso combinado de sistemas simbólicos capaces de modelar el conocimiento junto con técnicas conexionistas que analicen datos a diferentes niveles o procedentes de diferentes fuentes puede ofrecer soluciones globales. No resulta difícil encontrar problemas de este tipo, por ejemplo, en el ámbito de la medicina, donde el modelado del conocimiento es tan importante como el análisis de los datos de los pacientes por sí solos.

La década de 1970-1980 fue un período de gran avance para la inteligencia artificial y la informática distribuida. Fue una época de grandes cambios, con el despegue de Internet, en un momento en el que el mundo estaba acercándose a un nuevo siglo y en el que el sector de la informática estaba más centrado en el potencial de Internet que en el avance de la IA. Este hecho, junto con las limitaciones del hardware, el desinterés de la industria por la IA y la falta de ideas disruptivas contribuyó al comienzo de una etapa de paralización en este ámbito, a la que se ha llamado el «invierno de la IA».

Sin embargo, tras este período de invierno surgieron el aprendizaje profundo (*deep learning*) y las redes neuronales convolucionales (*Convolutional Neural Networks*, CNN). Estas redes utilizan técnicas de aprendizaje automático de forma un tanto distinta a como se habían planteado en sus orígenes. A diferencia de otros modelos, tienen múltiples capas ocultas que permiten extraer características y patrones de los datos de entrada de manera cada vez más compleja y abstracta.

Estos modelos suponen un antes y un después y harán que todos demos una vuelta de tuerca a nuestra forma de trabajar. Estamos hablando del comienzo de la quinta revolución industrial gracias a nuestra capacidad para crear sistemas mediante la convergencia de tecnologías digitales, físicas y biológicas, junto con el uso de estos nuevos modelos de creación de conocimiento. Si vivíamos en un mundo que avanzaba rápido, ahora tenemos que prepararnos para otro en aceleración continua.

El *deep learning* se centra en algoritmos inspirados en la estructura y función del cerebro, llamados redes neuronales artificiales. Estas redes, especialmente cuando tienen muchas capas (profundas), han demostrado ser extremadamente efectivas en una variedad de tareas de IA. Los modelos generativos basados en aprendizaje profundo pueden aprender automáticamente a representar y generar nuevos datos que se asemejen a la distribución de los datos originales.

Las CNN son una clase especializada de redes neuronales diseñadas para procesar datos con una estructura similar a una cuadrícula, como una imagen. Son fundamentales para las tareas de visión por ordenador. En el contexto de la IA generativa, las CNN se han adaptado para generar imágenes. Por ejemplo, las GAN (redes generativas antagónicas) suelen utilizar CNN en sus generadores y discriminadores para producir imágenes realistas.

Las GAN, introducidas por Ian Goodfellow y sus colaboradores en 2014, constan de dos redes neuronales, un generador y un discriminador, que se entrenan juntas. El generador intenta producir datos (como imágenes), mientras que el discriminador intenta distinguir entre datos reales y datos generados. A medida que el entrenamiento avanza, el generador se vuelve cada vez mejor en la creación de datos que engañan al discriminador. Las CNN, a menudo se utilizan en la arquitectura de las GAN para tareas relacionadas con imágenes. Por otro lado, por ejemplo, los VAE (autoencoders variacionales) son otro tipo de modelo generativo basado en redes neuronales. A diferencia de las GAN, los VAE modelan explícitamente una distribución de probabilidad para los datos y utilizan técnicas de inferencia variacional para entrenarse. Además, los modelos basados en píxeles son estructuras de IA generativa basadas en *deep learning* y generan imágenes píxel por píxel, utilizando redes neuronales recurrentes o CNN.

El aprendizaje profundo y, en particular, las redes convolucionales, han sido herramientas fundamentales en el desarrollo y el éxito de muchos modelos de IA generativa, especialmente aquellos centrados en la generación de imágenes. Estas técnicas han permitido avances significativos en la capacidad de los modelos para generar contenido que es indistinguible del contenido real en muchos casos.

El paso de la IA tradicional a la IA generativa

El paso de la inteligencia artificial tradicional a la inteligencia artificial generativa representa una evolución significativa en el desarrollo de tecnologías de aprendizaje automático y sus aplicaciones.

La IA tradicional se ha centrado principalmente en tareas de análisis, clasificación y predicción, utilizando técnicas como el aprendizaje supervisado, donde los modelos se entrenan con conjuntos de datos etiquetados para identificar patrones y realizar predicciones. Algunos ejemplos comunes son:

▶ **Clasificación de imágenes:** identificar objetos dentro de imágenes (por ejemplo, perros, gatos, coches).

▶ **Procesamiento del lenguaje natural (NLP):** clasificar textos según su sentimiento o categorizar correos electrónicos como spam.

▶ **Modelos de predicción:** predecir tendencias de mercado, la demanda de productos o el comportamiento del usuario.

Estos modelos son altamente efectivos para resolver problemas específicos dentro de un dominio definido. Sin embargo, su capacidad para generar contenido nuevo o adaptarse a tareas creativas era limitada.

Con la aparición de la IA generativa, la capacidad de las máquinas se ha ampliado no solo para analizar y predecir, sino también para crear. Esta transición se facilitó gracias a los avances en redes neuronales profundas y arquitecturas más sofisticadas, como las redes generativas antagónicas (GAN) y los modelos de *transformer*.

- **Redes generativas antagónicas (GANs):** introducidas por Ian Goodfellow en 2014, las GAN consisten en dos redes neuronales que compiten entre sí: un generador que crea contenido nuevo y un discriminador que evalúa la autenticidad del contenido. Este proceso ha sido fundamental para generar imágenes realistas, vídeos y simulaciones.

- **Modelos de *transformer*:** estas arquitecturas han revolucionado el procesamiento del lenguaje natural y otros dominios, ya que permiten crear texto coherente, traducción automática, y generación de código. Modelos como GPT y BERT han mostrado capacidades impresionantes en la generación de texto que se asemeja al escrito por humanos.

El paso de la IA tradicional a la IA generativa ha abierto nuevas posibilidades en diversos campos:

- **Creatividad automatizada:** generación de música, arte, literatura y contenido multimedia con aplicaciones en el entretenimiento y el marketing.

- **Desarrollo de productos:** prototipos de diseño y simulaciones en 3D creadas por IA, que aceleran los ciclos de innovación.

- **Medicina y biotecnología:** síntesis de nuevas moléculas para la creación de medicamentos y simulación de ensayos clínicos.

Aunque la IA generativa ofrece enormes oportunidades, también plantea desafíos significativos:

- ► **Ética y responsabilidad:** la creación de *deepfakes* y la generación de contenido falso presenta serios riesgos de desinformación y violación de la privacidad.
- ► **Control y supervisión:** garantizar que el contenido generado por IA cumple con estándares de calidad, equidad y ética es crucial.
- ► **Sesgos en los modelos:** los modelos generativos pueden heredar y amplificar los sesgos presentes en los datos de entrenamiento, lo que puede dar lugar a resultados no deseados o discriminatorios.

Modelos de lenguaje de gran escala (LLM)

Los modelos de lenguaje de gran escala son modelos de inteligencia artificial diseñados para procesar y generar lenguaje natural. Estos modelos se entrenan con enormes cantidades de texto, lo que les permite realizar tareas complejas relacionadas con el lenguaje, como la traducción, la generación de texto y la respuesta a preguntas, entre otras.

Los LLM se han popularizado en gran medida debido a los avances en la arquitectura de los modelos *transformer* y al aumento de la capacidad computacional disponible. Estos modelos se caracterizan por tener una gran cantidad de parámetros, lo que les permite capturar y modelar la complejidad del lenguaje humano. Estos modelos han revolucionado el campo del procesamiento del lenguaje natural y tienen varias características distintivas.

- ► **Gran cantidad de parámetros:** los LLM, como su nombre indica, son «grandes». Por ejemplo, GPT-3, uno de los LLM más conocidos, tiene 175 mil millones de parámetros. Esta enorme cantidad de parámetros les permite capturar y modelar la complejidad del lenguaje humano.

- **Entrenamiento con grandes corpus:** los LLM se entrenan con vastos conjuntos de datos que abarcan grandes porciones de Internet, como libros, artículos y sitios web. Esto les permite adquirir un amplio conocimiento general del lenguaje y de diversos temas.
- **Capacidad de generación de texto:** los LLM pueden generar texto que es coherente, fluido y, en muchos casos, indistinguible del texto escrito por humanos. Pueden escribir ensayos, responder preguntas, crear poesía y más.
- **Transferencia de aprendizaje:** una vez entrenados con un gran corpus, los LLM pueden ser «ajustados» para tareas específicas con una cantidad relativamente pequeña de datos específicos de la tarea. Esto se conoce como «transferencia de aprendizaje» y es una de las razones por las que los LLM son tan versátiles.
- **Arquitectura de *transformer*:** la mayoría de los LLM modernos, como GPT y BERT, se basan en la arquitectura de *transformer*, que utiliza mecanismos de atención para capturar relaciones en los datos.
- **Capacidad multimodal:** si bien los LLM tradicionalmente se han centrado en el texto, los modelos más recientes están explorando capacidades multimodales, lo que significa que tienen la capacidad de entender y generar múltiples tipos de datos, como el texto y las imágenes, simultáneamente.
- **Generalización a diversas tareas:** sin necesidad de cambios arquitectónicos específicos, un LLM puede realizar una amplia variedad de tareas, desde traducción hasta generación de texto y respuesta a preguntas. A menudo, todo lo que se necesita es proporcionar el modelo con el *prompt* o estímulo adecuado.
- **Desafíos éticos y de sesgo:** dado que los LLM se entrenan con datos de Internet, pueden adquirir y perpetuar los sesgos presentes en esos datos. Esto ha dado lugar a preocupaciones y debates sobre el uso ético de estos modelos y la necesidad de abordar y mitigar estos sesgos.

De igual forma, el crecimiento en el tiempo de los diferentes modelos LLM es exponencial. Cada empresa desarrolladora de estos modelos trabaja en una amplia variedad de aplicaciones para satisfacer diferentes necesidades y niveles de recursos. Empresas como OpenAI y Google han estado desarrollando modelos con un número cada vez mayor de parámetros. Estos modelos son capaces de abordar tareas muy diversas y complejas y suelen tener un rendimiento sobresaliente en una amplia gama de aplicaciones. La tabla 7.1 muestra datos sobre algunos de estos modelos.

Tabla 7.1. Comparativa entre los diferentes modelos.

Nombre del modelo y empresa	Número de parámetros	Cantidad de información para entrenamiento	Web
GPT-3 OpenAI	175 mil millones	Aprox. 570 GB (WebText, libros, otros)	https://openai.com
BERT-Large Google	340 millones	Wikipedia + BookCorpus	https://research.google/pubs/pub45413/
T5 (Text-to-Text Transfer Transformer) Google AI	Varía según la versión (desde 60 millones hasta 11 mil millones)	C4 (Common Crawl)	https://blog.research.google/2020/02/exploring-transfer-learning-with-t5.html
RoBERTa Facebook AI	Varía según la versión (hasta 355 millones para RoBERTa-Large)	Varios *datasets* incluyendo WebText, OpenWebText	https://ai.meta.com/blog/roberta-an-optimized-method-for-pretraining-self-supervised-nlp-systems/
XLNet Google/CMU	Hasta 340 millones	Varios *datasets* incluyendo Wikipedia y BookCorpus	https://github.com/zihangdai/xlnet
CLIP OpenAI	281 millones	Imágenes de internet + texto asociado	https://openai.com/research/clip

Nombre del modelo y empresa	Número de parámetros	Cantidad de información para entrenamiento	Web
DALL·E OpenAI	Aprox. 12 mil millones (basado en GPT-3)	Imágenes y descripciones de texto	https://openai.com/research/dall-e
Llama 2 Meta AI	1000 millones	1000 millones de palabras	https://github.com/facebookresearch/llama
Wu Dao Beijing Academy of Artificial Intelligence (BAAI)	1.75 trillones	4.9 terabytes de texto y código	https://www.baai.ac.cn/
PaLM Google AI	540 billones	Bases de datos Google	https://gemini.google.com

Llama 2

Los modelos lingüísticos de gran escala (LLM) han demostrado día a día ser muy prometedores a nivel empresarial. Es el caso de la empresa Meta, que dentro de sus visiones sobre la inteligencia artificial ha buscado la descentralización de esta, donde las organizaciones puedan personalizar sus asistentes virtuales y se puedan entrenar modelos *open source* con conocimiento experto. Por esa razón, Meta, se ha asociado con Microsoft Azure para presentar su herramienta de IA generativa Llama 2, considerada rival de ChatGPT y Gemini, diferenciándose por ser un producto de código abierto.

Para ello, se ha puesto a disposición de las comunidades *open source* diferentes variantes del modelo, con versiones de 7, 13, 34 y 70 billones de parámetros [1].

Llama 2: Open Foundation and Fine-Tuned Chat Models

Hugo Touvron* Louis Martin† Kevin Stone†
Peter Albert Amjad Almahairi Yasmine Babaei Nikolay Bashlykov Soumya Batra
Prajjwal Bhargava Shruti Bhosale Dan Bikel Lukas Blecher Cristian Canton Ferrer Moya Chen
Guillem Cucurull David Esiobu Jude Fernandes Jeremy Fu Wenyin Fu Brian Fuller
Cynthia Gao Vedanuj Goswami Naman Goyal Anthony Hartshorn Saghar Hosseini Rui Hou
Hakan Inan Marcin Kardas Viktor Kerkez Madian Khabsa Isabel Kloumann Artem Korenev
Punit Singh Koura Marie-Anne Lachaux Thibaut Lavril Jenya Lee Diana Liskovich
Yinghai Lu Yuning Mao Xavier Martinet Todor Mihaylov Pushkar Mishra
Igor Molybog Yixin Nie Andrew Poulton Jeremy Reizenstein Rashi Rungta Kalyan Saladi
Alan Schelten Ruan Silva Eric Michael Smith Ranjan Subramanian Xiaoqing Ellen Tan Binh Tang
Ross Taylor Adina Williams Jian Xiang Kuan Puxin Xu Zheng Yan Iliyan Zarov Yuchen Zhang
Angela Fan Melanie Kambadur Sharan Narang Aurelien Rodriguez Robert Stojnic
Sergey Edunov Thomas Scialom*

GenAI, Meta

Abstract

In this work, we develop and release Llama 2, a collection of pretrained and fine-tuned large language models (LLMs) ranging in scale from 7 billion to 70 billion parameters. Our fine-tuned LLMs, called Llama 2-Chat, are optimized for dialogue use cases. Our models outperform open-source chat models on most benchmarks we tested, and based on our human evaluations for helpfulness and safety, may be a suitable substitute for closed-source models. We provide a detailed description of our approach to fine-tuning and safety improvements of Llama 2-Chat in order to enable the community to build on our work and contribute to the responsible development of LLMs.

Figura 7.1. Extracto del artículo «Llama 2: Open foundation and fine-tuned chat models».

Llama 2 hace uso de un conjunto de tecnologías para su funcionamiento, y aprovecha herramientas y bibliotecas que abarcan desde el procesamiento de lenguaje natural hasta la eficiencia computacional en términos de costes y ahorro energético. Algunas de las tecnologías incluidas en este conjunto son las siguientes:

- **Python** (https://www.python.org)**:** es el lenguaje de programación predominante en la comunidad de ciencia de datos y aprendizaje automático. Se utiliza para desarrollar y ejecutar el código en Llama 2, lo que permite una sintaxis clara y eficiente.

- **PyTorch** (https://pytorch.org)**:** es una biblioteca de aprendizaje profundo utilizada para construir y entrenar modelos de lenguaje, así como para realizar operaciones en redes neuronales y tensores.

▶ **Conda** (https://conda.io)**:** se trata de un sistema de gestión de paquetes y entornos que permite crear ambientes aislados para proyectos específicos. Conda posibilita la gestión de las dependencias y versiones de las bibliotecas utilizadas, asegurando la coherencia en el entorno de desarrollo.

▶ **SentencePiece** (https://github.com/google/sentencepiece)**:** es una biblioteca para el tokenizado y segmentación de texto en múltiples idiomas. Desarrollada por Google, se emplea principalmente para tareas relacionadas con la segmentación de texto, lo que es esencial para el procesamiento y modelado del lenguaje.

▶ **Fairscale** (https://github.com/facebookresearch/fairscale)**:** es una biblioteca que mejora la escalabilidad y el rendimiento de PyTorch en entornos de múltiples GPU. Permite optimizar la utilización de recursos de hardware, lo que es fundamental para un funcionamiento eficiente.

Esta pila de tecnologías permite que Llama 2 alcance un alto nivel de rendimiento, eficiencia y funcionalidad al abordar una amplia gama de tareas relacionadas con el procesamiento y la generación de lenguaje natural.

Proceso de entrenamiento de Llama 2

El proceso de entrenamiento de Llama 2 es una combinación novedosa de arquitecturas, tales como un previo entrenamiento basado en los *transformer* y la aplicación de técnicas de *fine tuning* basadas en el aprendizaje por refuerzo con retroalimentación humana RLFH (*Reinforcement Learning with Human Feedback*).

En el aprendizaje por refuerzo tradicional, un agente aprende a tomar decisiones en un entorno basado en recompensas o castigos que recibe al realizar acciones. Estas recompensas son definidas por una función de recompensa preestablecida, que mide el éxito de las acciones en relación con un objetivo específico. Sin embargo, en entornos complejos o donde las recompensas no son fáciles de definir, la retroalimentación humana puede ser fundamental.

El RLHF introduce la participación humana en este proceso al permitir que los humanos proporcionen una retroalimentación directa sobre las acciones del agente. Esta retroalimentación puede ser en forma de:

- **Recompensas/castigos manuales:** donde un humano evalúa el comportamiento del agente y ajusta las recompensas en consecuencia.
- **Preferencias:** en este caso, un humano elige entre múltiples opciones de acción que un agente podría tomar e indica cuál es preferible.
- **Correcciones:** en las que el humano corrige directamente la acción del agente y lo guía hacia la acción deseada.

En este proceso, el modelo de recompensas evalúa una respuesta generada por el modelo y su correspondiente indicación, dando como resultado una puntuación numérica que refleja la calidad en términos de utilidad y seguridad. Al hacer uso de estas puntuaciones de respuesta como recompensas, el proceso RLHF tiene como objetivo optimizar Llama 2 para alinear su comportamiento con las preferencias humanas, mejorando tanto la utilidad como la seguridad.

Llama 2 realiza un preentrenamiento a partir de fuentes de datos de acceso público, excluyendo cualquier dato que se origine en los productos o servicios de Meta. El modelo se ha sometido a entrenamientos exhaustivos mediante conjuntos de datos que comprenden dos billones de tókenes y exhibe el doble de longitud de contexto que su predecesor.

El modelo tiene una arquitectura de *transformer* estándar, utilizando prenormalización con RMSNorm y la función de activación SwiGLU. Además, integra incrustaciones posicionales rotativas (RoPE). Las diferencias clave entre Llama 1 y Llama

2 están en el aumento de la longitud del contexto y la adopción de atención de consultas agrupadas (GQA). Estas modificaciones arquitectónicas contribuyen a aumentar la capacidad para manejar información contextual más extensa durante las tareas de generación de lenguaje.

Phi-2

Phi-2 es un modelo de lenguaje creado por Microsoft Research compuesto por 2,7 mil millones de parámetros y basado en la arquitectura de los *transformer* [2]. Este modelo, entrenado con 1,4 T de tokens de datos sintéticos generados por GPT-3.5, se destaca por su rendimiento, ya que supera a modelos mucho más grandes en tareas de razonamiento, comprensión del lenguaje y codificación.

El pequeño tamaño de Phi-2 lo hace ideal para implementarlo en dispositivos con recursos limitados, como teléfonos móviles y sistemas embebidos. Esto abre un amplio rango de posibles aplicaciones para el modelo, que incluyen la IA conversacional, la comprensión del lenguaje natural y la generación de texto. Entre las principales características de Phi-2 podemos destacar:

- **Tamaño pequeño:** Phi-2 tiene un recuento de parámetros de solo 137 millones, lo que lo hace significativamente más pequeño que modelos anteriores como Megatron-Turing NLG y Jurassic-1 Jumbo.
- **Alto rendimiento:** a pesar de su pequeño tamaño, Phi-2 puede lograr un rendimiento comparable al de modelos más grandes en diversas tareas de referencia.
- **Entrenamiento eficiente:** Phi-2 es significativamente menos costoso que la infraestructura de entrenamiento a gran escala requerida para otros modelos.

▶ **Resistente a la escasez de datos:** Phi-2 es menos sensible a la escasez de datos que otros modelos, lo que significa que aún puede lograr un buen rendimiento en conjuntos de datos más pequeños.

▶ **Eficiente en cuanto al uso de energía:** Phi-2 está diseñado para ser eficiente en cuanto al uso de energía, lo que lo hace adecuado para su implementación en dispositivos con energía limitada.

Una de las claves del modelo está en la calidad de los datos de entrenamiento. Para ello, se ha llevado a cabo una rigurosa selección de los datos, incluyendo conjuntos de datos sintéticos creados específicamente para enseñar razonamiento y conocimiento general [3].

Textbooks Are All You Need

Suriya Gunasekar   Yi Zhang   Jyoti Aneja   Caio César Teodoro Mendes
Allie Del Giorno   Sivakanth Gopi   Mojan Javaheripi   Piero Kauffmann
Gustavo de Rosa   Olli Saarikivi   Adil Salim   Shital Shah   Harkirat Singh Behl
Xin Wang   Sébastien Bubeck   Ronen Eldan   Adam Tauman Kalai   Yin Tat Lee
Yuanzhi Li

Microsoft Research

Abstract

We introduce **phi-1**, a new large language model for code, with significantly smaller size than competing models: **phi-1** is a Transformer-based model with 1.3B parameters, trained for 4 days on 8 A100s, using a selection of "textbook quality" data from the web (6B tokens) and synthetically generated textbooks and exercises with GPT-3.5 (1B tokens). Despite this small scale, **phi-1** attains **pass@1** accuracy 50.6% on HumanEval and 55.5% on MBPP. It also displays surprising emergent properties compared to **phi-1-base**, our model *before* our finetuning stage on a dataset of coding exercises, and **phi-1-small**, a smaller model with 350M parameters trained with the same pipeline as **phi-1** that still achieves 45% on HumanEval.

Figura 7.2. Extracto del artículo «Textbooks are all you need».

Esta cuidadosa selección y mezcla de datos garantiza que Phi-2 no solo aprenda, sino que lo haga de las mejores fuentes posibles, cubriendo temas que van desde la ciencia hasta actividades cotidianas y teoría de la mente.

La segunda clave fue incluir técnicas innovadoras de escalado. Partiendo de su modelo anterior, Phi-1.5, de 1,3 B de parámetros, los investigadores lograron transferir y amplificar este conocimiento al nuevo modelo de 2,7 B de parámetros. Este proceso no solo aceleró la convergencia del entrenamiento, sino que también dio como resultado una mejora significativa de las puntuaciones de Phi-2 en diversos puntos de referencia (*benchmarks*).

El resultado de estas innovaciones es un modelo que no sólo iguala, sino que en algunos casos supera a modelos mucho más grandes. En pruebas complejas, Phi-2 ha demostrado igualar o superar el desempeño de modelos hasta 25 veces su tamaño. Esto incluye tareas que van desde el razonamiento y la comprensión del lenguaje hasta las matemáticas y la programación, desafiando la percepción tradicional del papel del tamaño en la eficacia de los modelos de lenguaje. Su pequeño tamaño, alto rendimiento y entrenamiento eficiente lo convierten en una herramienta versátil y poderosa para una amplia gama de aplicaciones. Algunos ejemplos de aplicaciones de cómo se podría usar Phi-2 son:

- ► **Asistentes personalizados:** Phi-2 podría usarse para crear asistentes personalizados que puedan proporcionar información y asistencia a los usuarios en tiempo real.
- ► **Chatbots multilingües:** Phi-2 podría usarse para desarrollar chatbots multilingües que puedan brindar soporte a los usuarios en varios idiomas.
- ► **Resumen de texto:** Phi-2 podría usarse para resumir automáticamente documentos largos, haciéndolos más fáciles de leer y comprender.
- ► **Escritura creativa:** Phi-2 podría usarse para generar formatos de texto creativos, como poemas, código, guiones, piezas musicales, correos electrónicos, cartas, etc.

Arquitectura de Phi-2

La arquitectura de Phi-2 se basa en una nueva arquitectura de red neuronal llamada «Transformer-XL». Los *transformer* son un tipo de red neuronal que se ha vuelto muy popular en el procesamiento del lenguaje natural. Son particularmente buenos para tareas como la traducción automática, la comprensión del lenguaje natural y la generación de texto.

La arquitectura Phi-2 consta de dos capas de *transformer*, cada una con 128 bloques. Los bloques son la unidad básica de un *transformer* y cada bloque consta de una serie de capas de atención y capas de punto a punto.

Las capas de atención son las que permiten aprender relaciones entre palabras en una oración. Las capas de punto a punto son las que permiten aprender representaciones de palabras y frases.

La arquitectura Phi-2 también utiliza una técnica llamada «recurrencia temporal» que permite a los *transformer* aprender patrones en el tiempo. Esto es importante para tareas como la comprensión del lenguaje natural, donde los datos a menudo están organizados en un orden temporal. A continuación se muestra una descripción más detallada de cada componente de la arquitectura Phi-2:

- ▸ **Capas de atención:** las capas de atención son la parte más importante de la arquitectura de Phi-2. Son las que permiten a los *transformer* aprender relaciones entre palabras en una frase. Las capas de atención funcionan comparando las representaciones de las palabras en una frase y generando una puntuación que indica el grado de relación entre las palabras dentro de una frase.

- ▸ **Capas de punto a punto:** las capas de punto a punto son responsables de aprender representaciones de palabras y oraciones. Estas funcionan aplicando una serie de operaciones matemáticas a las representaciones de las palabras.

► **Recurrencia temporal:** la recurrencia temporal permite a los *transformer* aprender patrones en el tiempo. La recurrencia temporal mantiene una representación de la frase anterior que se utiliza para ayudar a interpretar la frase actual.

En la siguiente URL podemos ver un ejemplo de cómo usar este modelo utilizando el repositorio de Hugging Face (https://huggingface.co/microsoft/phi-2).

Gemini

Gemini es una nueva herramienta de inteligencia artificial (IA) creada por el equipo de Deepmind de Google que se anunció en enero de 2023. Está diseñada para ser una plataforma multi-modal que puede comprender, operar e integrar varios tipos de información, como texto, código, audio, imágenes y vídeo. Gemini tiene un amplio espectro de aplicaciones, entre las que se incluyen:

► **Análisis predictivo:** Gemini puede utilizarse para analizar datos y predecir resultados futuros. Por ejemplo, podría utilizarse para predecir el riesgo de fraude o para optimizar el rendimiento de las operaciones.

► **Experiencias de usuario personalizadas:** Gemini puede utilizarse para crear experiencias de usuario personalizadas para cada individuo. Esto podría incluir la recomendación de productos o servicios, la generación de contenido personalizado o la adaptación de la interfaz de usuario.

En el siguiente artículo «Gemini: A Family of Highly Capable Multimodal Models» [4] encontramos la publicación realizada por la investigación realizada en este campo de los modelos multimodales.

Google DeepMind

Gemini: A Family of Highly Capable Multimodal Models

Gemini Team, Google[1]

This report introduces a new family of multimodal models, Gemini, that exhibit remarkable capabilities across image, audio, video, and text understanding. The Gemini family consists of Ultra, Pro, and Nano sizes, suitable for applications ranging from complex reasoning tasks to on-device memory-constrained use-cases. Evaluation on a broad range of benchmarks shows that our most-capable Gemini Ultra model advances the state of the art in 30 of 32 of these benchmarks — notably being the first model to achieve human-expert performance on the well-studied exam benchmark MMLU, and improving the state of the art in every one of the 20 multimodal benchmarks we examined. We believe that the new capabilities of Gemini models in cross-modal reasoning and language understanding will enable a wide variety of use cases and we discuss our approach toward deploying them responsibly to users.

Figura 7.3. Extracto del artículo «Gemini: A Family of Highly Capable Multimodal Models».

Gemini tiene una serie de características que la distinguen de otras herramientas de IA. Estas características incluyen:

► **Capacidad multimodal:** Gemini destaca por sus capacidades multimodales y su manera de afrontar el procesamiento complejo de datos.

► **Aprendizaje automático:** Gemini ha sido entrenado con un conjunto masivo de datos de texto, código, audio, imágenes y vídeo. Esto le permite aprender patrones y relaciones en los datos que no serían posibles de detectar con métodos tradicionales.

► **Integración con Google Workspace:** Gemini se integra con Google Workspace, lo que permite a los usuarios utilizarla en aplicaciones como Gmail, Docs, Sheets y Slides, lo que facilita a los usuarios acceder a Gemini y utilizarlo para sus tareas diarias.

Algoritmia relevante en el ámbito de la IA generativa

La inteligencia artificial generativa se fundamenta principalmente en técnicas de aprendizaje no supervisado. Esto difiere de los modelos de aprendizaje supervisado, que necesitan datos etiquetados para orquestar su fase de entrenamiento. La ausencia de tales restricciones de etiquetado en los modelos de aprendizaje no supervisado, como las redes generativas adversariales (GAN) o los *autoencoder* variacionales (VAE), permite utilizar conjuntos de datos más amplios y heterogéneos, lo que da lugar a simulaciones que imitan fielmente los escenarios del mundo real. El objetivo principal de estos modelos generativos es descifrar la distribución de probabilidad intrínseca a la que se adhiere el conjunto de datos.

Una vez que el modelo está entrenado de forma competente, posee la capacidad de generar nuevas muestras de datos que son estadísticamente coherentes con el conjunto de datos original. Estas muestras sintetizadas se extraen de la distribución aprendida, lo que amplía la aplicabilidad de los modelos generativos en diversos sectores como la sanidad, las finanzas y las industrias creativas.

El panorama de la IA generativa está dominado principalmente por dos arquitecturas clave: las redes generativas adversarias (GAN) y los *transformer* generativos preentrenados (GPT). Las GAN funcionan mediante redes neuronales duales, compuestas por un generador y un discriminador. El generador genera datos sintéticos, mientras que el discriminador evalúa la autenticidad de estos datos. Este mecanismo adversarial continúa de forma iterativa hasta que el discriminador ya no puede distinguir entre activos reales y sintéticos, validando así el contenido generado.

La interacción entre los VAE y los sistemas multimodales ejemplifica la próxima frontera de la IA generativa. No solo promete una mayor precisión, sino también la capacidad de generar resultados ricos en contexto y conscientes de las variaciones entre los distintos tipos de datos. En este contexto, la IA generativa ha dejado de ser una simple herramienta de generación de datos para convertirse progresivamente en una plataforma interdisciplinar capaz de comprender los matices y resolver problemas complejos en diversos sectores.

Para resumir, en el ámbito de la inteligencia artificial generativa, algunos de los algoritmos más relevantes son:

- ► **Redes generativas adversarias (GANs):** las GAN son uno de los avances más significativos en la generación de contenido. Consisten en dos redes neuronales, un generador y un discriminador, que compiten entre sí. El generador intenta crear datos realistas, mientras que el discriminador intenta distinguir entre datos reales y generados. Esta competencia impulsa la mejora continua en la calidad de las muestras generadas.

- ► **Redes neuronales recurrentes (RNN) y redes neuronales de atención:** en el ámbito de la generación de texto, las RNN y las redes neuronales de atención son fundamentales. Las RNN permiten la generación de secuencias, y las redes de atención se utilizan para dar más peso a ciertas partes de la entrada al generar una salida, mejorando así la calidad y coherencia de las secuencias generadas.

- ► **Los *transformer* y GPT (*Generative Pre-trained Transformers*):** los modelos basados en los *transformer*, como GPT, han demostrado ser muy exitosos en tareas generativas. Estos modelos son preentrenados con grandes conjuntos de datos y pueden generar contenido coherente y contextualmente relevante. GPT-3, por ejemplo, se ha utilizado para tareas como la generación de texto, código, e incluso ha demostrado tener habilidades de razonamiento.

▸ **Variational Autoencoders (VAEs):** los VAEs son utilizados en la generación de datos con estructuras latentes. Estos modelos son capaces de aprender distribuciones probabilísticas en el espacio latente, lo que permite muestrear y generar datos nuevos de manera creativa.

▸ **Algoritmos evolutivos:** los algoritmos evolutivos, como los algoritmos genéticos, se pueden utilizar para la generación de contenido creativo. Estos algoritmos imitan procesos evolutivos, como la selección natural y el cruce, para evolucionar soluciones y generar nuevos artefactos.

▸ **Flujos de transformación:** los modelos basados en flujos de transformación, como RealNVP (https://paperswithcode.com/method/realnvp), han sido aplicados en la generación de imágenes. Estos modelos capturan las relaciones entre los píxeles y permiten generar imágenes de alta calidad.

▸ **Modelos de densidad parcial autoregresiva (PAR):** los modelos PAR, como PixelRNN (https://paperswithcode.com/method/pixelrnn) y PixelCNN (https://paperswithcode.com/method/pixelcnn), se utilizan para modelar distribuciones de probabilidad conjunta sobre los píxeles de una imagen. Estos modelos permiten generar imágenes de manera autoregresiva, considerando la dependencia de los píxeles anteriores.

Referencias

[1] Touvron, Hugo *et al*.: *Llama 2: Open Foundation and Fine-Tuned Chat Models*. 2023. DOI: 10.48550/arXiv.2307.09288.

[2] *Phi-2: The surprising power of small language models* https://www.microsoft.com/en-us/research/blog/phi-2-the-surprising-power-of-small-language-models/.

[3] Gunasekar, Suriya *et al*.: *Textbooks Are All You Need*. 2023. DOI: 10.48550/arXiv.2306.11644.

[4] Gemini Team, «*Gemini: A Family of Highly Capable Multimodal Models*», 2023. DOI: 10.48550/arXiv.2312.11805.

Capítulo 8

Procesamiento de lenguaje natural (PLN)

Introducción al procesamiento de lenguaje natural

El procesamiento de lenguaje natural es una subárea del aprendizaje automático enfocada en definir mecanismos para que los ordenadores puedan comprender y manipular el lenguaje natural de las personas, tanto en formato textual como hablado. El objetivo de esta comprensión del lenguaje es aplicar dichos sistemas a tareas específicas como, por ejemplo, la traducción, la clasificación, el resumen, la generación o la recuperación de información de textos, así como el reconocimiento del habla humana.

Se trata de una rama multidisciplinar de la inteligencia artificial que se dedica a transmitir los conocimientos humanos sobre el lenguaje natural a las máquinas para que se puedan realizar una gran cantidad de tareas como la recuperación de información, los resúmenes automáticos, la traducción automática, el reconocimiento de voz, la corrección de errores gramaticales, los sistemas de pregunta-respuesta, el reconocimiento de entidades nombradas y la clasificación de texto. A raíz de la aparición del *deep learning* y las arquitecturas *transformer*, este campo de la inteligencia artificial ha sido uno de los que más se ha desarrollado y popularizado.

En los últimos años, esta disciplina ha recibido mucha atención tanto de la academia como por parte de la industria, sobre todo desde la aparición de los modelos de atención como el *transformer*, que revolucionó la forma de crear modelos de lenguaje y el estado del arte. Desde su aparición, y gracias a librerías como Hugging Face (https://huggingface.co), se ha conseguido democratizar el procesamiento del lenguaje natural para todos los investigadores y desarrolladores de modelos de inteligencia artificial.

La mayoría de los modelos clásicos del lenguaje funcionan aprendiendo la distribución de probabilidades de cada palabra en el lenguaje para poder adivinar la siguiente palabra más probable. Para aprender sobre el lenguaje, los modelos son entrenados con grandes corpus como **OSCAR** (*Open Superlarge Crawled Aggregated coRpus*) https://oscar-project.org, que contiene varios GB de textos de páginas webs en diferentes idiomas. Para acceder a este corpus, podemos hacerlo a través del proyecto de Hugging Face https://huggingface.co/oscar-corpus.

La evolución del procesamiento del lenguaje natural

El procesamiento del lenguaje natural (PLN) ha experimentado una evolución significativa a lo largo de los años, impulsada por avances en la investigación, el aumento en la disponibilidad de datos y el progreso en la capacidad computacional. A continuación, se muestran las principales etapas en la evolución del PLN:

▶ **1950-1960 (Fundación teórica):** Alan Turing propone la «Prueba de Turing» en 1950, estableciendo los fundamentos teóricos de la inteligencia artificial y del PLN. En 1954, IBM desarrolla la primera máquina de traducción automática.

▶ **1970-1980 (Reglas y gramáticas):** durante este período, los esfuerzos se centran en el estudio de sistemas basados en reglas y gramáticas para analizar y comprender el lenguaje. El desarrollo del modelo de gramática generativa de Noam Chomsky influyó en la teoría lingüística y en el PLN.

▶ **1990-2000 (Estadísticas y corpus):** la estadística y el aprendizaje automático comienzan a jugar un papel central. Se introducen los modelos basados en corpus y técnicas como los modelos ocultos de Markov (HMM) y los modelos de n-gramas. Se desarrollan los primeros sistemas de respuesta a preguntas y tecnologías de búsqueda en motores de búsqueda.

▶ **2000-2010 (Auge del aprendizaje automático):** mayor enfoque en el aprendizaje automático, especialmente en modelos basados en características y clasificación. Se desarrollan modelos basados en las máquinas de soporte vectorial (*Support Vector Machines*, SVM) y aumenta la popularidad de los algoritmos de aprendizaje profundo.

▶ **2010-2020 (Aprendizaje profundo y modelos *transformer*):** auge de los modelos basados en el aprendizaje profundo, en particular, las redes neuronales recurrentes (RNN) y las redes neuronales convolucionales (CNN). La introducción de modelos *transformer*, como BERT (*Bidirectional Encoder Representations from Transformers*), marca un hito significativo en el rendimiento de los modelos basados en PLN. Se desarrollan los modelos de lenguaje preentrenados, la transferencia de aprendizaje y aplicaciones como chatbots, la traducción automática y el resumen de texto. Se avanza en la generación de texto con modelos como GPT (*Generative Pre-trained Transformer*) y sus versiones sucesivas.

▶ **A partir de 2020 (Integración multimodal y enfoque ético):** Integración de múltiples modalidades, como texto, imagen y audio, en sistemas de PLN. Mayor enfoque en la ética y la equidad en el PLN, así como en la mitigación de sesgos y en la explicabilidad de los modelos. Investigación continua en modelos más grandes y eficientes, así como la aplicación del PLN en campos como la atención médica, la seguridad y la toma de decisiones.

Como vemos, la evolución del PLN ha estado impulsada por un ciclo constante de avances teóricos, algoritmos y hardware más potente. El aprendizaje profundo y los modelos *transformer* han sido particularmente revolucionarios en la última década, permitiendo avances significativos en diversas aplicaciones del PLN.

Modelos de lenguaje

Los modelos de lenguaje son herramientas fundamentales en el campo del procesamiento del lenguaje natural. Estos modelos se basan en investigaciones de inteligencia artificial y aprendizaje automático y utilizan una combinación de técnicas estadísticas y algoritmos para capturar la estructura y las relaciones entre las palabras y las frases de un lenguaje determinado.

Los modelos de lenguaje analizan secuencialmente un texto y predicen la probabilidad de que aparezca una determinada palabra en una posición dada, basándose en el contexto previo. Esto significa que estos modelos no solo tienen la capacidad de comprender el texto, sino también de predecir y generar texto nuevo y coherente.

Estos modelos aprenden a partir de grandes cantidades de datos de texto que se les proporcionan durante su entrenamiento. A medida que se exponen a más y más información, adquieren un conocimiento más profundo del lenguaje y mejoran su capacidad para entender y generar texto con precisión.

Uno de los aspectos más destacados de los modelos de lenguaje es su capacidad de comprensión contextual. Estos modelos pueden analizar y entender el significado de las palabras y frases en función de su contexto específico, lo que les permite generar texto coherente y relevante en diferentes situaciones. Esta habilidad es especialmente útil en tareas como la traducción automática, en las que se requiere una comprensión precisa del contexto para producir traducciones exactas.

Aplicaciones de los modelos de lenguaje

Un modelo del lenguaje es una de las aplicaciones del procesamiento del lenguaje natural más comunes. Su objetivo consiste en estimar la distribución de probabilidad de unidades lingüísticas, como palabras o frases. De esta manera, se consigue construir un modelo que, dada una cadena de entrada formada por varias de estas unidades, tiene la capacidad de predecir la siguiente secuencia que formará parte de la cadena de salida. Por ejemplo, puede predecir la siguiente palabra o frase al introducir un texto donde cada entrada es una palabra o una frase, respectivamente. Para ello, el modelo debe saber interpretar tanto la sintaxis como la semántica de la frase.

Se ha comprobado que los modelos de lenguaje permiten desarrollar muchas características del mismo, como dependencias a largo plazo y relaciones jerárquicas [1]. Se trata de modelos entrenados de manera no supervisada, para los que las muestras de entrenamiento consisten en multitud de textos. El modelo aprende a determinar la probabilidad de cada una de las palabras, dada la secuencia anterior de palabras, de manera que es capaz de generalizar palabras o frases diferentes a las del entrenamiento.

Inicialmente, no se había demostrado que estos modelos pudieran realizar tareas más allá de aquellas para las que se les había entrenado, es decir, la predicción de palabras o frases. No obstante, uno de los últimos avances ha permitido emplear estos modelos de lenguaje para optimizar diversas tareas en las que interviene la transferencia de aprendizaje (*transfer learning*), una técnica en la que, en vez de entrenar un modelo para una aplicación objetivo desde cero, se reutiliza un modelo del lenguaje preentrenado.

El uso de estas técnicas de *transfer learning* es similar al empleo de *word embeddings* para representar las palabras, introduciendo una primera capa de neuronas denominada capa de *embedding* que tiene una inicialización de pesos iniciales de la red neuronal. En un modelo inicializado únicamente con *word embeddings*, el aprendizaje se transfiere solo a la primera capa del modelo, teniendo que entrenar al resto de la red desde cero, lo cual requiere enormes *datasets* y un alto coste computacional para conseguir buenos resultados.

El empleo del modelado del lenguaje durante la fase de preentrenamiento ha permitido representar no solo características de uso de las palabras, como la semántica, sino también la forma de empleo de las palabras en el contexto lingüístico. En el estado del arte se ha demostrado empíricamente que los modelos de lenguaje se pueden usar como modelos preentrenados para resolver tareas más complejas, como la clasificación de textos, la traducción automática o la inferencia del lenguaje natural, entre otras. En este punto podemos diferenciar los modelos de *word embeddings* en dos tipos:

- ▶ **Fixed word embeddings**: son modelos que únicamente representan las palabras en su forma vectorial teniendo en cuenta la semántica de las palabras.
- ▶ **Contextual word embeddings**: son modelos preentrenados que permiten obtener relaciones más complejas de las palabras ya que tienen en cuenta el contexto de estas. Un ejemplo de la mejora de estos modelos respecto a los anteriores es la distinción de palabras que tienen diferentes significados (polisémicas), ya que permiten distinguir el significado de una palabra dependiendo del contexto en el que se encuentre.

Los últimos avances en el estado del arte del procesamiento del lenguaje natural han ocurrido en torno a diversos modelos de lenguaje que permiten realizar la transferencia del lenguaje optimizando modelos de aprendizaje profundo para tareas específicas. A continuación, se resumen algunos de estos modelos:

► **Aprendizaje secuencial semisupervisado:** fue uno de los primeros modelos de lenguaje que permitió aplicar técnicas de *fine tuning* en tareas de procesamiento del lenguaje. El equipo de Google desarrolló este modelo para mejorar el aprendizaje de redes neuronales recurrentes mediante dos perspectivas diferentes. El primero consistía en un modelo de lenguaje convencional, cuyo objetivo era predecir la palabra siguiente a una frase, mientras que la segunda aproximación empleaba una estructura denominada *sequence autoencoder*, la cual transforma una secuencia dada en un vector, a partir del cual se vuelve a reconstruir la secuencia de entrada. Este trabajo utiliza estos algoritmos como modelo de aprendizaje no supervisado cuyos pesos preentrenados sirven para la inicialización de un modelo supervisado, y demuestra que al preentrenar redes LSTM con *sequence autoencoders*, se mejora el entrenamiento y la generalización de los modelos [2].

► ***Transformer:*** un equipo de investigación de Google desarrolló esta estructura de red neuronal basada en el mecanismo de autoatención, sin tener que emplear ni redes recurrentes ni convolucionales. El modelo *transformer* tiene una estructura que permite obtener las dependencias globales entre la entrada y la salida gracias a la combinación de la técnica de *self-attention* con una arquitectura tipo *encoder-decoder*. En esta arquitectura, el codificador (*encoder*) convierte las secuencias de palabras de entrada en un vector numérico, a partir del cual el decodificador (*decoder*) trata de generar de nuevo la secuencia de palabras. La diferencia con el esquema clásico *encoder-decoder* consiste en que en un modelo *transformer*, tanto en el codificador como en el decodificador se emplean capas que incluyen el mecanismo *self-attention*. En la práctica, este modelo permitió obtener los mejores resultados hasta la fecha en tareas de traducción automática.

- ▶ **ELMo (*Embeddings from Language Models*):** este modelo preentrenado surge a partir de los modelos de representación vectorial de las palabras, añadiendo la capacidad de representar estos vectores teniendo en cuenta, no solo la palabra en sí, sino también el contexto en el que se encuentra, denominando este concepto como *contextualized word-embeddings*. La representación vectorial de las palabras se genera a partir de una combinación lineal del estado interno de un modelo de lenguaje profundo, formado por LSTM bidireccionales, que se preentrena con un corpus formado por múltiples textos.

- ▶ **ULM-FiT (*Universal Language Model Fine-tuning*):** introduce un modelo de lenguaje y un proceso para llevar a cabo el «*fine-tuning*» de manera más eficiente, de modo que dicho modelo de lenguaje pueda realizar varias tareas. La estructura del modelo preentrenado es similar a la que se emplea en el campo de visión por ordenador con el conocido ImageNet.

- ▶ **GPT (*Generative Pre-training*):** este modelo fue creado por Open AI con el objetivo de conseguir una representación universal que se pueda transferir a tareas específicas con los menores cambios posibles. La estructura del modelo emplea una parte del modelo del *transformer*, en concreto, un decodificador *transformer* multicapa, lo cual le permite tratar las dependencias a largo plazo mejor que empleando redes recurrentes. Durante la transferencia del aprendizaje, emplea adaptaciones específicas en la entrada para cada tarea objetivo, permitiendo así llevar a cabo el *fine tuning* de manera eficiente con mínimos cambios en la estructura del modelo preentrenado.

- ▶ **BERT (*Bidirectional Encoder Representations from Transformers*):** este modelo de representación de lenguaje, creado por Google AI Language, fue diseñado para preentrenar representaciones bidireccionales de texto no etiquetado teniendo en cuenta el contexto en ambas direcciones [3]. Los modelos de lenguaje desarrollados hasta el momento tenían la limitación de ser unidireccionales, lo que empeora las capacidades para llevar a cabo tareas de PLN, en las que es crucial incorporar el contexto en ambas direcciones. Para ello, BERT emplea un modelo de lenguaje enmascarado en determinados tokens de entrada de manera aleatoria, con el objetivo de predecir la identificación del vocabulario original de la palabra enmascarada basándose únicamente en su contexto. El código fuente de este modelo se encuentra publicado en el siguiente repositorio de GitHub: https://github.com/google-research/bert.

▸ **RoBERTa:** el equipo de Facebook AI replicó el modelo de BERT con algunas variaciones con el objetivo de mejorar su rendimiento. Los autores consideraban que BERT no explotaba al máximo su entrenamiento, por lo que emplearon un nuevo *dataset* más grande, además de un número mayor de iteraciones. Asimismo, eliminaron el objetivo del entrenamiento del modelo original, referido a la predicción de secuencias posteriores [4].

▸ **GPT-2:** el equipo de OpenAI desarrolló una segunda versión de su modelo GPT. Este modelo ampliado cuenta con 1500 millones de parámetros que son entrenados mediante un *dataset* de 40 gigas de páginas web llamado WebText [5]. Emplea una arquitectura basada en *transformers,* de manera similar al modelo anterior. No obstante, añade algunas modificaciones en este nuevo modelo, como una capa adicional de normalización tras el último bloque de *self-attention*. Además, incrementa el tamaño del vocabulario y la cantidad de tokens que se tienen en cuenta para el contexto. Este modelo adquiere una gran capacidad en la transferencia del aprendizaje desde cero, mejorando su eficiencia y desempeño al realizar múltiples tareas.

▶ **XLNet:** se trata de un modelo autorregresivo preentrenado que permite representar el contexto de manera bidireccional, maximizando la probabilidad esperada en todas las permutaciones del orden de factorización [6]. Este modelo se basa en BERT, y trata de superar sus limitaciones mediante la formulación autorregresiva. Además, el modelo emplea ideas de Transformer-XL [7]. Con su implementación, la arquitectura de XLNet consigue mejorar los resultados obtenidos por BERT en distintas tareas como la inferencia del lenguaje natural, el análisis de sentimiento o la respuesta automática a preguntas.

▶ **ERNIE (*Enhanced Representation through Knowledge Integration*):** este modelo, inspirado en la técnica de enmascaramiento de BERT, está diseñado para entrenar y aprender una representación del lenguaje mejorada al incluir el enmascaramiento a nivel de frase o de entidad [8]. De esta manera, no se enmascara por palabras de entrada, sino que puede tener en cuenta unidades compuestas por varias palabras, que tengan un significado en su conjunto. De esta forma, el conocimiento que aportan las frases y las entidades, se aprende de forma implícita durante el entrenamiento. Se consigue así que el modelo aprenda las dependencias semánticas a largo plazo, la relación entre entidades y sus propiedades, y se obtiene una robusta representación de las palabras. Asimismo, esta técnica da lugar a un modelo con mejor generalización y adaptabilidad.

▶ **ALBERT:** intenta solucionar el problema del coste computacional de los grandes modelos de lenguaje. ALBERT usa la misma arquitectura que BERT, con la diferencia de que utiliza dos técnicas para disminuir el número de parámetros de la red neuronal [9]. La primera de las técnicas es la parametrización factorizada de los *embeddings*, que divide las matrices de palabras en matrices más pequeñas y la segunda son los parámetros compartidos a través de las capas, lo que evita que la red genere un número excesivo de parámetros a medida que la complejidad aumenta. De esta manera, se obtienen resultados similares a los de BERT con un tiempo de entrenamiento significativamente menor. Otra diferencia con respecto al modelo de BERT es que sustituye la predicción de la siguiente frase por la predicción del orden en el que se presentan dos frases consecutivas, que pueden estar en orden o no, y el modelo debe decir si están ordenadas o desordenadas.

Falcon 180B

Falcon 180B es un modelo de lenguaje de gran tamaño, entrenado en un conjunto de datos masivos de texto y código, lanzado por el Technology Innovation Institute de Emiratos Árabes Unidos (https://falconllm.tii.ae) en septiembre de 2023. Se entrenó con 180 mil millones de parámetros y 3 500 millones de tokens por lo que supera al modelo de LLaMA2 y a GPT-3.5. Es gratuito para uso comercial o de investigación, pero para ejecutarlo se necesita mucha potencia a nivel de servidores. Puede generar texto, traducir idiomas, escribir diferentes tipos de contenido creativo y responder a preguntas de manera informativa. Las características principales de Falcon 180B son:

- **Tamaño:** Falcon 180B tiene 180 mil millones de parámetros, lo que lo convierte en uno de los modelos de lenguaje más grandes del mundo.
- **Entrenamiento:** Falcon 180B se entrenó en un conjunto de datos masivos de texto y código, que incluye libros, artículos, código fuente y otros tipos de datos.
- **Capacidades:** Falcon 180B puede generar texto, traducir idiomas, escribir diferentes tipos de contenido creativo y responder a sus preguntas de manera informativa.

Falcon 180B puede utilizarse para mejorar la precisión y el rendimiento de las aplicaciones de IA que requieren generación de texto, traducción, creación de contenido o respuesta a preguntas. Por ejemplo, este modelo se puede utilizar para mejorar la precisión de los chatbots, de los sistemas de traducción automática y de los sistemas de búsqueda de información. En el ámbito de la IA, se podría utilizar para una variedad de tareas, entre otras:

- **Generación de texto:** Falcon 180B se puede utilizar para generar texto creativo, como poemas, historias, guiones, etc.
- **Traducción:** Falcon 180B se puede utilizar para traducir idiomas de forma precisa.
- **Creación de contenido:** Falcon 180B se puede utilizar para crear diferentes tipos de contenido creativo, como artículos, blogs, piezas musicales, etc.
- **Respuesta a preguntas:** Falcon 180B se puede utilizar para responder a preguntas de forma informativa, incluso si son abiertas, desafiantes o extrañas.

OPT-175B

OPT-175B es un modelo de lenguaje desarrollado por Meta AI Research con 175 mil millones de parámetros, entrenado con un conjunto de datos de texto y código de 180 mil millones de tokens.

OPT-175B tiene una serie de características que lo convierten en un modelo de lenguaje potente y versátil. En primer lugar, su tamaño le permite aprender patrones complejos del lenguaje. Esto le permite generar texto de muy buena calidad, traducir idiomas, escribir diferentes tipos de contenido creativo y responder a preguntas de manera informativa.

Este modelo comprende una serie de *transformers* preentrenados solo para decodificadores, que van desde 125M hasta 175B de parámetros. OPT-175B, uno de los modelos de lenguaje generativo de código abierto más avanzados del mercado, es el hermano más potente, con un rendimiento similar al de GPT-3. Tanto los modelos preentrenados como el código fuente están disponibles en el repositorio de Github de Facebook Research https://github.com/facebookresearch/metaseq/tree/main/projects/OPT.

Algunas de las aplicaciones potenciales de OPT-175B incluyen:

- ▶ **Generación de texto:** OPT-175B puede generar texto de calidad humana para una variedad de propósitos, como la creación de contenido creativo, la traducción de idiomas y la respuesta a preguntas.
- ▶ **Traducción:** OPT-175B puede traducir texto entre idiomas de forma precisa y fluida.
- ▶ **Escritura de diferentes tipos de contenido creativo:** OPT-175B puede escribir diferentes tipos de contenido creativo, como poemas, historias, guiones y piezas musicales.
- ▶ **Respuesta a preguntas de manera informativa:** OPT-175B puede responder a preguntas de manera informativa, incluso si son abiertas, desafiantes o extrañas.

OPT-175B se encuentra actualmente en desarrollo, pero ya se ha utilizado para realizar tareas de inteligencia artificial, como la traducción de idiomas, la generación de texto creativo y la respuesta a preguntas. A medida que el modelo continúe desarrollándose, es probable que se utilice en una gama aún más amplia de aplicaciones.

Aprendizaje profundo en el procesamiento de lenguaje natural

Las redes neuronales han permitido obtener grandes mejoras en el procesamiento del lenguaje natural en los últimos años. A pesar de que el aprendizaje automático avanzó enormemente en distintos campos alrededor del año 2000, el procesamiento del lenguaje natural ha sido uno de los que más ha tardado en obtener buenos resultados.

Inicialmente, para resolver tareas de PLN se empleaban redes neuronales convolucionales, pero no conseguían relacionar el contexto de manera adecuada, es decir, no permitían captar el significado de una palabra en una frase, ya que las denominadas *feed forward networks* solo tienen acceso a la entrada actual, sin contar con ningún tipo de memoria.

Para conseguir representar el contexto y mantener información relativa a entradas anteriores, se empezaron a utilizar redes neuronales recurrentes, las cuales permiten que las neuronas se retroalimenten, aceptando de esta forma entradas secuenciales. Por esta razón, los resultados mejoran al emplear redes con memoria a largo plazo, como las LSTM. Al emplear la arquitectura LSTM, la red neuronal retiene la información que considera relevante, tanto a largo como a corto plazo, descartando la información irrelevante.

Asimismo, en los problemas relacionados con el procesamiento del lenguaje, también se deben considerar las dependencias con las palabras que suceden a la actual, por lo que es beneficioso tener en cuenta las secuencias o frases en ambas direcciones. Esto se puede llevar a cabo mediante dos capas de LSTM, cada una observando las dependencias en una dirección y combinando sus salidas, lo que da lugar a una estructura denominada red LSTM bidireccional o BiLSTM. Un inconveniente de estas redes es que son muy sensibles a los valores de los hiperparámetros cuando tratan con textos largos.

Una de las tareas más importantes del PLN es el modelado del lenguaje natural, que consiste en crear un modelo que, dado un conjunto de frases o palabras previas, permita predecir las siguientes. La potencia de los modelos de lenguaje, radica en el hecho de que pueden capturar implícitamente las relaciones sintácticas y semánticas entre las palabras. Por ello, no solo se usan en la tarea de predicción de palabras, sino que también se ha demostrado que se pueden emplear como modelos preentrenados.

Esto quiere decir que los pesos obtenidos en dicho modelo se pueden usar como inicialización de las redes LSTM, cuya tarea a resolver es diferente a la del modelo de lenguaje. De esta forma, se obtiene una mejora en el entrenamiento y en la generalización del modelo final. También se ha demostrado que, al emplear datos sin etiquetar y, por tanto, en las fases de preentrenamiento, se consigue una mayor generalización en el posterior entrenamiento del modelo supervisado. Este hecho adquiere gran relevancia cuando hay limitaciones en la obtención de datos.

Por otro lado, un mecanismo que ha tenido un gran impacto en las redes neuronales para el procesamiento del lenguaje ha sido el denominado *attention* [10], una técnica que consiste en dar unos determinados valores o pesos a aquellas palabras que se deben tener en cuenta con mayor atención dentro de una frase. De esta manera, la red aprende a prestar atención a determinadas palabras en función del estado oculto de la red neuronal y de sus pesos. En el estado del arte han surgido modificaciones a este mecanismo, donde destaca el denominado *self attention* [11], el cual implica prestar atención a determinadas palabras dentro de la misma frase.

Otro aspecto importante a mencionar en el procesamiento del lenguaje mediante técnicas de *deep learning* es la manera en la que se representa el lenguaje para ser tratado por la red. Tradicionalmente, el texto se ha representado computacionalmente mediante representaciones discretas, también conocidas como *one hot encoding*.

Se trata de vectores cuya longitud es igual a la cantidad de palabras del vocabulario con el que se vaya a trabajar. Para representar una palabra determinada, se indica con un 1 aquel elemento del vector que se corresponde con la palabra deseada en el vocabulario, y el resto de las posiciones se marcan con un 0. Esta técnica usa el concepto de *bag of words*, en el que se asigna el número de veces que aparece cada palabra en el vector del vocabulario. Se trata de una representación vectorial que no tiene en cuenta el orden de las palabras ni su contexto, por lo que pierde una gran cantidad de información sobre el texto tratado.

Con el objetivo de obtener una representación de las palabras que indique su información semántica y la relación entre otras palabras, surgen los conocidos *word embeddings* o representaciones vectoriales de las palabras, los cuales se analizan a continuación.

Modelo de embeddings

Un modelo de *embeddings*, en el contexto del aprendizaje automático y el procesamiento del lenguaje natural, se refiere a una técnica que asigna palabras o frases a vectores de números, también conocidos como *embeddings* que representan de manera semántica las características de las palabras o frases en un espacio vectorial.

La idea central detrás de los *embeddings* es capturar las relaciones semánticas y las similitudes entre las palabras. En lugar de representar las palabras como identificadores discretos o como características aisladas, los *embeddings* intentan asignar vectores continuos en los que las palabras con significados similares estén más cerca en el espacio vectorial. A continuación, se muestran algunos puntos clave sobre los modelos de *embeddings*:

- ▶ **Word Embeddings (incrustaciones de palabras):** en el contexto del procesamiento de lenguaje natural, los modelos de *embeddings* se utilizan comúnmente para representar palabras como vectores. Cada palabra de un vocabulario se asigna a un vector de números reales que intenta capturar su significado y contexto en función de su uso en el lenguaje.

- ▶ **Entrenamiento supervisado y no supervisado:** los modelos de *embeddings* pueden entrenarse de manera supervisada o no supervisada. En el entrenamiento supervisado, se utilizan pares de entrada-salida para aprender la representación vectorial. En el entrenamiento no supervisado, los modelos intentan aprender patrones y relaciones semánticas directamente de grandes cantidades de datos.

▶ ***Embeddings* preentrenados:** los *embeddings* preentrenados también se utilizan a menudo como parte de modelos más grandes y complejos en tareas específicas. Esto se conoce como transferencia de aprendizaje, en el que los conocimientos adquiridos al aprender *embeddings* en grandes corpus de texto se transfieren a tareas específicas con conjuntos de datos más pequeños.

▶ **Word2Vec, GloVe, FastText:** Word2Vec, GloVe y FastText son ejemplos de algunos de los algoritmos más utilizados para generar *embeddings* de palabras. En los siguientes puntos se analizarán con detalle estos modelos. La idea principal de estos modelos consiste en que el significado de una palabra está determinado por las palabras que aparecen frecuentemente junto a ella, por lo que se extrae el significado de las palabras mediante el contexto en el que se encuentran.

En resumen, los modelos de *embeddings* son potentes herramientas para representar de manera eficiente y semántica palabras y otros elementos en el aprendizaje automático y el procesamiento del lenguaje natural. Estas representaciones vectoriales densas permiten capturar y transferir conocimientos sobre el significado y las relaciones entre elementos en un espacio dimensional reducido.

Word embeddings (incrustaciones de palabras)

Como hemos analizado, los *embeddings* son un tipo de representación vectorial de un texto en el que las palabras con significado similar tienen vectores similares y cada palabra está representada por un único vector.

Los primeros intentos más relevantes de usar las redes neuronales en el PLN son los modelos de *embeddings* [12], ya que la representación vectorial de las palabras puede ser mapeada fácilmente en una red neuronal. Su propósito es reemplazar los modelos clásicos, como la bolsa de palabras (*bag of words*), con *embeddings* más inteligentes que aprenden sobre una palabra en base a las palabras que la rodean y no solo usando la frecuencia de las palabras en el texto, como hacían los modelos antiguos.

Para aprender, estos modelos usan técnicas autosupervisadas de predicción de una palabra enmascarada en mitad de la frase y predicción de las palabras enmascaradas alrededor de una palabra fija dentro de una ventana (conocido como *skip-gram*). También existen versiones de *skip-gram* aplicadas a frases enteras para conseguir *embeddings* de frases en vez de palabras.

A través de este proceso, se obtienen *embeddings* para cada palabra del lenguaje. Con estos *embeddings* se pueden crear representaciones vectoriales de los textos para que estén listos para usarse en cualquier tipo de modelo de aprendizaje automático.

Word2vec

Word2vec es un modelo creado por el equipo de Google que devuelve *word embeddings* para representar las palabras de una manera adecuada y eficiente. El algoritmo se aplica a un corpus grande, a partir del cual se obtiene el vocabulario de palabras con su representación en forma de vector.

Word2vec entrena las representaciones de las palabras teniendo en cuenta otras palabras próximas en el corpus de entrada, para lo que recorre cada palabra del documento observando su contexto. Este enfoque se denomina *window-based,* puesto que el contexto se representa como una ventana que va recorriendo el texto del corpus.

Word2Vec es una red neuronal de dos capas, en la que solo se dispone de una capa oculta y una capa de salida. Su función es situar cada palabra del vocabulario en un espacio dimensional, intentando agrupar las palabras que tienen significados semánticos parecidos. Con estos vectores, se puede calcular la «similitud coseno» entre palabras. Con respecto a la función de activación de la capa de salida, además de emplear la clásica función Softmax, se suele utilizar Hierarchical softmax, reduciendo así la complejidad de la capa.

Empleando las similitudes de los vectores calculados hasta el momento, se obtiene la probabilidad del contexto dada la palabra bajo estudio, a partir de lo cual se ajustan los vectores para maximizar dicha probabilidad. Se obtiene así, para todas las palabras, una verosimilitud basada en la probabilidad de que una palabra esté en el contexto de otra. Al maximizar esta verosimilitud, se consigue que, a partir de una palabra, se puedan predecir las palabras de su contexto.

Para ello, el modelo se puede implementar con dos arquitecturas distintas: *Continuous Bag of Words* (CBOW) o Skip-Gram [13]. La metodología de estas arquitecturas convierte la tarea no supervisada de representación vectorial de las palabras en un modelo de entrenamiento supervisado.

En el sistema CBOW, la palabra actual se predice mediante su contexto, es decir, a partir de las palabras anteriores y posteriores. Por otro lado, Skip-Gram predice la frase (el contexto) a partir de la palabra actual o central del contexto. Esta última arquitectura produce resultados más precisos sobre palabras menos frecuentes, siempre que se disponga de grandes *datasets* para el entrenamiento. Además, CBOW es más rápido y proporciona una frecuencia mejor para las palabras más comunes.

GloVe (Global Vectors)

Glove (Global Vectors) es el modelo de representación vectorial propuesto por un grupo de investigadores de la Universidad de Stanford. La aportación de este modelo frente a Word2vec reside en el hecho de que Glove no depende únicamente de estadísticas locales, sino que incorpora además estadísticas globales, mediante la coocurrencia de palabras en el corpus, para obtener los vectores [14].

Para cada texto, este modelo calcula la matriz de coocurrencias en la que aparece el número de veces que cada palabra aparece en ese mismo texto. Después, el modelo se entrena usando esa matriz y la información local, de forma similar a Word2Vec. Se trata, por tanto, de un enfoque híbrido entre los métodos basados en una ventana del contexto (*window-based*), como Word2Vec, y los métodos basados en la factorización matricial.

En la siguiente URL: https://nlp.stanford.edu/projects/glove, encontramos un ejemplo de aplicación de este modelo.

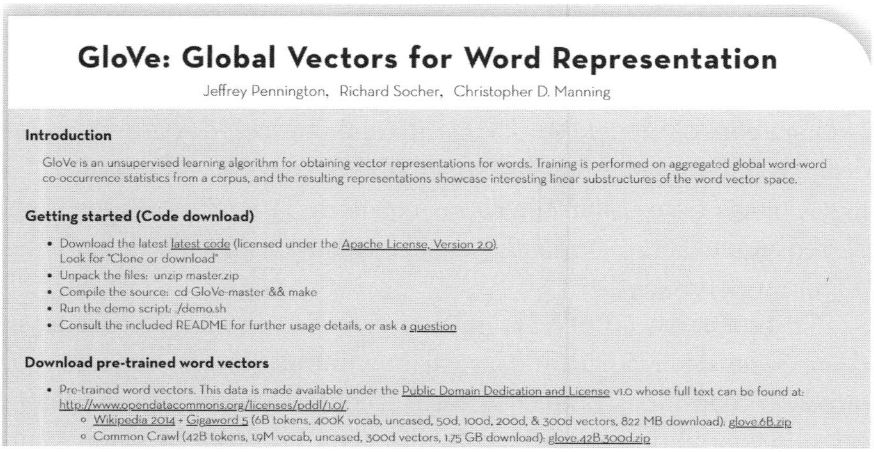

Figura 8.1. Ejemplo de aplicación que usa el modelo GloVe.

FastText

FastText [15] es un algoritmo desarrollado por Facebook Research para la representación de palabras y el aprendizaje de *embeddings* de palabras. A diferencia de los métodos tradicionales, como Word2Vec, que representan las palabras como vectores únicos, FastText representa las palabras como la suma de los vectores de subpalabras (n-gramas) que componen la palabra.

Entre las principales características de este modelo, podemos destacar:

- ▸ **Modelo Skip-gram con Hierarchical Softmax:** FastText utiliza un modelo de lenguaje basado en el método «skip-gram» para aprender las representaciones vectoriales de las palabras. El objetivo es predecir las palabras circundantes a partir de una palabra dada en un contexto.

- ▸ **Representación de subpalabras (n-gramas):** la característica distintiva de FastText es su capacidad para trabajar con subpalabras. En lugar de representar las palabras como entidades discretas, FastText tiene en cuenta todas las subpalabras (n-gramas) que están presentes en una palabra.

▸ ***Embeddings* de subpalabras:** cada subpalabra se representa mediante un vector de *embeddings*. Estos *embeddings* se aprenden durante el entrenamiento del modelo y se combinan para formar la representación de la palabra completa. La representación de una palabra es la suma de los vectores de las subpalabras que la componen.

▸ **Vocabulario extendido:** FastText permite manejar un vocabulario más extenso que los modelos tradicionales, ya que puede representar palabras incluso si no están presentes en los datos de entrenamiento. Esto se debe a que las subpalabras pueden ser compartidas entre varias palabras.

▸ **Hierarchical Softmax:** FastText utiliza una versión jerárquica del Softmax para la predicción de palabras circundantes. Esto acelera el entrenamiento al reducir la complejidad computacional asociada con un Softmax completo.

▸ **Eficiencia computacional:** FastText está diseñado para ser computacionalmente más eficiente y puede manejar grandes cantidades de datos de manera rápida. Esto lo hace adecuado para entrenar modelos en grandes conjuntos de datos de texto.

FastText se utiliza ampliamente en tareas de procesamiento de lenguaje natural, como la clasificación de textos, el análisis de sentimientos y la búsqueda de información. También se ha utilizado para mejorar el rendimiento en tareas multilingües, ya que puede aprovechar las similitudes entre palabras en diferentes idiomas a través de subpalabras compartidas.

La capacidad de FastText para representar palabras basándose en sus subpalabras ha demostrado ser útil en escenarios donde las palabras pueden tener variaciones morfológicas o cuando se trata de lenguajes con una rica morfología. Su eficiencia computacional y su capacidad para manejar extensos vocabularios lo han convertido en una herramienta popular en el campo de la representación de palabras.

Tokenización y preprocesado

Cuando se habló del preprocesamiento de la información en los algoritmos de *machine learning*, se vio que estos modelos tenían un problema: para aplicar operaciones matemáticas sobre los datos de entrada, dichos datos tienen que estar en formato numérico. Para resolver este problema, el procesamiento de lenguaje natural ha tenido que definir ciertas técnicas para transformar los textos con los que trabaja en representaciones numéricas (vectores de números reales conocidos como *embeddings*) que preserven la mayor cantidad posible de información.

A lo largo de la historia han existido múltiples aproximaciones a este problema, pero actualmente los modelos de PLN utilizan el procedimiento que se conoce como tokenización. En este proceso, los textos se descomponen en una lista de unidades atómicas (denominadas tokens) y a cada token se le asigna un *embedding*, de forma que se obtenga una lista de *embeddings* manipulable por los modelos de aprendizaje automático. Dependiendo de lo que se considere como unidad atómica o token, se pueden realizar tres tipos de tokenizaciones diferentes en textos: a nivel de carácter, al de palabra y al de subpalabra.

Tokenización a nivel de carácter

En este tipo de tokenización, se considera cada carácter del texto como un token, los cuales se pasan al modelo de forma individual. El proceso de obtención de *embeddings* se realiza en los siguientes pasos:

► Primero, se divide el texto y se obtiene un listado ordenado de los caracteres que lo componen.

► A cada carácter único se le asigna un número entero que actúa de identificador. De esta forma, se obtiene un mapeo de cada carácter del vocabulario a un número, lo que permite transformar la lista de caracteres del paso anterior en un listado de identificadores numéricos. Este proceso es lo que se conoce como «numericalización».

► Para obtener un vector de dos dimensiones (con los que suelen trabajar las redes neuronales), los identificadores numéricos obtenidos se transforman aplicando la técnica que se conoce como *one-hot-encoding*. De esta forma, a partir de una lista de N identificadores, se obtiene un espacio vectorial de dimensión N en el que cada identificador i se transforma en un vector que tiene un valor de 0 en todas las dimensiones salvo en la dimensión i, en la que tiene un valor de 1. Finalmente, esta matriz en formato *one-hot-encoding* será la que se utilice como entrada al modelo.

En la práctica, este tipo de tokenización no se suele utilizar porque al dividir el texto en caracteres, se pierde el significado del texto, ya que se interpreta este como una secuencia de caracteres independientes.

Tokenización a nivel de palabra

En este caso, se considera que la unidad indivisible o tokens del texto, en lugar de ser los caracteres, son las palabras que lo componen. Esto supone un mejor método que el anterior, ya que ahora se interpretan los textos como una secuencia de palabras, lo que se asemeja al funcionamiento del lenguaje humano. El procedimiento es análogo a la tokenización por caracteres: primero, se divide el texto en una lista de tokens; luego, se establece un mapeo entre cada token único y un identificador numérico; y, finalmente, se aplica un *one-hot-encoding* a la lista de identificadores para obtener la matriz con los *embeddings* de las palabras.

Un problema que plantea este tipo de tokenización es cómo asignar un identificador a cada token único. Al estar asumiendo que cada palabra es un token, el número de tokens únicos diferentes que hay en un texto (tamaño del vocabulario) asciende a un número desorbitado, del orden de millones. Especialmente, este número crece si se tienen en cuenta los errores ortográficos o las conjugaciones y declinaciones de las palabras de un texto medianamente largo. Este tamaño de vocabulario tan grande hace que, tras aplicar el *one-hot-encoding*, la dimensión de los vectores sea igual al tamaño del vocabulario, provocando que los modelos que hagan uso de esos datos tengan una cantidad de parámetros internos desproporcionadamente grande y sean muy pesados y costosos de entrenar.

Adicionalmente, otro problema que presenta este tipo de tokenización es que, al dividir el texto en función de las palabras (normalmente, se divide el texto en función de los espacios), no se tienen en cuenta en esa división los signos de puntuación. Por este motivo, aunque esta tokenización permite dividir e interpretar los textos de la forma más cercana a la manera en que los humanos lo hacen, en la práctica tampoco se suele hacer uso de ella, sino que se opta por la tokenización a nivel de subpalabra.

Tokenización a nivel de subpalabra

Dada la necesidad de encontrar una forma de tokenizar que permita mantener la cohesión de las palabras, tener en cuenta los signos de puntuación y evitar que se generen diferentes tokens para derivaciones de una misma palabra, se creó lo que se conoce como tokenización a nivel de subpalabra, que es el tipo de tokenización empleado por la mayoría de los modelos actuales.

La idea de esta tokenización reside en el concepto lingüístico de que las palabras se dividen en lexemas y morfemas. Por ejemplo, la palabra «rápidamente» está compuesta por una raíz, «rapid-», que le aporta el significado léxico, y por las partículas «-a-» y «-mente», que le aportan la carga gramatical. Gracias a esto, se pueden obtener representaciones de los textos que conservan la semántica de las palabras, con un tamaño de vocabulario más reducido.

Dentro de este tipo de tokenización, hay diferentes vertientes a la hora de extraer las subpalabras del texto, lo que da lugar a que los modelos del estado del arte empleen diferentes tokenizadores de subpalabras diferentes. Entre los tokenizadores de este tipo destacan los casos de WordPiece, Byte-Pair Encoding, SentencePiece o Unigram. A continuación, describimos brevemente algunos algoritmos:

► **WordPiece:** es un algoritmo de tokenización propuesto por Google y utilizado en el modelo BERT (*Bidirectional Encoder Representations from Transformers*). Comienza con un vocabulario de palabras y divide las palabras en subpalabras basándose en su frecuencia en el corpus. Utiliza un enfoque de codificación de longitud variable para representar palabras y subpalabras.

► **Byte Pair Encoding (BPE):** es un algoritmo de compresión que se ha adaptado para la tokenización en procesamiento de lenguaje natural. Comienza considerando cada palabra como una secuencia de caracteres (subpalabras), identifica las secuencias de caracteres más frecuentes y las fusiona para formar nuevas subpalabras. Este proceso se repite hasta alcanzar un número predeterminado de tokens o hasta que no sea posible realizar más fusiones.

► **SentencePiece:** es un algoritmo de tokenización que puede trabajar a nivel de subpalabra o a nivel de oración completa. Utiliza un enfoque de modelo de lenguaje no supervisado basado en el algoritmo de mínimo descenso de gradiente estocástico (SGD). Es eficaz para tratar con varios idiomas y se utiliza en modelos como BERT para manejar la tokenización en múltiples idiomas.

- ▶ **Unigram:** es un modelo basado en la probabilidad de ocurrencia de subpalabras individuales. A diferencia de WordPiece, no realiza la fusión de subpalabras, sino que asigna probabilidades a las subpalabras en función de su frecuencia, lo que permite manejar la variabilidad de las palabras de manera más eficiente.

Estos algoritmos comparten el objetivo común de descomponer palabras en subpalabras para abordar problemas como la variabilidad del lenguaje y la presencia de palabras fuera del vocabulario conocido. Al emplear estas estrategias, los modelos de lenguaje y otros modelos de procesamiento de lenguaje natural pueden ser más flexibles y efectivos al tratar con una amplia variedad de texto en diferentes idiomas y dominios. Cada uno de estos algoritmos tiene sus propias características y puede ser más adecuado para ciertos escenarios o requisitos específicos. Entre las principales aplicaciones de estos algoritmos, podemos destacar:

- ▶ **Manejo de *Out-of-Vocabulary* (OOV):** permiten manejar palabras desconocidas o fuera del vocabulario principal, mediante la descomposición en palabras conocidas.
- ▶ **Reducción del vocabulario:** ayudan a reducir la complejidad del vocabulario, ya que permiten representar palabras complejas como combinaciones de palabras más simples.
- ▶ **Adaptación a variaciones y neologismos:** permiten adaptarse a variaciones lingüísticas y a nuevas palabras que pueden surgir, como términos específicos de dominio o neologismos.
- ▶ **Modelos multilingües:** facilitan el desarrollo de modelos que pueden manejar múltiples idiomas al representar palabras comunes a través de subpalabras compartidas.

GPT Tokenizer

El término «GPT Tokenizer» se refiere al tokenizador utilizado con modelos basados en la arquitectura *Generative Pre-trained Transformer* (GPT) de OpenAI, como GPT-2 y GPT-3. La tokenización es el proceso de descomponer un fragmento de texto en unidades más pequeñas, típicamente palabras o subpalabras, llamadas tokens. Estos tokens luego se utilizan como entrada para el modelo.

En la siguiente URL podríamos probar el tokenizador: https://gpt-tokenizer.dev y el código fuente lo podemos encontrar en el siguiente repositorio: https://github.com/niieani/gpt-tokenizer.

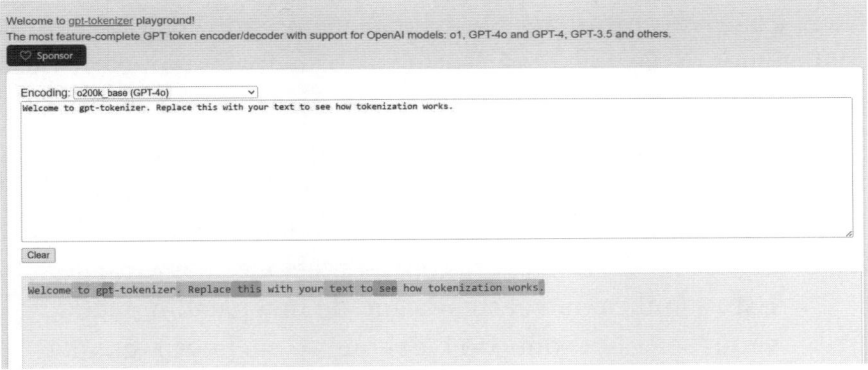

Figura 8.2. Aplicación GPT Tokenizer.

El tokenizador GPT específicamente, descompone el texto en tokens que el modelo GPT comprende, lo que generalmente implica dividir el texto en palabras y subpalabras. Este tokenizador está diseñado para manejar varios idiomas y tareas de tokenización de manera eficiente.

En la práctica, la tokenización es un paso esencial en las tareas de procesamiento del lenguaje natural, lo que permite a modelos como GPT comprender y generar texto similar al humano.

ELMo

ELMo (*Embeddings from Language Models*) es un modelo de lenguaje contextual desarrollado por el Allen Institute for Artificial Intelligence [16]. Este modelo fue un precursor importante en la era de los modelos de lenguaje contextual y sentó las bases para modelos posteriores, como BERT (*Bidirectional Encoder Representations from Transformers*) y GPT (*Generative Pre-trained Transformer*), que han llevado la representación contextual del lenguaje a nuevos niveles de rendimiento.

Se trata de un modelo del lenguaje de redes neuronales profundas y bidireccionales. El hecho de que sea bidireccional, ayuda a leer el texto tanto de izquierda a derecha como de derecha a izquierda para entender mejor las palabras dentro de la frase, y las redes profundas, le ayudan a conseguir mejores representaciones de las palabras. Entre sus principales características podemos destacar:

- ► **Contextualización:** a diferencia de los modelos de representación de palabras tradicionales, que asignan un solo vector a cada palabra independientemente de su contexto, ELMo genera representaciones contextuales. Esto significa que el significado de una palabra puede variar según el contexto en el que se encuentre en una frase. Esto se consigue añadiendo información de los *embeddings* de las palabras de alrededor en el texto a la palabra en cuestión.

- ► **Red bidireccional LSTM:** ELMo utiliza una arquitectura de red neuronal recurrente (RNN) bidireccional, específicamente una capa de *Long Short-Term Memory* (LSTM) bidireccional. Esta arquitectura permite capturar la información contextual, tanto de la izquierda como de la derecha de una palabra en una frase.

- ► *Embeddings* **contextuales:** para cada palabra de una frase, ELMo genera un conjunto de *embeddings* contextuales en los que cada uno es una combinación ponderada de las salidas de la capa LSTM bidireccional en diferentes instantes de tiempo.
- ► **Capacidad de transferencia de conocimiento:** Las representaciones contextuales aprendidas por ELMo se pueden utilizar como características de entrada en una variedad de tareas de procesamiento de lenguaje natural, como la clasificación de textos o la respuesta a preguntas, entre otras. Esto permite transferir el conocimiento contextual de ELMo a otras tareas sin tener que entrenar un modelo específico para cada tarea.
- ► **Configuración modular:** ELMo es modular en el sentido de que se pueden utilizar diferentes capas y combinaciones de capas para adaptarse a las necesidades específicas de la tarea. Cada capa captura diferentes niveles de complejidad y abstracción en la representación.

ELMo ha demostrado su eficacia en diversas tareas, como la clasificación de textos, la extracción de información, el análisis de sentimientos y otras tareas de procesamiento del lenguaje natural. Su capacidad para capturar la variabilidad contextual ha sido especialmente útil en las tareas en las que el significado de las palabras está fuertemente influenciado por el contexto.

El modelo transformer

Un modelo *transformer* es una arquitectura de red neuronal que aprende del contexto mediante el seguimiento de relaciones en datos secuenciales, a diferencia de otras arquitecturas, como las redes neuronales recurrentes (RNN) o las redes neuronales convolucionales (CNN), que dependen de la estructura secuencial de las entradas.

Los *transformers* fueron descritos por primera vez por investigadores de Google en el artículo «Attention Is All You Need» (https://arxiv.org/abs/1706.03762). El componente principal de un *transformer* es el mecanismo de autoatención, que permite que la red se centre en diferentes partes de la entrada durante los procesos de codificación y decodificación. Esa arquitectura de codificación y decodificación consta de diferentes capas que procesan la entrada de manera iterativa, al igual que se procesa de forma iterativa la salida.

Esto significa que el modelo consigue un entendimiento más profundo de la gramática del lenguaje y no solo de la semántica de palabras concretas. El Transformer se ha convertido en la base de la mayoría de los modelos de última generación en procesamiento del lenguaje natural. También cabe destacar que los modelos basados en el *transformer* son mucho más rápidos que sus alternativas, como pueden ser las redes neuronales convolucionales autorregresivas. Esto se debe al extenso uso de la multiplicación de matrices en las capas de autoatención, lo que permite al *transformer* funcionar mucho más rápido en las GPU.

Este enfoque revolucionario rompió con las limitaciones de las redes neuronales recurrentes y redes neuronales convolucionales, al introducir un mecanismo que permite al modelo enfocarse de una forma selectiva, en diferentes partes de la entrada de texto. Este cambio de paradigma ha mejorado de manera espectacular la capacidad de las máquinas para entender y generar lenguaje, y ha abierto nuevas posibilidades en tareas como la traducción automática y la generación de texto con sentido y contexto, entre otras muchas aplicaciones.

El impacto de este trabajo ha inspirado multitud de investigaciones y desarrollos en el campo del PLN. Desde entonces, los *transformers* se han convertido en un componente esencial de la IA moderna, impulsando avances en asistentes virtuales, herramientas de análisis de texto y en modelos tan espectaculares como ChatGPT (https://chatgpt.com), Gemini (https://gemini.google.com) o Claude (https://claude.ai).

Ejemplos de aplicaciones con OpenAI

OpenAI ha desarrollado varias herramientas y modelos de inteligencia artificial que se han utilizado en diversas aplicaciones en campos como el procesamiento del lenguaje natural, la generación de texto, la visión por ordenador, entre otras. En la plataforma https://platform.openai.com/examples podemos ver algunos ejemplos de aplicaciones que utilizan tecnologías de OpenAI.

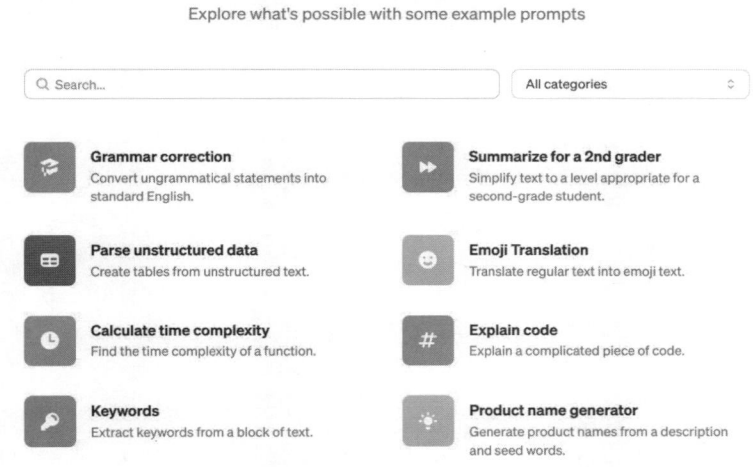

Figura 8.3. Ejemplos de aplicación de OpenAI.

Whisper

Whisper (https://huggingface.co/openai/whisper-large-v3) es un sistema de reconocimiento automático de voz o ASR. Se trata de una tecnología que utiliza la inteligencia artificial para procesar un archivo de audio, analizar su contenido, detectar todas las palabras que se dicen y luego escribir en texto lo que se dice en el audio.

Actualmente, Whisper tiene una tasa de error de menos del 5% al transcribir del español, lo que lo sitúa como una de las mejores herramientas para hacerlo. También puede transcribir del inglés y otros idiomas, e incluso tiene la capacidad de detectar cuándo se pasa de un idioma a otro durante la conversación que haya en el audio. Para conseguirlo, en su tercera versión, esta inteligencia artificial ha sido entrenada con más de un millón de horas de audio.

Entre sus ventajas, destaca el hecho de que pueda interpretar correctamente incluso las pausas en la conversación, y que use este entendimiento para colocar comas y puntos de una manera correcta dependiendo de la duración de la pausa. El proyecto es de código abierto y se puede consultar en el repositorio de Github (https://github.com/openai/whisper) con instrucciones técnicas para indicar cómo descargarlo y ejecutarlo.

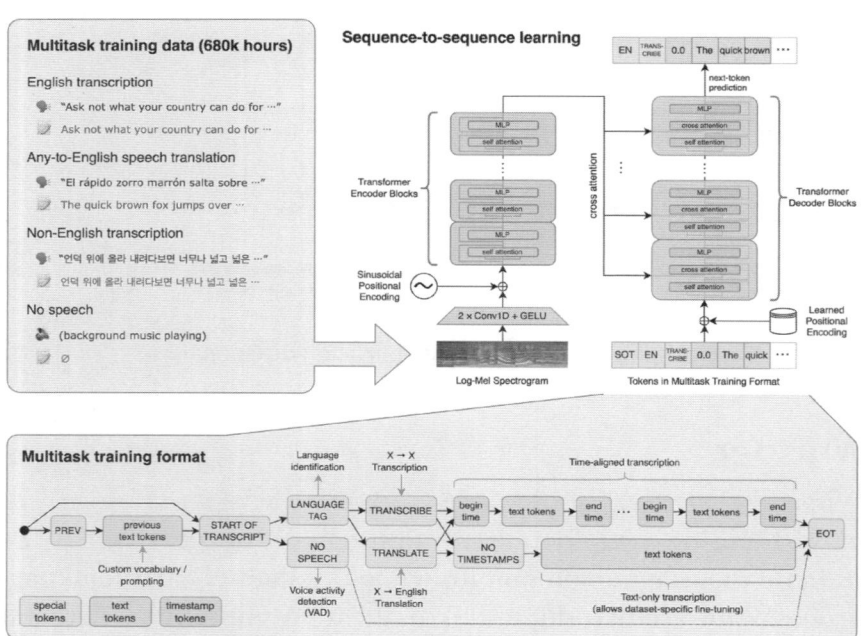

Figura 8.4. Arquitectura de Whisper.

Como vemos en la imagen anterior, Whisper es un modelo de reconocimiento de voz de propósito general que utiliza un modelo basado en *transformers* que van codificando y decodificando las secuencias de audio y texto. Este modelo se ha entrenado con un gran conjunto de datos de audios de diferente naturaleza y también es un modelo multitarea que puede realizar reconocimiento de voz multilingüe, traducción de voz e identificación de idioma.

Estas tareas se representan conjuntamente como una secuencia de tokens que el decodificador debe predecir, lo que permite que el modelo pueda automatizar muchas de las etapas que encontramos en un procesamiento de voz tradicional. El formato de entrenamiento multitarea utiliza un conjunto de tokens especiales que sirven como especificadores de tareas u objetivos de clasificación.

Podemos utilizar Whisper en la web de Replicate (https://replicate.com/openai/whisper), que es un portal en el que podemos encontrar otros modelos de inteligencia artificial.

Referencias

[1]   Ruder, Sebastian: *NLP's ImageNet moment has arrived, The Gradient, 2018.* https://thegradient.pub/nlp-imagenet/.

[2]   A. M. Dai y Q. V. Le: *Semi-supervised sequence learning, en Advances in neural information processing systems,* 2015, págs. 3079-3087. DOI:10.48550/arXiv.1511.01432.

[3]   Devlin, Jacob *et al.*: *BERT: Pre-training of Deep Bidirectional Transformers for Language Understanding,* North American Chapter of the Association for Computational Linguistics. 2019. DOI:10.48550/arXiv.1810.04805.

[4]   Y. Liu *et al.*: *Roberta: A robustly optimized bert pretraining approach.* DOI:10.48550/arXiv.1907.11692.

[5]   A. Radford *et al.*: *Language models are unsupervised multitask learners.* 2019. https://paperswithcode.com/paper/language-models-are-unsupervised-multitask.

[6] Yang, Z. Dai, Y. Yang, J. *et al.*: *Xlnet: Generalized autoregressive pretraining for language understanding*, en Advances in neural information processing systems, 2019, págs. 5754-5764. DOI:10.48550/arXiv.1906.08237.

[7] Z. Dai, Z. Yang, Y. Yang *et al.*: *Transformer-xl: Attentive language models beyond a fixed-length context*, 2019. DOI:10.48550/arXiv.1901.02860.

[8] Y. Sun *et al.*: *Ernie: Enhanced representation through knowledge integration*, 2019.DOI:10.48550/arXiv.1904.09223.

[9] Z. Lan *et al.*: *ALBERT: A Lite BERT for Self-supervised Learning of Language Representations*, 2020. DOI:10.48550/arXiv.1909.11942.

[10] D. Bahdanau, K. Cho e Y. Bengio, *Neural machine translation by jointly learning to align and translate.* DOI:10.48550/arXiv.1409.0473.

[11] A. Vaswani *et al.*: *Attention is all you need* en Advances in neural information processing systems, 2017, págs. 5998-6008. DOI:10.48550/arXiv.1706.03762.

[12] P. Bojanowski *et al.*: *Enriching word vectors with subword information*, Transactions of the Association for Computational Linguistics, vol. 5, págs. 135-146, 2017.

[13] DOI:10.48550/arXiv.1607.04606.

[14] T. Mikolov *et al.*: , *Distributed representations of words and phrases and their compositionality* en Advances in neural information processing systems, 2013, págs. 3111-3119. DOI:10.48550/arXiv.1310.4546.

[15] J. Pennington, R. Socher y C. D. Manning: *GloVe: Global Vectors for Word Representation*, Empirical Methods in Natural Language Processing (EMNLP), 2014, págs. 1532-1543. http://www.aclweb.org/anthology/D14-1162.

[16] A. Joulin *et al.*: *Fasttext. zip: Compressing text classification models*, 2016. DOI:10.48550/arXiv.1612.03651.

[17] Peters, Matthew *et al.*: *Deep Contextualized Word Representations*, 2018. DOI:10.48550/arXiv.1802.05365.

Capítulo 9

Transformers

El origen de los Transformers

Como paso previo al origen de la arquitectura *Transformer*, los modelos de lenguaje natural utilizaban principalmente redes neuronales recurrentes (RNN), como las redes LSTM, para procesar secuencias de entrada. Sin embargo, estas redes tenían limitaciones en cuanto a su capacidad para procesar secuencias largas y para recordar información a largo plazo.

Por ejemplo, un modelo de traducción basado en RNN, aunque tiene la capacidad de referenciar palabras anteriores de la secuencia, sufre de memoria cortoplacista, lo que provoca que, cuando trabajamos con secuencias largas, este tipo de redes no puedan referenciar palabras muy antiguas.

Otro problema que suelen tener es que son difíciles de paralelizar, lo que significa que no se puede acelerar el entrenamiento mediante la implementación de más unidades de procesamiento gráfico.

La arquitectura *Transformer* aborda estas limitaciones al utilizar múltiples capas de atención para procesar la entrada. La atención permite que la red se centre en partes específicas de la entrada en lugar de tratar toda la entrada al mismo tiempo, lo que reduce el ruido y ayuda a la red a comprender mejor la entrada.

La arquitectura *Transformer* fue presentada en el artículo «Attention is All You Need», publicado en 2017 por Google AI. En este artículo, los autores propusieron una nueva arquitectura de red neuronal para modelos de lenguaje natural que se basa en el concepto de atención, en lugar de las redes recurrentes o convolucionales que se habían utilizado previamente.

Desde su introducción en 2017, la arquitectura *Transformer* ha sido ampliamente adoptada en la comunidad de inteligencia artificial y se ha utilizado en muchos modelos de lenguaje natural de vanguardia, como BERT y GPT-3. Esta arquitectura ha demostrado ser altamente efectiva en una amplia variedad de tareas de procesamiento de lenguaje natural y sigue siendo un área de investigación activa en la comunidad de inteligencia artificial.

Versatilidad de los Transformers en PLN

Desde su irrupción en el paradigma del procesamiento del lenguaje natural (PLN), los modelos basados en la arquitectura de *Transformer* se han convertido en el nuevo estado del arte en tareas de análisis de texto, siendo así la familia de modelos que mejores resultados han obtenido en las diferentes aplicaciones de PLN, como la generación de textos, el resumen de textos, la identificación de entidades, la clasificación de documentos, la respuesta a preguntas, la desambiguación de términos, etc.

La investigación en estos algoritmos está avanzando rápidamente y evolucionando hacia modelos más compactos, con menos requisitos de capacidad de cómputo y capaces de gestionar secuencias de texto más largas. Por ello, se espera que cada vez podamos aplicar estas arquitecturas a más tareas de análisis de texto con una mayor efectividad, así como que se democratice y generalice el uso de estos algoritmos.

El modelo *Transformer* tiene como principal innovación la sustitución de las capas recurrentes, como en las redes LSTM que se venían usando hasta ese momento en PLN, por las denominadas capas de atención. Estas capas de atención codifican cada palabra de una frase en función del resto de la secuencia, permitiendo así introducir el contexto en la representación matemática del texto. Esta es la razón por la que a los modelos basados en *Transformer* se les denomina también *embeddings* contextuales.

La arquitectura de *Transformer* incluye otras innovaciones, como los *embeddings* posicionales, que permiten al algoritmo conocer la posición relativa de cada palabra del texto. Además, en el artículo original mencionado anteriormente, se examina la aplicación de esta arquitectura a tareas de traducción y se demuestra que es mucho más efectiva que los métodos anteriores. Con los *Transformers*, se suele trabajar en dos fases:

- ▸ **Entrenamiento previo (*pre-training*):** en esta fase, el modelo aprende cómo se estructura el lenguaje de forma general, además de conseguir un conocimiento genérico del significado de las palabras. Esto se hace de manera parecida a los exámenes de idiomas, resolviendo «ejercicios» en los que el modelo tiene que predecir qué palabra o palabras faltan en una frase.
- ▸ **Ajuste fino (*fine-tuning*):** una vez están preentrenados, se le añaden ciertas capas a la arquitectura para adaptar los modelos a tareas concretas, y se les reentrena en esas tareas.

Arquitectura de un Transformer

El elemento diferenciador de los *Transformer* se encuentra en su arquitectura, creada para deshacerse de los sistemas recurrentes que utilizaban los modelos anteriormente mencionados. Para ello, utilizaron los mecanismos de *self-attention*. En la figura 9.1 se muestra un esquema de la arquitectura del *Transformer*.

En el artículo original «Attention is all you need» aparece el diagrama con la novedosa arquitectura del *Transformer*. Esta arquitectura surge como una solución a algunos problemas de aprendizaje supervisado en el procesamiento del lenguaje natural, obteniéndose grandes ventajas frente a los modelos utilizados hasta entonces.

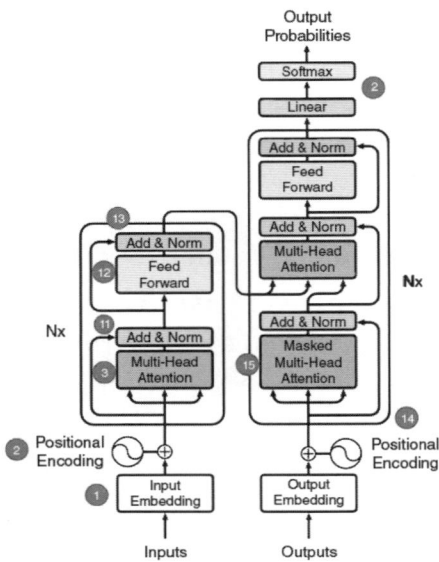

Figura 9.1. Arquitectura Transformer.

A grandes rasgos, podemos distinguir en su arquitectura dos partes principales: el codificador en la parte izquierda y el decodificador en la parte derecha del esquema de la figura 9.1. El codificador es el encargado de tomar la entrada y generar, a partir de ella, una representación intermedia que posteriormente será decodificada por el decodificador. Este, a su vez, se encargará de generar la salida correspondiente.

Explicando este proceso con más detalle, los datos de entrada se integran en un vector gracias a la capa de *embedding* (1), lo que permite obtener una representación vectorial para cada unidad de información. En la siguiente etapa, se realiza una codificación posicional (2) con el fin de representar el orden de la secuencia. A continuación, se utiliza el mecanismo de *multi-head attention* (3). En él se generan tres vectores: *query*, *key* y *value* (4) para cada uno de los vectores de entrada.

A partir de los vectores *query* y *key*, se obtiene una matriz de puntuación (5) que representa la relación que guarda cada unidad de información con el resto, de tal forma que a mayor puntuación mayor relación y viceversa. Esta matriz de puntuación es reducida (6) posteriormente a las dimensiones de *query* y *key* con el fin de asegurar la estabilidad de los gradientes. En la figura 9.2 se muestra el esquema de la arquitectura multicabezal (*multi-head Attention*) (10).

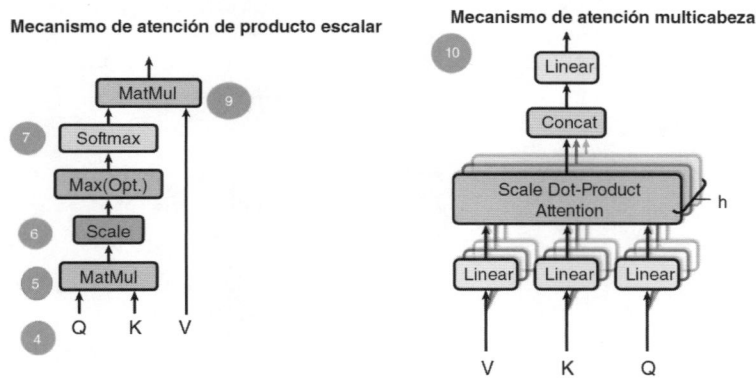

Figura 9.2. Mecanismos de atención de producto escalar y el multicabezal.

En la siguiente etapa del proceso, la matriz de puntuaciones se somete a un proceso de SoftMax (7) para convertir las puntuaciones de atención en probabilidades. La matriz resultante (9) se multiplica por el vector de *value*, de manera que las probabilidades más altas cobren mayor importancia y las de menor puntuación sean consideradas como irrelevantes. Todo este proceso se explica en detalle en el *Scaled Dot-Product Attention* (10), cuya salida concatenada de los vectores *query*, *key* y *value* pasa por una capa lineal para su posterior procesamiento según el esquema de *Multi-Head Attention*.

En la tabla 9.1 se muestra un resumen de los componentes y del proceso que se sigue desde la entrada hasta la obtención del vector de probabilidades de cada palabra.

Tabla 9.1. Resumen de los componentes y del proceso

Componente del Transformer	Proceso	Descripción
Inputs (Entradas)	Tokenización y *embedding*	Las palabras se dividen en tokens y se convierten en vectores
Positional encoding (Codificador posicional)	Añadir información de posición	Se suma información de posición a los *embeddings* para mantener el orden de las palabras
Multi-Head attention (Atención multicabezas)	Atender diferentes partes de la secuencia	Cada cabeza atiende a diferentes relaciones
Add & Norm (Adición y normalización)	Sumar y normalizar	Se suman los *embeddings* originales y la salida de la atención. Luego se normaliza la suma.
Feed Forward (Red de alimentación directa)	Procesamiento adicional	Cada posición pasa por una red *feed forward* para transformaciones adicionales
Nx	Repetición de capas	Este proceso se repite N veces, permitiendo aprender patrones más complejos.
Output Embeddings (Incrustación de salida) y *Positional encoding* (Codificador posicional)	Preparación para la salida	Se procesan los *embeddings* de salida y se añade la codificación posicional para la generación de texto
Masked Multi-Head attention (Atención multicabezas enmascarada)	Atención enmascarada para la salida	Similar a la atención de múltiples cabezas, pero evita ver futuras partes de la secuencia.

Componente del Transformer	Proceso	Descripción
Linear transformation	Transformación lineal	Convierte las representaciones de alta dimensión en un tamaño de vocabulario.
Softmax	Probabilidades de la siguiente palabra	Convierte los *logits* en probabilidades para cada palabra potencial siguiente.
Output Probabilities (Probabilidades de salida)	Resultado final	Vector de probabilidades que indica qué palabra probablemente sigue a continuación.

Una función de atención puede describirse como la asignación de una consulta, *query*, y un conjunto de pares clave-valor, a una salida, donde la consulta, las claves, los valores y la salida son todos vectores. El *Transformer* utiliza la atención multicabezal de tres maneras diferentes:

▸ En las capas de atención del codificador-decodificador, las consultas provienen de la capa del decodificador anterior y las claves y valores de la memoria, de la salida del codificador. Esto imita los mecanismos típicos de atención del codificador-decodificador en los modelos secuencia-a-secuencia.

▸ El codificador contiene capas de autoatención. En una capa de autoatención todas las claves, valores y consultas provienen del mismo lugar; en este caso, de la salida de la capa anterior del codificador.

▸ Del mismo modo, las capas de autoatención en el decodificador permiten que cada posición del decodificador atienda a todas las posiciones de este hasta esa posición, inclusive.

Dado que el modelo no contiene ninguna recurrencia ni convolución, para que el modelo utilice el orden de la secuencia, debemos inyectar alguna información sobre la posición relativa o absoluta de los tokens en la secuencia. Para ello, se añaden codificaciones posicionales a las incrustaciones de entrada en la parte inferior de las pilas de codificadores y decodificadores. Además, se utilizan funciones cosenoidales y sinusoidales para codificar la posición, lo que permite al modelo aprender fácilmente a atender por posiciones relativas. En las siguientes secciones repasamos los puntos clave de la arquitectura de los *transformers*.

Estructura encoder-decoder y tipos de Transformers

La estructura *encoder-decoder* no surgió con la aparición de los *Transformers*, sino que ya se empleaba por sus predecesoras, las redes neuronales recurrentes, en tareas de traducción de textos. Estas redes se caracterizaban por tener que procesar los tokens de forma secuencial en lugar de hacerlo en paralelo, como lo hacen los *Transformers*. Esto provocaba que fueran mucho más costosas de entrenar. Como indica el nombre, la estructura *encoder-decoder* tiene dos partes diferenciadas:

- ▶ **Encoder (codificador):** su cometido es transformar los *embeddings* de los tokens procedentes de la tokenización en *embeddings* semántico-contextuales, también denominados *hidden states* o estados ocultos. Lo interesante de esta nueva representación de los tokens es que en ella se introduce el contexto en el que se utiliza una palabra, de forma que se permiten entender matices sutiles como la polisemia, la ironía, etc. Estos estados ocultos se obtienen gracias a la aplicación de mecanismos de atención y redes neuronales simples denominadas *feed-forward*.

▸ **Decoder (decodificador):** Este bloque recibe los estados ocultos de los tokens y revierte el proceso, obteniendo una secuencia de *embeddings* de tokens que componen el texto transformado, que puede ser, por ejemplo, el mismo texto que en la entrada, pero en otro idioma.

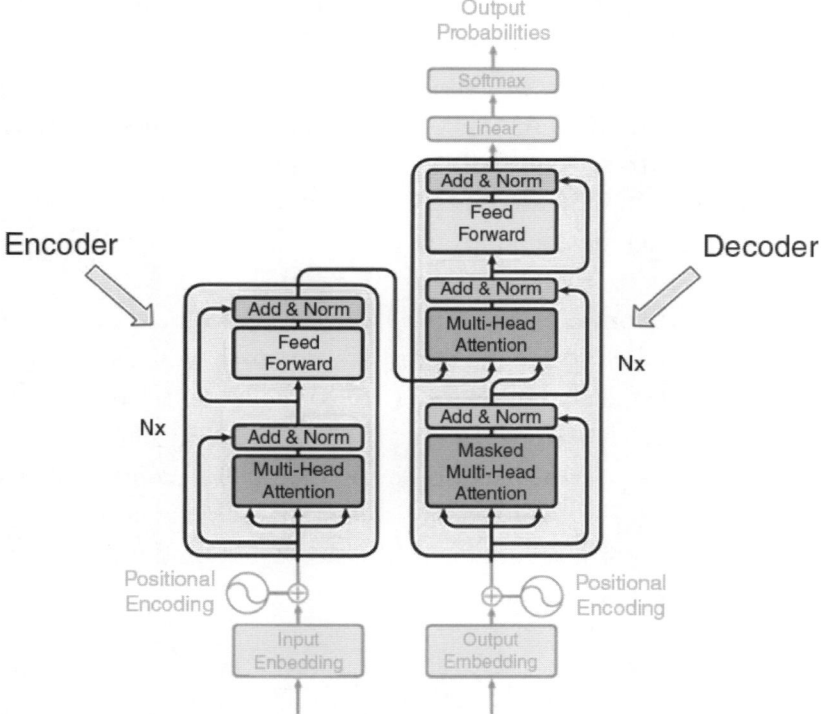

Figura 9.3. Componentes Encoder y Decoder de un Transformer.

Al observar la figura 9.3, vemos cómo la entrada (*input*) pasará por una serie de *encoders* que se encadenan uno tras otro y luego envían su salida a otra serie de *decoders* hasta emitir la salida final. En el artículo original, se utilizan 6 *encoders* y 6 *decoders*. Para comenzar a evaluar con mayor detalle las partes del *Transformer*, primero se deberá generar un *embedding* de la entrada y luego entrar al *encoder*.

Estos bloques, *encoder* y *decoder*, se pueden concatenar, dando lugar a modelos más complejos con múltiples *hidden states* que permiten aprender *embeddings* más ricos de los textos. Los *Transformers*, dependiendo de la naturaleza del problema que abarquen, tendrán esta estructura o solo algunos elementos de ella. Por tanto, se distinguen tres tipos de familias de *Transformers*:

- ▶ **Encoder only**: utilizan solo la parte del *encoder* para obtener la representación semántica de los tokens de entrada. Este tipo de *Transformers* se puede utilizar para el modelado de lenguaje enmascarado y la predicción de la siguiente frase, pero habitualmente se usa para tareas de clasificación de texto o reconocimiento de entidades. De esta familia, destacan los modelos de la familia BERT [1] tales como roBERTa [2] y deBERTa [3].

- ▶ **Decoder only**: es una familia de *Transformers* que solo hace uso del bloque decoder para tareas de generación de texto. Destaca la familia GPT [4] [5], a la que pertenece el modelo GPT-3 [6].

- ▶ **Encoder-Decoder**: también son conocidos como modelos *sequence-to-sequence*, en los que se transforma una entrada en otra secuencia diferente. Estos modelos se usan para tareas de traducción o resumen.

Mecanismo de atención en la arquitectura de los Transformers

Los mecanismos de atención no nacieron con los *Transformers*, sino que ya se aplicaban algunos desde las redes neuronales recursivas. Sin embargo, sí que fue en los *Transformers* cuando se introdujo el aplicar la atención en cada capa de los bloques *encoder* y *decoder*, lo que mejoró notablemente la calidad de los *embeddings* internos de los modelos.

De forma simplificada, la idea detrás del *self-attention* es que, al generar el *embedding* de un token en una capa k, se asignan unos pesos que indican el nivel de «atención» o importancia que tienen los *embeddings* resultantes de la capa k-1. De esta forma, al entrenar la red, la representación interna de los tokens se irá adaptando en cada capa para que aprenda a fijarse en los tokens más relevantes, es decir, en el contexto del token. De forma matemática, dada una secuencia de *embeddings* x1, ..., xn, el mecanismo de atención produce una secuencia de nuevos *embeddings* y1, ..., yn, en el que yi se define como:

$$y_i = \sum_{j=1}^{n} w_{ji} * x_j$$

Figura 9.4. Ecuación utilizada para calcular la nueva secuencia de embeddings.

En esta secuencia, Wji se denominan a los pesos de atención que están normalizados mediante la operación Softmax.

Gracias a este mecanismo, se puede interpretar la información contextual de un token. Por ejemplo, si se quiere calcular el *embedding* de la palabra «mono», habrá que tener en cuenta el contexto en el que se usa esa palabra ya que en la frase «El niño es mono», esa palabra es un adjetivo mientras que en la frase «El mono se escapó del zoo» hace referencia a un animal. Mediante la asignación de pesos al calcular los *embeddings* de la palabra «mono», en la primera frase será posible distinguir que los tokens «niño» y «es» influyen en su significado, mientras que, en la segunda frase, este significado viene dado por el token «zoo».

Casos de uso de Transformers

Los *Transformers*, aunque nacieron como una metodología para el procesamiento del lenguaje natural, no solo se pueden utilizar para ello, sino que también se han demostrado efectivos para una amplia gama de otras tareas que involucran secuencias de datos. Algunos ejemplos de tareas para las que se han utilizado los *Transformers* son los siguientes:

- ► **Clasificación de imágenes:** los *Transformers* se han utilizado para clasificar imágenes en categorías predeterminadas.
- ► **Predicción de series temporales:** los *Transformers* se han utilizado para predecir valores futuros en series temporales de datos, como el precio de una acción o la temperatura en una ubicación determinada.
- ► **Generación de texto:** los *Transformers* se han utilizado para generar texto coherente a partir de una semilla de entrada, como un título o una frase inicial.
- ► **Juegos de estrategia:** los *Transformers* se han utilizado para crear agentes de juegos de estrategia que pueden tomar decisiones sobre cómo moverse en un juego y cómo interactuar con otros agentes.
- ► **Composición de música:** el Music Transformer (https://magenta.tensorflow.org/music-transformer) es un modelo de aprendizaje profundo, basado en la arquitectura *Transformer,* que ha revolucionado la manera en que se genera música. A diferencia de los métodos anteriores, que tenían dificultades para capturar dependencias a largo plazo, el Music Transformer puede generar música con estructuras intrincadas y melodías coherentes.

En general, los *Transformers* son una herramienta versátil que se puede utilizar para una amplia gama de tareas que involucran secuencias de datos y que requieren la capacidad de procesar varios elementos de la secuencia al mismo tiempo.

Uno de los modelos más populares basados en *Transformers* se llama BERT (Bidirectional Encoder Representations from Transformers). BERT no solo se refiere a la arquitectura de un modelo, sino también a un modelo entrenado por sí mismo, que se puede descargar desde el siguiente repositorio de GitHub: https://github.com/google-research/bert.

Transformers en el procesamiento del lenguaje natural

Los *Transformers* se han utilizado en una amplia gama de aplicaciones en el procesamiento del lenguaje natural. Algunos ejemplos son: la traducción automática, la generación de texto, la respuesta a preguntas, el resumen automático, la clasificación de texto y el análisis de sentimientos.

Un ejemplo destacado de los *Transformers* en el área de PLN es GPT-4 (Generative Pre-trained Transformer 4), que actualmente lidera el panorama de los grandes modelos de lenguaje, según diversas evaluaciones humanas y automáticas. A continuación, analizaremos algunas aplicaciones que han surgido en los últimos años.

Gemini

Gemini (https://gemini.google.com) es un modelo de lenguaje de gran escala (LLM), creado por Google AI, que ha sido entrenado con un conjunto de datos masivos de texto y código, y puede generar texto, traducir idiomas, escribir diferentes tipos de contenido creativo y responder a preguntas de los usuarios de manera informativa. Las principales características de Gemini son las siguientes:

- Está basado en la familia de modelos de lenguaje grandes LaMDA y, posteriormente, en PaLM.
- Gran capacidad de procesamiento de información: puede procesar y comprender grandes cantidades de información, lo que le permite generar texto informativo y completo.
- Capacidad de generar diferentes formatos de texto creativo: puede generar diferentes formatos de texto creativo, como poemas, código, guiones, piezas musicales, correos electrónicos, cartas, etc.

- ▶ Capacidad de traducir idiomas: puede traducir idiomas de manera precisa y fluida.
- ▶ Capacidad de responder preguntas de manera informativa: puede responder a sus preguntas de manera completa e informativa, incluso si estas son abiertas, desafiantes o extrañas.

LaMDA (Language Model for Dialogue Applications)

LaMDA [7] es un modelo de lenguaje creado por Google AI, entrenado en un conjunto de datos masivos de texto y código. LaMDA puede generar texto, traducir idiomas, escribir diferentes tipos de contenido creativo y responder a sus preguntas de manera informativa.

LaMDA ha influido en el desarrollo de Gemini de varias maneras entre las que podemos destacar las siguientes:

- ▶ **Capacidad para responder a preguntas de manera informativa:** LaMDA proporcionó a Gemini un conjunto de datos de texto y código que le permitió aprender sobre una amplia gama de temas. Esto ha permitido a Gemini responder a preguntas de manera más completa e informativa que los modelos de lenguaje anteriores.
- ▶ **Capacidad para generar diferentes formatos de texto creativo:** LaMDA proporcionó a Gemini un conjunto de reglas y algoritmos que le permitieron generar diferentes formatos de texto creativo. Esto ha permitido a Gemini crear contenido más interesante y atractivo para los usuarios.
- ▶ **Capacidad para aprender y mejorar con el tiempo:** LaMDA proporcionó a Gemini una plataforma para aprender y mejorar con el tiempo. Esto ha permitido a Gemini convertirse en un modelo de lenguaje conversacional más sofisticado y capaz.

PaLM (Pathways Language Model)

PaLM [8] es un modelo de lenguaje de Google AI entrenado en un conjunto de datos masivos de texto y código. Se trata de un modelo de lenguaje de gran escala, lo que significa que se ha entrenado con una gran cantidad de datos de texto y puede generar texto, traducir idiomas, escribir diferentes tipos de contenido creativo y responder a las preguntas de manera informativa.

PaLM ha ayudado a Gemini a aprender a generar texto más creativo e informativo, y también a responder preguntas de manera más completa e informativa. En particular, PaLM ha ayudado a Gemini a aprender a:

► Generar diferentes formatos de texto creativo, como poemas, código, guiones, piezas musicales, correos electrónicos, cartas, etc.
► Traducir idiomas de manera más precisa y fluida.
► Responder a preguntas de manera más completa e informativa, incluso si son abiertas, desafiantes o extrañas.
► Seguir instrucciones y completar solicitudes de manera reflexiva.

Vision Transformer (ViT)

Debido al gran éxito de los *Transformers* para resolver tareas de procesamiento de lenguaje natural, muchos investigadores han tratado de utilizar los mecanismos de atención como forma alternativa al uso de redes convolucionales para resolver los problemas de visión por ordenador. Sin embargo, no fue hasta el planteamiento de los ViT [9] que este tipo de sistemas logró superar el rendimiento de las redes convolucionales en diferentes *benchmarks* de imagen. De forma resumida, los ViT dividen la imagen de entrada en una serie de parches cuadrados que actúan de forma equivalente a los tokens de una frase en PLN.

A diferencia de las redes neuronales convolucionales, que procesan imágenes mediante la detección de características a través de filtros convolucionales, los *Vision Transformers* adoptan un enfoque basado en la transformación de imágenes en una serie de pequeños segmentos o «parches» de un determinado tamaño. Por ejemplo, si tenemos una imagen de entrada de 400x400 píxeles, esta se dividiría en parches de 16x16, teniendo 400/16 x 400/16 = 25 x 25 = 625 parches.

Estos parches se aplanan, de una matriz 2D a un vector 1D, y se proyectan en una red neuronal antes de introducirse en un *Transformer encoder*. A los *embeddings* de los parches se les añade un *embedding* posicional (para preservar parte de la componente espacial de la imagen), así como un *embedding* de la imagen completa. Finalmente, a la salida del *encoder* se le aplica un perceptrón multicapa al *embedding* para obtener la clase de la imagen.

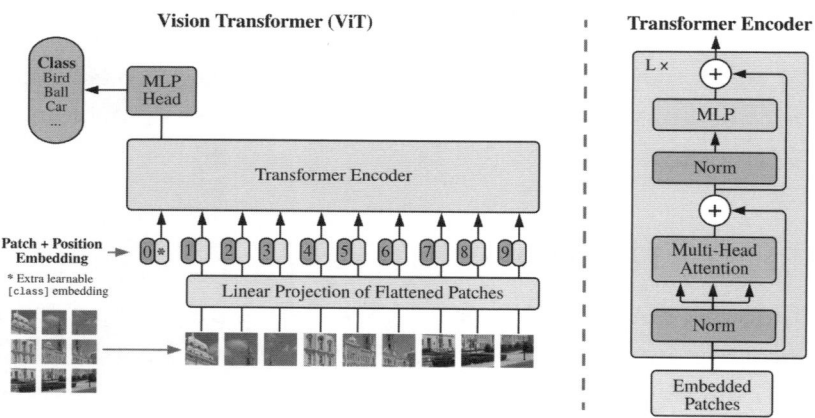

Figura 9.5. Arquitectura de un Vision Transformer. Fuente: «An Image is Worth 16x16 Words: Transformers for Image Recognition at Scale».

El primer paso consiste en dividir la imagen en bloques y realizar una proyección lineal de los mismos para obtener una secuencia de vectores de características. De esta forma, se consigue una entrada compatible con la arquitectura original del *Transformer*. Posteriormente, se añade un *embedding* adicional a la secuencia obtenida, que servirá de vector de características resumen de la imagen (token de clase). También se incorpora su *encoding* posicional y, finalmente, se aplica el *encoder* del *transformer* a la nueva secuencia.

Una vez aplicado el *encoder*, el primer vector de características de la secuencia de salida se corresponde con el token de clase. Se trata de un *embedding* global que representa a la imagen y que puede utilizarse para una tarea de clasificación de imágenes aplicando una capa lineal previa (MLP) o como vector de características útil para otras tareas.

Diferencias entre Vision Transformers y las redes convolucionales

Se han publicado algunos artículos, como el realizado en 2023: «Comparing Vision Transformers and Convolutional Neural Networks for Image Classification» [10], que afirman que los *Vision Transformers* son más robustos frente al ruido en las imágenes y son capaces de capturar mejor la información global de la imagen completa gracias a la autoatención, con la que el modelo aprende a centrarse en los detalles más importantes de las imágenes y a capturar relaciones de largo alcance entre las diferentes partes de estas.

Por otra parte, el artículo menciona que los *Vision Transformers* pueden sufrir en términos de generalización y rendimiento cuando se entrenan con conjuntos de datos pequeños, mientras que los modelos basados en redes convolucionales CNN son menos susceptibles a este problema. Por ello, es común utilizar un *Vision Transformer* ya preentrenado sobre grandes conjuntos de datos, y luego, aplicar un proceso de *fine-tuning* con los datos del problema que se desea abordar.

Líneas de investigación abiertas con Transformers

En los últimos años han surgido diferentes trabajos de investigación que tienen como objetivo intentar hacer modelos basados en la arquitectura de *Transformer* que sean más ligeros sin sacrificar efectividad, a la vez que permitan codificar secuencias de texto más largas. En esta línea, se están desarrollando modelos como el Reformer [11] o los Compressive Transformers [12], entre otros que analizamos a continuación.

Restormer

El modelo Restormer [13] es un modelo de aprendizaje automático basado en la arquitectura *Transformer* que se utiliza para la restauración de imágenes. El modelo está diseñado para ser eficiente y escalable a imágenes de alta resolución. Este modelo consta de dos componentes principales:

- ▸ **Codificador:** se encarga de extraer las características de la imagen degradada que son relevantes para la restauración.
- ▸ **Decodificador:** es responsable de generar la imagen restaurada a partir de las características extraídas.

El modelo Restormer ha demostrado ser eficaz en diversas tareas de restauración de imágenes, como la eliminación de ruido, la reducción de la borrosidad y la eliminación de la lluvia. Este modelo ha alcanzado resultados de vanguardia en comparación con otros modelos de restauración de imágenes. En particular, el modelo Restormer ha mostrado los siguientes beneficios:

- ▸ Es capaz de restaurar imágenes de alta resolución sin perder detalles.
- ▸ Es eficiente en términos de tiempo de entrenamiento y ejecución.
- ▸ Es capaz de manejar diversas tareas de restauración de imágenes.

Swin Transformer

La arquitectura que plantean los ViT ha experimentado algunas optimizaciones en publicaciones posteriores, como es el caso del modelo Swin Transformer [14]. El modelo Swin Transformer es una arquitectura de aprendizaje profundo basada en *Transformers* que se utiliza para el procesamiento de imágenes.

En la arquitectura de ViT, la atención entre parches se computa a nivel global (todos con todos), lo que tiene una complejidad cuadrática y hace que sea computacionalmente inviable para problemas que requieren una etiqueta por píxel. Para solucionar esto, los Swin Transformer plantean dos cambios fundamentales:

- **Arquitectura jerárquica:** inicialmente, la imagen se divide en parches pequeños, que se van fusionando con otros parches cercanos a medida que se avanza a capas más profundas del modelo. Esto permite a los Swin Transformers detectar patrones a diferentes escalas.

- **Modificación en el cálculo del *self-attention*:** los parches de la imagen se agrupan en ventanas no solapadas y se computa la *self-attention* entre los parches que componen una ventana. Ya que el número de parches por ventana está fijado, la complejidad de la operación de atención pasa de ser cuadrática a lineal dependiendo del tamaño de la imagen.

El Swin Transformer combina los mecanismos de atención de los *Transformers* con las operaciones de convolución para mejorar el rendimiento en tareas de visión computacional, como la clasificación de imágenes, la segmentación de imágenes y la generación de imágenes. La arquitectura básica del Swin Transformer consta de dos partes principales:

- La primera parte es un *encoder* que utiliza un mecanismo de atención de múltiples cabezas para aprender las relaciones entre los píxeles de una imagen.

- La segunda parte es un *decoder* que utiliza un mecanismo de atención de múltiples cabezas para generar una nueva imagen a partir de la representación aprendida por el *encoder*.

El Swin Transformer ha demostrado un mejor rendimiento comparado con otros modelos de *Transformers* en diversas tareas de visión computacional, entre las que se incluyen:

► **Clasificación de imágenes:** el Swin Transformer ha logrado un rendimiento superior al 90 % en el conjunto de datos ImageNet, que es un conjunto de datos de imágenes de objetos cotidianos.

► **Segmentación de imágenes:** el Swin Transformer ha logrado un rendimiento superior al 80 % en el conjunto de datos PASCAL VOC (https://paperswithcode.com/dataset/pascal-voc), que es un conjunto de datos de imágenes de objetos y escenas.

► **Generación de imágenes:** el Swin Transformer ha logrado generar imágenes de alta calidad que son indistinguibles de las imágenes reales.

ConvNeXt

El modelo ConvNeXt [15] es un modelo de aprendizaje automático basado en la arquitectura *Transformers* que combina las ventajas de las redes convolucionales y las redes *Transformers*. Las redes convolucionales son muy eficaces para el procesamiento de imágenes, ya que pueden aprender patrones locales en los datos. Las redes *Transformers*, por su parte, son muy eficaces para el procesamiento de texto, ya que pueden aprender patrones globales en los datos.

El modelo ConvNeXt combina estas dos ventajas utilizando un enfoque de capas convolucionales en cascada. Las capas convolucionales se utilizan para aprender los patrones locales en los datos, y luego las capas *Transformers* se utilizan para aprender los patrones globales. Este enfoque ha demostrado ser muy eficaz para una variedad de tareas, incluyendo el reconocimiento de imágenes, la traducción automática y la generación de texto. En concreto, el modelo ConvNeXt basado en la arquitectura *Transformers* consta de las siguientes capas:

► **Capas convolucionales:** estas capas se utilizan para aprender los patrones locales en los datos. Las capas convolucionales se utilizan en cascada, de manera que cada capa aprende patrones más complejos.

► **Capas *Transformers*:** estas capas se utilizan para aprender los patrones globales en los datos. Las capas *Transformers* utilizan una arquitectura de atención para aprender las relaciones entre los diferentes elementos de los datos.

Las capas convolucionales y *Transformers* se combinan utilizando un enfoque de fusión. La fusión se puede realizar de diferentes maneras, pero un enfoque común es utilizar una operación de concatenación. El modelo ConvNeXt se ha utilizado con éxito para una variedad de tareas, entre las que se incluyen:

► **Reconocimiento de imágenes:** el modelo ha demostrado ser muy eficaz en esta área, superando a otros modelos en tareas como la clasificación de imágenes y la detección de objetos.

► **Traducción automática:** el modelo ha demostrado ser eficaz para la traducción automática, superando a otros modelos en tareas como la traducción de inglés a español y viceversa.

► **Generación de texto:** el modelo también puede utilizarse para la generación de texto, produciendo texto creativo y gramaticalmente correcto.

Referencias

[1]   J. Devlin *et al.*: *BERT: Pre-training of Deep Bidirectional Transformers for Language Understanding.* mayo de 2019. DOI: 10.48550/arXiv.1810.04805.

[2]   Y. Liu *et al.*, RoBERTa: *A Robustly Optimized BERT Pretraining Approach.* jul. de 2019. DOI: 10.48550/arXiv. 1907.11692.

[3]   P. He, X. Liu *et al.*, *DeBERTa: Decoding-enhanced BERT with Disentangled Attention* n.o arXiv:2006.03654, oct. de 2021. DOI: 10.48550/arXiv.2006.03654.

[4]   A. Radford *et al.*: *Improving language understanding by generative pre-training,* 2018. https://api.semanticscholar.org/ CorpusID:49313245.

[5] A. Radford *et al*.: *Language Models are Unsupervised Multitask Learners*, en p. 24, https://api.semanticscholar.org/CorpusID:160025533.

[6] T. B. Brown *et al*.: *Language Models are Few-Shot Learners*, julio de 2020. DOI: 10.48550/arXiv.2005.14165.

[7] THOPPILAN, Romal *et al*.: Lamda: *Language models for dialog applications*. 2022. DOI: 10.48550/arXiv.2201.08239.

[8] Chowdhery, Aakanksha *et al*.: *PaLM: Scaling Language Modeling with Pathways*. ArXiv abs/2204.02311 (2022). DOI: 10.48550/arXiv.2204.02311.

[9] A. Dosovitskiy *et al*.: *An Image is Worth 16x16 Words: Transformers for Image Recognition at Scale*, no arXiv:2010.11929, jun. de 2021. DOI: 10.48550/arXiv.2010.11929.

[10] Maurício J *et al*.: *Comparing Vision Transformers and Convolutional Neural Networks for Image Classification: A Literature Review*. Applied Sciences. 2023; 13(9):5521. DOI: 10.3390/app13095521.

[11] Kitaev, Nikita *et al*.: *Reformer: The Efficient Transformer*. 2020. DOI: 10.48550/arXiv.2001.04451.

[12] Rae, Jack W *et al*.: *Compressive Transformers for Long-Range Sequence Modelling*. ArXiv abs/1911.05507 (2019). DOI: 10.48550/arXiv.1911.05507.

[13] S. W. Zamir *et al*.: *Restormer: Efficient Transformer for High-Resolution Image Restoration*, 2022, IEEE/CVF Conference on Computer Vision and Pattern Recognition (CVPR), New Orleans, LA, USA, 2022, pp. 5718-5729, DOI: 10.1109/CVPR52688.2022.00564.

[14] Z. Liu *et al*.: *Swin Transformer: Hierarchical Vision Transformer using Shifted Windows*, no arXiv:2103.14030, ago. de 2021, DOI: 10.48550/arXiv.2103.14030.

[15] Z. Liu, H. Mao *et al*.: *A ConvNet for the 2020s*, 2022 IEEE/CVF Conference on Computer Vision and Pattern Recognition (CVPR), New Orleans, LA, USA, 2022, pp. 11966-11976, DOI: 10.48550/arXiv.2201.03545.

Capítulo 10

Autoencoders

Introducción

La primera presentación de un *autoencoder* que incluye una red neuronal de múltiples capas fue realizada por Kramer en 1991 [1]. En su trabajo, Kramer aborda la reducción de dimensionalidad, la extracción de características y aplicaciones como el filtrado de ruido, la detección de anomalías y la estimación de entrada. Los *autoencoders* variacionales, también conocidos como «redes neuronales autoasociativas robustas», fueron anticipados por Kramer en 1992 [2].

No fue hasta 15 años después que Hinton popularizó los *autoencoders* para la reducción de dimensionalidad en 2006 con el trabajo «*Reducing the Dimensionality of Data with Neural Networks*» [3].

El *autoencoder* más básico es un caso particular de redes *feedforward,* muy parecido al perceptrón multicapa, en el que la capa de entrada y la capa de salida tienen el mismo número de neuronas y en lugar de esperar una salida supervisada, se espera la misma muestra de entrada, consiguiendo con ello que la red aprenda a reconstruir la misma entrada que recibe.

Los *autoencoders* son una forma de red neuronal no supervisada y consisten en dos partes principales: el codificador y el decodificador.

▶ El **codificador** toma los datos de entrada y aprende a comprimirlos en una representación más reducida.

> ► El **decodificador** se encarga de reconstruir los datos codificados y generar una salida que se asemeje lo más posible a los datos de entrada originales. De esta manera, el *autoencoder* aprende a reconocer los aspectos más relevantes de los datos observables y a eliminar el ruido innecesario.

El *encoder* define una transformación desde el espacio de los datos de entrada hasta un espacio de menos dimensiones. El *decoder* define una transformación desde el espacio de dimensiones reducidas hasta los datos de salida. La función objetivo es una medida de la distancia entre los datos originales y los reconstruidos por el *decoder*. De esta forma, la red aprende a generar una representación comprimida de los datos de entrada, manteniendo la mayor cantidad de información posible para poder reconstruirlos.

Un *autoencoder* toma una entrada x, la transforma en una representación comprimida g(Wx) mediante el codificador y, luego, trata de reconstruir la entrada original usando el decodificador. El objetivo es minimizar la diferencia entre la entrada y la salida, es decir, la pérdida de reconstrucción, generalmente medida por un error cuadrático medio o alguna otra métrica de distancia. Las fórmulas para expresar las fases de codificación y decodificación podrían ser las siguientes:

> ► **Codificación:** $g(Wx) = encoder(x)$
> ► **Decodificación:** $x' = decoder(g(Wx))$

Como vemos en la figura 10.1, los *autoencoders* siguen una arquitectura de cuello de botella, en la que la región *encoder* (W) está formada por una o varias capas, cada una con menos neuronas que su capa precedente, lo que obliga a que la información de entrada se vaya comprimiendo. En la región *decoder* (W') esta compresión se revierte siguiendo la misma estructura, pero esta vez de menos a más neuronas.

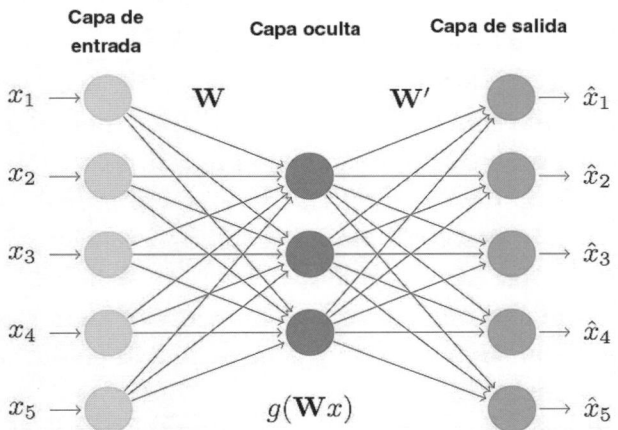

Figura 10.1. Representación de una red neuronal autoencoder.

Para conseguir que la salida reconstruida sea lo más parecida posible a la entrada, el modelo debe aprender a capturar toda la información posible en la zona intermedia. Una vez entrenado, la salida de la capa central del *autoencoder* (la capa con menos neuronas) es una representación de los datos de entrada, pero con una dimensionalidad igual al número de neuronas de esta capa.

La principal ventaja de los *autoencoders* es que no tienen ninguna restricción en cuanto al tipo de relaciones que pueden aprender, por lo tanto, a diferencia de otras técnicas de reducción de dimensionalidad como PCA (*Principal Component Analysis*), esta reducción podría incluir relaciones no lineales. La desventaja es su alto riesgo de sobreentrenamiento (*overfitting*), por lo que se recomienda emplear muy pocas iteraciones y siempre evaluar la evolución del error con un conjunto de validación.

En el caso de utilizar funciones de activación lineales, las variables generadas en el cuello de botella (la capa con menos neuronas), son muy similares a las componentes principales de un PCA (*Principal Component Analysis*), pero sin que necesariamente tengan que ser ortogonales entre sí.

Casos de uso de autoencoders

Uno de los principales casos de uso de los *autoencoders* es en el área de imágenes. Por ejemplo, podemos utilizar un tipo de *autoencoder* llamado *convolutional autoencoder* para eliminar el ruido de una imagen y generar una versión más limpia y nítida. Esto se logra a través de un proceso llamado extracción de características, en el que el *autoencoder* elimina el ruido y reconstruye la imagen manteniendo sus características relevantes. Además, los *autoencoders* también se pueden utilizar para crear versiones de mayor resolución de una imagen o incluso para añadir colores a imágenes en blanco y negro.

Los *autoencoders* también se pueden utilizar para la detección de anomalías. Como los *autoencoders* aprenden a reconocer los aspectos relevantes de los datos originales, son capaces de identificar desviaciones significativas en el comportamiento de los datos. Esto los hace muy útiles en áreas como la detección de fraudes, intrusiones o fallos inusuales. Entre los principales casos de uso podemos destacar:

- ▶ **Reducción de dimensionalidad:** se usan como alternativa a técnicas como PCA (Análisis de Componentes Principales).
- ▶ **Compresión de datos:** crean representaciones comprimidas útiles para la transmisión o el almacenamiento.
- ▶ **Generación de datos:** los *autoencoders* variacionales se emplean para generar nuevos datos similares a los entrenados.
- ▶ **Detección de anomalías:** al entrenar con datos normales, las reconstrucciones de datos anómalos suelen ser deficientes, lo que permite la detección de anomalías.

Arquitectura de los autoencoders

Como hemos comentado, los autoencoders son redes neuronales diseñadas para reconstruir su propia entrada. Con una arquitectura simétrica (codificador y decodificador), aprenden a comprimir y descomprimir los datos, obteniendo representaciones latentes útiles.

La arquitectura de los *autoencoders* sigue una estructura simétrica que consta de dos componentes principales: el **codificador (encoder)** y el **decodificador (decoder).** Estos componentes están interconectados para transformar los datos de entrada en una representación comprimida y luego reconstruirlos a partir de esa representación. La estructura general de un *autoencoder* se muestra en la figura 10.2:

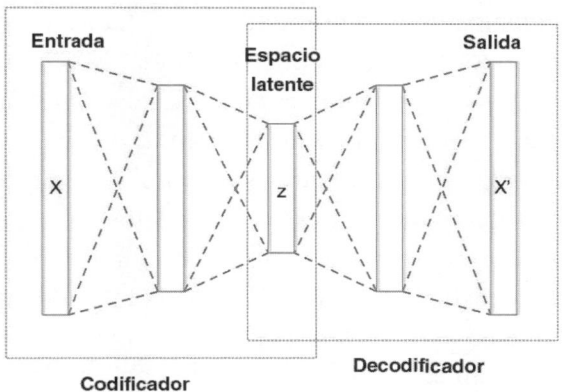

Figura 10.2. Estructura general de un autoencoder.

A continuación, se describe en detalle la arquitectura típica de un *autoencoder*:

▶ **Codificador (*encoder*):** el codificador toma la entrada original y la reduce a una representación más compacta o de baja dimensión (denominada código o representación latente). Su función es capturar las características más relevantes de los datos. El codificador suele estar compuesto por varias capas de neuronas densas o capas convolucionales (en el caso de imágenes). Cada capa aplica una transformación no lineal, como la función de activación ReLU (*Rectified Linear Unit*) o sigmoide, a las combinaciones lineales de los valores de entrada. La última capa del codificador tiene una dimensión más pequeña que la entrada original y representa la versión comprimida de los datos.

▶ **Capa latente (representación comprimida):** la capa latente es el punto intermedio entre el codificador y el decodificador. Representa una versión comprimida de la entrada. Aquí es donde los *autoencoders* encuentran las características más importantes de los datos, que pueden ser de menor dimensión que la entrada. Esta capa puede verse como una representación de los patrones subyacentes o las características clave de los datos de entrada. En un *autoencoder undercomplete* (subcompleto), la dimensión de esta capa es menor que la de los datos de entrada, lo que obliga a la red a aprender una representación eficiente.

▶ **Decodificador (*decoder*):**   el decodificador toma la representación comprimida y trata de reconstruir los datos de entrada originales. Su función es descomprimir o reconstruir los datos a partir del código latente. El decodificador suele tener una arquitectura simétrica al codificador, es decir, si el codificador tiene varias capas de neuronas con un número decreciente de neuronas, el decodificador tendrá capas con un número creciente de neuronas. Al igual que en el codificador, cada capa en el decodificador aplica una función de activación, como ReLU o sigmoide.

Aunque la red se entrena de principio a fin con el objetivo de reproducir de la manera más fidedigna posible el dato de entrada, el verdadero valor está en la **capa latente,** puesto que para que la misma sea capaz de alcanzar esta meta, dicho vector debe resumir lo suficientemente bien la información de la entrada original, de modo que la copia regenerada sea lo más similar posible a la entrada original. Por consiguiente, dependiendo del dominio, el *decoder* actúa más como un mecanismo de entrenamiento que luego es desechado para solo quedarnos con un *encoder* capaz de producir vectores de alta calidad, representativos de los datos de entrada, lo que permite ahorrar espacio y recursos.

Fundamentos de los autoencoders

Como hemos analizado, un *autoencoder* es una arquitectura de red neuronal artificial que intenta aprender una representación eficiente de los datos de entrada de forma automática, sin supervisión. Para aprender dicha representación, denominada representación latente, el *autoencoder* trata de copiar su entrada a su salida, lo cual parece, a priori, una tarea trivial. Sin embargo, la realidad es que no lo es, ya que, para evitar dicha solución trivial, donde simplemente copie la entrada a la salida de manera directa, sin aprender ninguna característica útil sobre los datos de entrada, el modelo se somete a una serie de restricciones que lo fuerzan a encontrar dichas características significativas.

Existen diferentes formas de restringir a un *autoencoder* con el objetivo de forzarlo a extraer patrones relevantes de los datos. Entre las más conocidas se encuentran, por ejemplo, el limitar el tamaño de la representación latente, de modo que dicha representación tenga una dimensión menor que la dimensión de los datos de entrada, o el añadir ruido a las entradas y entrenar el *autoencoder* para recuperar las entradas originales libres de ruido.

Independientemente del tipo de restricción impuesta, todos los *autoencoders* presentan una arquitectura común, formada por dos partes fundamentales. Por un lado, se encuentra el *encoder* o codificador, encargado de transformar la entrada, x, en la representación latente, representada por el vector $z = f(x)$. Por otro lado, se encuentra el *decoder* o decodificador, cuyo trabajo consiste en la recuperación de los datos originales a partir de dicha representación latente, $\tilde{x} = g(z)$.

En general, tanto el codificador como el decodificador son funciones no lineales que pueden implementarse mediante redes neuronales simples, como un Perceptrón Multicapa (MLP) o una Red Neuronal Convolucional (CNN), dependiendo de su aplicación.

En última instancia, el objetivo de un *autoencoder* es conseguir que la salida $\tilde{x}$, llamada habitualmente reconstrucción, sea lo más parecida posible a la entrada x. Para ello, como ocurre en el resto de arquitecturas de redes neuronales artificiales, ya sean de mayor o menor complejidad, existe una función de pérdida cuyo valor se intenta minimizar durante la fase de entrenamiento. En este caso, dicha función de pérdida, denotada como $L(x,\tilde{x})$, mide la diferencia entre la entrada original y la recuperada, es decir, entre la entrada y la salida. A una función de pérdida de este tipo, en la que se evalúa el parecido entre la entrada y la salida, se le conoce como función de pérdida de reconstrucción.

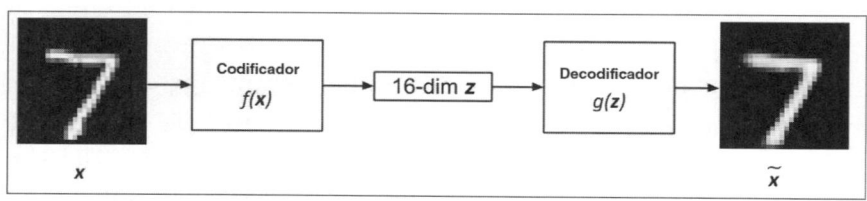

Figura 10.3. Ejemplo de un autoencoder con la base de datos MNIST.

Gracias a un proceso de entrenamiento, un *autoencoder* permite obtener resultados como los que se muestran en la figura 10.3. En este caso, se trata de un *autoencoder* que trabaja con la base de datos MNIST, la cual contiene imágenes de dígitos escritos a mano de 28×28×1 = 784 píxeles. La entrada, por tanto, que no es más que una imagen de un determinado dígito, es de dimensión 784. El codificador comprime el espacio de entrada de dimensión 784 en un espacio de dimensión 16, tamaño fijado para la representación latente, y, a partir del mismo, el decodificador intenta recuperar la entrada original.

Tipos de autoencoders

Como se ha mencionado anteriormente, existen múltiples alternativas para evitar que un *autoencoder* se comporte de forma trivial, y consiga aprender representaciones eficientes de los datos de entrada. Esto da lugar a diferentes tipos de *autoencoders*, cada uno con propiedades particulares en su representación latente, que dependen de la restricción en cuestión impuesta. La más típica es establecer que la dimensión de la representación latente sea menor que la de los datos de entrada, como ocurría en el ejemplo de la base de datos MNIST.

Otra forma de forzar a un *autoencoder* a encontrar características útiles de los datos es añadiendo ruido a sus entradas. Es decir, dado un determinado set de datos de entrenamiento, se añade ruido al mismo (por ejemplo, ruido gaussiano), y dichos datos ruidosos son los que se proporcionan como entradas al modelo. En este caso, el objetivo del *autoencoder* es obtener, a la salida, los datos originales sin ruido, de ahí que a un *autoencoder* de este tipo se le conozca como *Denoising Autoencoders* [4].

Los *Sparse Autoencoders* [5] son otro tipo en los que la técnica consiste en obligar al *autoencoder* a reducir el número de neuronas activas en el código para una determinada entrada, añadiendo un término apropiado en la función de pérdida. Es decir, para un cierto set de datos de entrenamiento, el *autoencoder* es forzado a utilizar, por ejemplo, una media del 5 % de las neuronas presentes en la capa de código, lo que le obliga a encontrar características de cada muestra de entrada que permitan conseguir un buen rendimiento en la reconstrucción, manteniendo la media de neuronas activas en el valor fijado.

Las técnicas de regularización empleadas tanto en los autoencoders de tipo Denoising como en los de tipo Sparse, pueden aplicarse para trabajar con representaciones latentes cuya dimensión sea igual o superior que la dimensión de los datos de entrada. A los *autoencoders* que cuentan con una representación latente de estas características se les denomina *Overcomplete Autoencoders*.

Estos requieren de una atención especial en su utilización, ya que, conforme mayor es la dimensión del espacio latente en estas estructuras, también aumenta la capacidad de representación con la que cuentan y, por tanto, presentan una mayor tendencia a memorizar la entrada (copiar directamente la entrada a la salida, sin aprender características útiles de los datos). Por tanto, es importante aplicar las técnicas de regularización de forma precisa para poder tratar con *autoencoders* de este tipo.

Existen otros tipos de *autoencoders* llamados *autoencoders* convolucionales que utilizan capas convolucionales en lugar de capas densas, lo que les permite capturar las características espaciales de los datos, como las imágenes. Estos *autoencoders* son muy eficientes para procesar datos de alta dimensionalidad y preservar la estructura espacial de las imágenes. Este último tipo se analizará con detalle en la siguiente sección.

Autoencoders convolucionales

Las redes convolucionales son eficaces para las tareas de procesamiento de imágenes porque pueden capturar las características locales de las imágenes, como bordes, texturas y patrones, utilizando filtros convolucionales. Los *autoencoders* convolucionales heredan esta capacidad, lo que los hace más adecuados para la compresión y reconstrucción de imágenes, en comparación con los *autoencoders* con capas completamente conectadas.

Los *autoencoders* convolucionales (*Convolutional Autoencoders*, CAE) son una extensión de los *autoencoders* tradicionales que utilizan capas convolucionales en lugar de capas densas. Esta variante es especialmente adecuada para trabajar con datos con estructura espacial, como las imágenes, en los que las relaciones locales entre los píxeles son clave.

La arquitectura de un *autoencoder* convolucional sigue los mismos principios básicos que un *autoencoder* tradicional (codificador, capa latente y decodificador), pero con capas convolucionales en lugar de capas densas. A continuación, se detallan los elementos de un *autoencoder* convolucional:

- ▶ **Codificador convolucional:** el codificador en un *autoencoder* convolucional utiliza capas convolucionales para reducir la dimensionalidad de la entrada. Este proceso comprime la imagen original en una representación más compacta, manteniendo la estructura espacial. Este codificador se compone de:
  - ▶ **Capas convolucionales:** las imágenes se procesan mediante filtros convolucionales que extraen características locales.
  - ▶ **Pooling:** a menudo se usan capas de submuestreo (por ejemplo, *max-pooling*) para reducir el tamaño de las características extraídas, lo que contribuye a la compresión de los datos.

▶ **Activaciones:** se aplican funciones de activación no lineales, como ReLU, después de cada convolución.

▶ **Capa latente:** la capa latente contiene una versión comprimida de la imagen original. A diferencia de los *autoencoders* tradicionales, la capa latente no es un vector de características planas, sino un tensor de características con dimensiones espaciales (alto, ancho, profundidad).

▶ **Decodificador convolucional:** el decodificador intenta reconstruir la imagen original a partir de la representación comprimida. En lugar de capas densas, el decodificador emplea capas convolucionales transpuestas o *upsampling* para ampliar el tensor de características comprimido a su tamaño original. Este decodificador se compone de:

  ▶ **Capas convolucionales transpuestas:** realizan el proceso inverso a las convoluciones, aumentando la dimensionalidad espacial del tensor.

  ▶ *Upsampling:* en algunos casos, se usa interpolación o *upsampling* para aumentar la resolución de las imágenes.

  ▶ **Activación:** se aplican funciones de activación no lineales y la última capa del decodificador utiliza activaciones como la sigmoide (en el caso de imágenes en escala de grises) o la tangente hiperbólica (para imágenes RGB).

▶ **Salida:** el decodificador genera una reconstrucción de la imagen original, que debería ser lo más parecida posible a la entrada inicial. El objetivo es minimizar la diferencia entre la entrada x y la salida reconstruida x', como se hace en los *autoencoders* clásicos.

El *autoencoder* convolucional funciona en dos pasos principales. En la fase de codificación, la imagen de entrada se procesa a través de las capas convolucionales del codificador, reduciendo la resolución, pero manteniendo la información relevante a nivel local. De esta forma, se produce una representación comprimida (un tensor de características de menor tamaño que la imagen original).

En la fase de decodificación, la representación comprimida pasa por el decodificador, que utiliza convoluciones transpuestas o *upsampling* para reconstruir la imagen original. El objetivo final es que la imagen reconstruida x' sea lo más similar posible a la imagen de entrada x.

Un caso particular de este tipo de *autoencoders* son las redes convolucionales, en las que no solo se extraen las características de una imagen, sino que también se utilizan para la generación de nuevas imágenes. Estas redes están compuestas por una estructura en espejo, como se puede apreciar en la figura 10.4, en las que las capas convolucionales que generan los vectores de características de la imagen se invierten para poder generar estas imágenes.

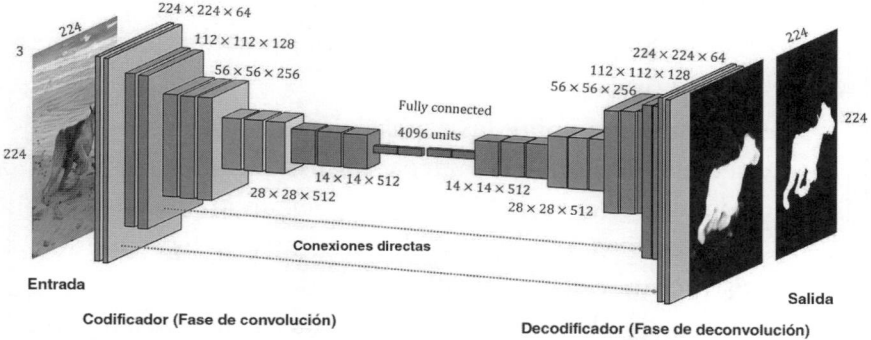

Figura 10.4. Redes convolucionales en espejo actuando como autoencoder.

Esta arquitectura, en su inicio, está formada por las capas convolucionales tradicionales de una CNN. Tras estas capas, se extrae la información relevante de la imagen. Las capas finales de la red son capas deconvolucionales, que son las encargadas de, a partir de la información extraída, volver a muestrear estos mapas de características y así generar la nueva imagen. La etapa en la que se extraen las características de la imagen se conoce como *Encoder* y la encargada de la reconstrucción es conocida como *Decoder*.

Estas redes son principalmente empleadas para las tareas de eliminación del ruido en imágenes [6]. En este tipo de tareas, el problema se modela como una imagen x, que tiene una función que la deteriora, H, y un ruido aditivo, n, como se muestra en la siguiente ecuación: $Y = H(x) + n$

Generalmente, el entrenamiento de estas redes se realiza con un conjunto tradicional de imágenes, al que se le añade un ruido conocido. Los datos de entrada son las imágenes con el ruido añadido y las etiquetas con las que se compara son las imágenes normales. De este modo, estas redes pueden obtener la información asociada a dicho ruido y eliminarlo cuando se reconstruye la imagen en el *decoder*. Es decir, aprenden a identificar el parámetro n (ruido aditivo) de la ecuación anterior y generan una nueva imagen sin él.

Entre las principales ventajas de los *autoencoders* convolucionales, podemos destacar:

▶ **Eficiencia espacial:** las capas convolucionales son especialmente buenas para capturar relaciones locales en los datos (como las estructuras espaciales en las imágenes). Los *autoencoders* tradicionales con capas densas pierden la estructura espacial al aplanar los datos de entrada, mientras que los CAE conservan esta estructura a lo largo del proceso de compresión.

- **Compresión de imágenes:** los *autoencoders* convolucionales pueden aprender representaciones comprimidas de alta calidad de imágenes, lo que los hace útiles para aplicaciones de compresión de imágenes sin perder demasiada información visual relevante.

- **Mejor reconstrucción:** gracias a su capacidad para capturar características locales, los CAE suelen producir reconstrucciones de imágenes más precisas en comparación con los *autoencoders* tradicionales.

- **Escalabilidad:** las capas convolucionales permiten que el modelo sea más escalable y eficiente en términos de memoria cuando se trabaja con datos grandes, como imágenes de alta resolución o vídeos.

En resumen, los *autoencoders* convolucionales son una variante de los *autoencoders* tradicionales, especialmente adecuada para datos estructurados espacialmente, como imágenes. Al utilizar capas convolucionales para comprimir y reconstruir las imágenes, los CAE pueden aprender representaciones eficientes que capturan características locales, lo que mejora la calidad de la reconstrucción y la capacidad para tareas como la eliminación de ruido, la compresión de imágenes y la generación de datos.

Tipos de aplicaciones con autoencoders

Los *autoencoders* son una herramienta muy útil en el campo de la reconstrucción de datos, la eliminación de ruido y la detección de anomalías. Su capacidad para comprimir y reconstruir datos de manera eficiente los convierte en una herramienta poderosa para tratar una amplia variedad de conjuntos de datos. Entre los principales problemas que es capaz de resolver, podemos destacar:

- **Compresión de información:** la principal característica de este tipo de algoritmo es que son capaces de extraer las características más importantes de la información y crear una nueva representación de esta en una dimensión reducida.

- **Detección de fraudes:** los *autoencoders* han sido utilizados por empresas como PayPal para construir sistemas de detección de fraudes extrayendo las características clave que determinan si una cierta transacción es fraudulenta o no.

- **Generación de imágenes:** otra aplicación posible es la generación de imágenes. Esto puede ser muy útil para tareas de diseño y para la generación de nuevos *datasets* de imágenes de libre distribución.

- **Reducción del ruido de las imágenes:** una de las aplicaciones donde estas redes neuronales tienen un buen funcionamiento es reduciendo el ruido en las imágenes, por lo que se suelen utilizar para mejorar la calidad de, por ejemplo, fotografías en mal estado.

Los *autoencoders* son ampliamente utilizados en áreas como la visión por ordenador, la detección de anomalías y el procesamiento de datos en general. Su capacidad para reconocer características relevantes y eliminar ruido los hace muy versátiles. A continuación, se mencionan algunos trabajos de investigación para diferentes áreas de aplicación:

- **Reducción de dimensionalidad:** en este punto podemos destacar los siguientes artículos que abordan los principales desafíos de trabajar con datos de alta dimensionalidad, incluyendo la pérdida de efectividad de las métricas de distancia y el impacto en los algoritmos de clasificación como k-NN.

▶ **«The Curse of Dimensionality in Data Mining and Time Series Prediction»** [7]: en este artículo se discute el fenómeno conocido como la «maldición de la dimensionalidad», que ocurre cuando los datos de alta dimensión dificultan los procesos de minería de datos y la predicción de series temporales. A medida que aumenta la dimensionalidad, las distancias entre los puntos de datos tienden a volverse uniformes, lo que afecta a la precisión de los algoritmos que dependen de medidas de proximidad. Los autores exploran las consecuencias de este fenómeno y analizan enfoques para mitigar sus efectos, como la reducción de dimensionalidad para mejorar la eficiencia y precisión en modelos de datos complejos.

▶ **«On the Surprising Behavior of Distance Metrics in High Dimensional Space»** [8]: este trabajo analiza el comportamiento inesperado de las métricas de distancia, como la distancia euclidiana, en espacios de alta dimensionalidad. Los autores demuestran que, en dimensiones elevadas, la mayoría de las distancias entre puntos se aproximan entre sí, lo que reduce la capacidad de los algoritmos para discriminar entre puntos cercanos y lejanos. Se plantea que el comportamiento de las métricas en estos entornos debe entenderse mejor, y se proponen ajustes en los algoritmos para abordar este problema, sugiriendo el uso de métricas más robustas para estos contextos.

▶ **«When is «Nearest Neighbor» Meaningful?»** [9]: el artículo examina cuándo el algoritmo de «vecino más cercano» es eficaz en espacios de alta dimensionalidad. Los autores argumentan que, en dimensiones muy altas, la noción de «vecino más cercano» pierde su relevancia, ya que la distancia entre puntos tiende a ser similar en todas las direcciones. Esto pone en duda la utilidad del algoritmo en contextos de alta dimensionalidad y sugiere que es necesario rediseñar las técnicas de búsqueda de vecinos más cercanos para hacer frente a esta limitación.

▸ **Identificación de anomalías:** en este punto, podemos destacar los siguientes artículos que cubren un amplio espectro de métodos de detección de anomalías, desde la seguridad en redes hasta el fraude financiero, y destacan el uso de técnicas de aprendizaje profundo y *autoencoders* como herramientas clave en la identificación de patrones anómalos.

  ▸ **«Network anomaly detection: methods, systems and tools» [10]:** el artículo ofrece una revisión exhaustiva de los métodos, sistemas y herramientas utilizados para la detección de anomalías en redes. Evalúa diversas técnicas, desde métodos estadísticos hasta enfoques basados en inteligencia artificial, y proporciona una perspectiva global sobre cómo detectar comportamientos anómalos en sistemas de red para mejorar la seguridad y la eficiencia.

  ▸ **«Credit card fraud detection using deep learning based on auto-encoder and restricted Boltzmann machine» [11]:** se presenta un enfoque basado en *deep learning* para la detección de fraudes con tarjetas de crédito utilizando *autoencoders* y máquinas de Boltzmann restringidas. El estudio destaca la capacidad de los *autoencoders* para aprender representaciones latentes eficientes, lo que facilita la identificación de transacciones fraudulentas al diferenciar patrones normales de comportamientos anómalos.

▶ **«Anomaly detection using autoencoders with nonlinear dimensionality reduction» [12]:** este trabajo utiliza *autoencoders* para la detección de anomalías aplicando una reducción no lineal de la dimensionalidad. El enfoque destaca cómo los *autoencoders* pueden capturar patrones complejos en los datos, ayudando a identificar las anomalías mediante la comparación entre la reconstrucción de los datos y los datos originales.

▶ **«Anomaly detection for HTTP using convolutional autoencoders» [13]:** el artículo propone el uso de *autoencoders* convolucionales para detectar anomalías en el tráfico HTTP. El enfoque se basa en la capacidad de los *autoencoders* convolucionales para aprender representaciones profundas de los patrones normales en las secuencias de tráfico, lo que permite identificar anomalías relacionadas con comportamientos maliciosos en aplicaciones web.

▶ **Eliminación de ruido:** en este punto, podemos destacar los siguientes artículos que se centran en la eliminación de ruido en diferentes tipos de datos (audio, señales de ECG e imágenes) utilizando *autoencoders*. Los *autoencoders* profundos y apilados aprenden a reconstruir señales y datos ruidosos, mejorando la calidad de la información en diversas aplicaciones.

▶ **«Speech Enhancement Based on Deep Denoising Autoencoder» [14]:** este artículo presenta un método de mejora del habla utilizando *autoencoders* de eliminación de ruido (*denoising autoencoders*). El modelo aprende a eliminar el ruido de las señales del habla, mejorando la calidad del audio para aplicaciones como el reconocimiento automático de voz y la transmisión de voz en entornos ruidosos.

- ▶ **«ECG Signal Enhancement Based on Improved Denoising Auto-Encoder» [15]: e**n este estudio, se propone un *autoencoder* mejorado para la mejora de las señales ECG. El modelo elimina el ruido de las señales electrocardiográficas (ECG) y mejora la precisión de los diagnósticos médicos, además de facilitar el análisis de señales fisiológicas con mayor claridad.
- ▶ **«Image Denoising and Inpainting with Deep Neural Networks» [16]: e**ste trabajo explora la eliminación de ruido y el *inpainting* de imágenes utilizando redes neuronales profundas. Los modelos son capaces de restaurar imágenes dañadas o con ruido, lo que demuestra la efectividad de las redes neuronales profundas para tareas de procesamiento de imágenes.
- ▶ **«Stacked Denoising Autoencoders: Learning Useful Representations in a Deep Network with a Local Denoising Criterion» [17]: e**ste artículo introduce los *autoencoders* apilados para aprender representaciones útiles de los datos, utilizando un criterio de eliminación de ruido. El enfoque apilado permite construir modelos más profundos y robustos, lo que mejora la calidad de las representaciones aprendidas para tareas como la clasificación y compresión de datos.
- ▶ **Anonimización de datos:** en este punto, podemos destacar los siguientes artículos que utilizan enfoques y técnicas de anonimización de datos utilizados en redes sociales, datos de sensores y dispositivos móviles, con énfasis en mantener un equilibrio entre la privacidad y la utilidad de los datos.
  - ▶ **«A Brief Survey on Anonymization Techniques for Privacy Preserving Publishing of Social Network Data» [18]:** este artículo revisa las técnicas de

anonimización utilizadas para preservar la privacidad en la publicación de datos de redes sociales. Los autores discuten métodos como la generalización, la supresión y la perturbación de datos, y analizan su efectividad y los desafíos relacionados con la pérdida de utilidad de los datos. Se destacan enfoques avanzados, como el k-anonimato, l-diversidad y t-closeness, como mecanismos para proteger la identidad de los usuarios en redes sociales, sin comprometer la capacidad de realizar análisis útiles en los datos anonimizados.

▶ **«Latent Representation Learning and Manipulation for Privacy-Preserving Sensor Data Analytics» [19]:** este artículo se centra en cómo aprender y manipular representaciones latentes para la anonimización de datos de sensores. Los autores proponen un método para preservar la privacidad que consiste en transformar los datos de sensores en representaciones latentes que ocultan la información sensible, pero que aún permiten realizar análisis útiles. Esta técnica es especialmente relevante para el procesamiento de datos en sistemas de sensores en el borde (edge computing), donde la privacidad es una preocupación clave. Se destaca el uso de redes neuronales y modelos generativos para transformar los datos de manera segura.

▶ **«Mobile Sensor Data Anonymization» [20]:** en este trabajo, los autores proponen métodos para la anonimización de datos móviles capturados por sensores, abordando el problema de preservar la privacidad mientras se analizan los datos en dispositivos móviles. El enfoque principal es el desarrollo de técnicas que permiten ofuscar la identidad del usuario sin perder la funcionalidad de los datos. Utilizan técnicas de anonimización y aprendizaje automático para procesar los datos localmente, lo que minimiza la exposición de información sensible. El artículo destaca la importancia de mantener un equilibrio entre la privacidad y la usabilidad de los datos.

▸ **Criptografía:** en este punto, podemos destacar los siguientes artículos que exploran la integración de *autoencoders* con técnicas de **encriptación** y **compresión de imágenes,** ofreciendo enfoques innovadores para garantizar la seguridad y la eficiencia en el manejo de datos visuales.

  ▸ **«An Encryption-then-Compression Scheme Using Autoencoder Based Image Compression for Color Images» [21]:** este artículo presenta un esquema de encriptación y compresión de imágenes a color basado en un *autoencoder*. Primero, las imágenes se encriptan utilizando un método de cifrado tradicional y, a continuación, se comprimen utilizando un *autoencoder* que reduce la dimensión de las imágenes. Este enfoque asegura tanto la seguridad de los datos como su eficiencia de almacenamiento, combinando encriptación y compresión en un solo proceso, lo que es particularmente útil en aplicaciones de almacenamiento y transmisión de datos sensibles.

  ▸ **«Image Compression and Encryption Combining Autoencoder and Chaotic Logistic Map» [22]:** este estudio combina un *autoencoder* para la compresión de imágenes con un mapa logístico caótico para la encriptación. El *autoencoder* reduce la dimensionalidad de las imágenes y el algoritmo, basado en dinámicas caóticas, añade una capa de seguridad cifrando las imágenes comprimidas. La combinación de estos dos métodos mejora tanto la eficiencia de la compresión como la robustez de la encriptación, y hace difícil recuperar la imagen original sin conocer la clave del sistema caótico.

► **«Digital Cryptography Implementation using Neurocomputational Model with Autoencoder Architecture» [23]:** este artículo propone una implementación de criptografía digital utilizando un modelo neurocomputacional basado en la arquitectura de un *autoencoder*. Este enfoque aprovecha la capacidad del *autoencoder* para codificar información y aplicarla a la encriptación de datos digitales. El *autoencoder* aprende a transformar los datos en un formato encriptado, lo que aporta un enfoque novedoso a la seguridad de la información. El estudio explora las posibilidades de aplicar redes neuronales para mejorar la eficiencia y la seguridad en la criptografía.

► **Generación de datos sintéticos:** en este punto, podemos destacar los siguientes artículos que presentan enfoques innovadores para la generación de datos sintéticos en diversos campos, como la salud y la detección de fraudes, con el fin de proteger la privacidad y mejorar la calidad de los modelos predictivos.

  ► **«Generating sequential electronic health records using dual adversarial autoencoder» [24]: e**ste estudio propone un enfoque basado en *autoencoders* adversariales duales para generar secuencias de historias clínicas electrónicas (EHR). El modelo combina *autoencoders* y redes adversarias para crear datos sintéticos que preservan las características temporales y secuenciales de los registros médicos. Este enfoque ofrece una solución prometedora para compartir y analizar datos médicos sensibles sin comprometer la privacidad de los pacientes.

▶ **«Adversarially approximated autoencoder for image generation and manipulation» [25]:** este artículo presenta un *autoencoder* aproximado mediante técnicas adversariales para la generación y manipulación de imágenes. El modelo utiliza una combinación de *autoencoders* y GANs para mejorar la calidad de las imágenes generadas y permitir una manipulación más precisa. La propuesta demuestra su utilidad en tareas de síntesis de imágenes y edición, lo que la hace relevante para aplicaciones multimedia.

▶ **«SynSys: A synthetic data generation system for healthcare applications» [26]:** este trabajo introduce SynSys, un sistema diseñado para generar datos sintéticos en el ámbito de la salud. El sistema imita patrones de datos reales utilizando modelos basados en reglas y probabilidades. SynSys es útil para desarrollar y evaluar sistemas de salud sin la necesidad de comprometer la privacidad de los pacientes, ya que proporciona un entorno seguro para realizar experimentos y entrenar modelos.

▶ **«A synthetic fraud data generation methodology» [27]:** este artículo propone una metodología para la generación de datos sintéticos sobre fraudes. El enfoque se centra en generar conjuntos de datos que simulen actividades fraudulentas para entrenar y evaluar sistemas de detección de fraudes en redes y sistemas de seguridad. La metodología incluye la definición de patrones de fraude y su integración en datos sintéticos, lo que permite un análisis más robusto de las técnicas de detección de fraudes.

Referencias

[1]   Kramer, Mark A.: «*Nonlinear principal component analysis using autoassociative neural networks*» Aiche Journal 37 (1991): 233-243. https://people.engr.tamu.edu/rgutier/web_courses/cpsc636_s10/kramer1991nonlinearPCA.pdf.

[2]   Kramer, M.A.: «*Autoassociative neural networks*»,
       Computers & Chemical Engineering, Volume 16, Issue 4,
       1992, Pages 313-328, ISSN 0098-1354. DOI:10.1016/0098-
       1354(92)80051-A.

[3]   G. E. Hinton *et al.*: «*Reducing the Dimensionality of
       Data with Neural Networks*» Science313, 504-507(2006).
       DOI:10.1126/science.1127647.

[4]   P. Vincent *et al*: «*Extracting and Composing Robust Features
       with Denoising Autoencoders*», in ICML 2008: Proceedings
       of the 25th International Conference on Machine Learning,
       2008, pp. 1096–1103. https://icml.cc/2008/papers/592.pdf.
       DOI: 10.1145/1390156.1390294.

[5]   A. Coates *et al.*: «*The Importance of Encoding Versus
       Training with Sparse Coding and Vector Quantization*»,
       in ICML 2011: Proceedings of the 28th International
       Conference on International Conference on Machine
       Learning, 2011, pp. 921–928. DOI:10.5555/3104482.3104598.

[6]   X.-J. Mao *et al.*: «*Image restoration using convolutional
       autoencoders with symmetric skip connections*», arXiv
       preprint arXiv:1606.08921, 2016. DOI:10.48550/
       arXiv.1606.08921.

[7]   Verleysen, M. *et al.*: «*The curse of dimensionality in data
       mining and time series prediction*». In International
       work-conference on artificial neural networks
       (pp. 758-770). Springer, Berlin, Heidelberg. 2005.
       DOI:10.1007/11494669_93.

[8]   Aggarwal, C. C. *et al.*: «*On the surprising behavior of
       distance metrics in high dimensional space*». In International
       conference on database theory (pp. 420-434). Springer,
       Berlin, Heidelberg. 2001. DOI:10.5555/645504.656414.

[9]   Beyer, K *et al.* «*When is nearest neighbor meaningful?*». In
       International conference on database theory (pp. 217-235).
       Springer, Berlin, Heidelberg.1999. DOI:10.1007/3-540-49257-7_15.

[10]   Bhuyan, M. H *et al.*: «*Network anomaly detection: methods,
       systems and tools*». IEEE Communications surveys & tutorials,
       16(1), 303-336. 2013. DOI:10.1109/SURV.2013.052213.00046.

[11] Pumsirirat, A *et al.*: «*Credit card fraud detection using deep learning based on auto-encoder and restricted Boltzmann machine*». International Journal of advanced computer science and applications, 9(1), 18-25. DOI:10.14569/IJACSA.2018.090103.

[12] M. Sakurada *et al.*: «*Anomaly detection using autoencoders with nonlinear dimensionality reduction*», in: Proceedings of the MLSDA(2014) Second Work- shop on Machine Learning for Sensory Data Analysis, ACM, 2014, pp. 4–11, DOI:10.1145/26 89746.26 89747.

[13] S. Park *et al.*: «*Anomaly detection for HTTP using convolutional autoencoders*», IEEE Access 6 (2018) 70884–70901, DOI:10.1109/ACCESS.2018.2881003.

[14] X. Lu *et al.*: «*Speech enhancement based on deep denoising autoencoder*», Interspeech (2013) 436–440. DOI:10.21437/Interspeech.2013-130.

[15] P. Xiong *et al.*: «*Ecg signal enhancement based on improved denoising auto-encoder*», Eng. Appl. Artif. Intell. 52 (2016) 194–202. DOI:10.1016/j.engappai.2016.02.015.

[16] J. Xie *et al.*: «*Image denoising and inpainting with deep neural networks*», Adv.Neural Inf. Process. Syst. (2012) 341–349. DOI:10.5555/2999134.2999173.

[17] P. Vincent *et al.*: «*Stacked denoising autoencoders: learning useful representations in a deep network with a local denoising criterion*», J. Mach. Learn. Res. 11 (2010) 3371–3408. DOI:10.5555/1756006.1953039.

[18] Zhou, B *et al.*: «*A brief survey on anonymization techniques for privacy preserving publishing of social network data*». ACM Sigkdd Explorations Newsletter, 10(2), 12-22. DOI:10.1145/1540276.1540279.

[19] O Hajihassani *et al.*: «*Latent representation learning and manipulation for privacy preserving sensor data analytics*». In The second Workshop on Machine Learning on Edge in Sensor Systems (SenSys-ML). IEEE, 2020. DOI:10.1109/SenSysML50931.2020.00009.

[20] Mohammad Malekzadeh *et al.*: «*Mobile sensor data anonymization*». In Proceedings of the International Conference on Internet of Things Design and Implementation (IoTDI), pages 49–58. ACM, 2019. DOI:10.1145/3302505.3310068.

[21] Sreelakshmi, K. *et al.*: «*An Encryption-then-Compression Scheme Using Autoencoder Based Image Compression for Color Images*». In 2020 7th International Conference on Smart Structures and Systems (ICSSS) (pp. 1-5). IEEE. DOI:10.1109/ICSSS49621.2020.9201967.

[22] Suhail, K. A *et al.*: «*Image Compression and Encryption Combining Autoencoder and Chaotic Logistic Map*». Iranian Journal of Science and Technology, Transactions A: Science, 44(4),1091-1100. 2020. DOI:10.1007/s40995-020-00905-4.

[23] Quinga-Socasi *et al.*: «*Digital Cryptography Implementation using Neurocomputational Model with Autoencoder Architecture*». In ICAART (2) (pp. 865-872). 2020. DOI:10.5220/0009154908650872.

[24] Lee, D.: «*Generating sequential electronic health records using dual adversarial autoencoder*». Journal of the American Medical Informatics Association, 27(9), 1411-1419. 2020. DOI:10.1093/jamia/ocaa119.

[25] Xu, W. *et al.*: «*Adversarially approximated autoencoder for image generation and manipulation*». IEEE Transactions on Multimedia, 21(9), 2387-2396. 2019. DOI:10.48550/arXiv.1902.05581.

[26] Dahmen, J. *et al.*: «*SynSys: A synthetic data generation system for healthcare applications*». Sensors, 19(5), 1181.2019. DOI:10.3390/s19051181.

[27] Lundin, E. *et al.*: «*A synthetic fraud data generation methodology*». In International Conference on Information and Communications Security (pp. 265-277). Springer, Berlin, Heidelberg. 2002. DOI:10.5555/646280.687684.

Índice alfabético

A

abstracción, 18, 30, 65, 111, 123, 225
activación, 27, 29-31, 49, 53-54, 57, 66-69, 108-109, 111, 113, 115, 122, 214, 255, 258, 264
adaptativo, 65 ,65
adversarial, 148-149, 154-155, 164, 170, 193, 275, 279
adversarias, 10, 76, 149, 151, 153, 155, 157, 159, 161-165, 167, 169, 194, 275
algoritmo, 16-17, 19, 25-26, 37-40, 43, 53-55, 58, 69-72, 79, 84, 88-89, 92-93, 214, 216, 221, 233, 268-270, 274
anomalías, 91, 134, 253, 256, 267-268, 270-271
antagónicas, 10, 143, 149, 151, 153-155, 157-159, 161, 163, 165, 167-169, 177, 179
análisis, 17, 20, 33-34, 56, 62-63, 84, 90, 97, 108, 123, 139, 141, 143, 176, 178, 191, 206, 217, 225-226, 232, 243, 256, 272-273, 276
analytics, 273, 278
aplicaciones, 6-7, 9-11, 16, 18, 20, 22, 24, 26, 28, 30, 32-36, 38, 40, 42, 44, 46, 48, 50, 52, 54, 56, 58-64, 66, 68, 70, 72-74, 76, 78, 80, 82, 84, 86, 88-90, 92, 94, 96, 98, 100, 102-104, 106, 108, 110, 112, 114, 116, 118, 120-122, 124, 126, 128, 130, 132, 134, 136, 138-144, 146, 148, 150, 152, 154, 156, 158-160, 162-166, 168, 170, 172, 174-176, 178-180, 182, 184, 186, 188-192, 194, 196, 198-202, 204, 206, 208-210, 212, 214, 216, 218, 220, 222, 224, 226-228, 230, 232, 234, 236, 238, 240, 242-244, 246, 248, 250, 252-254, 256, 258, 260, 262, 264, 266-268, 270-272, 274, 276, 278, 282, 284, 286
aprendizaje, 9, 11, 16-25, 27-28, 31-40, 42-44, 48, 52-55, 57-59, 61-64, 67, 70, 78-79, 92-93, 107, 114, 118, 121, 124, 127-136, 138, 143-146, 149, 151, 154-155, 158-160, 163, 166-168,

175-178, 181, 184-185, 192-193, 199-205, 209, 212-214, 216, 218, 233, 242, 248, 250, 270, 273
arquitectura, 9-11, 26, 36, 50, 64, 76-77, 79-80, 87, 93-94, 96, 98-99, 101, 103-104, 108, 113-120, 124, 136, 138, 140, 142-143, 149-151, 154-155, 160, 167, 173, 177, 180-181, 186-187, 190, 203, 205-206, 210, 215, 223-226, 228, 231-235, 238, 240, 242, 246-251, 254, 257-260, 263, 266, 275
artificial, 6, 9-10, 13, 15-52, 54-56, 58, 60, 62-66, 68, 70, 72, 74-76, 78, 80-82, 84, 86, 88, 90, 92, 94, 96, 98, 100, 102, 104-106, 108, 110, 112, 114, 116, 118, 120, 122, 124-130, 132-134, 136, 138, 140, 142, 144, 146, 148, 150, 152, 154-156, 158, 160, 162, 164, 166-198, 200, 202, 204, 206, 208-210, 212, 214, 216, 218, 220, 222, 224, 226-230, 232, 234, 236, 238, 240, 242, 244, 246, 248, 250, 252, 254, 256, 258-260, 262, 264, 266, 268, 270, 272, 274, 276-278, 282, 284, 286
attention, 173, 203, 205, 211, 226, 230-231, 233-236, 241, 249, 251
audio, 139, 149-150, 191-192, 199, 227-229, 271
autoencoder, 55, 193, 203, 253-261, 263, 265, 271-272, 274-276, 278-279
automático, 9, 16-19, 22, 33, 35, 42, 44, 48, 52, 70, 127, 129-130, 133, 135, 143, 145-146, 149, 158, 166-167, 176, 178, 184, 192, 197, 199-200, 209, 213-214, 218, 227, 243, 248, 250, 271, 273

B

backpropagation, 25, 37, 55, 58, 70, 72, 79-81, 92, 124
benchmarks, 143 ,189 ,245
bert, 76, 133, 137, 139, 141-142, 147, 173, 179, 181-182, 199, 204-207, 221, 224, 229-230, 232, 240, 242, 251